Chuanbo Daili Shiwu
船舶代理实务

主　编　涂建军　查安平
副主编　雷雨顺　贾行浩

人民交通出版社股份有限公司
China Communications Press Co.,Ltd.

内 容 提 要

本教材针对船舶代理业的特点,围绕船舶代理岗位职业能力的培养,从"懂岗—适岗—爱岗"的专业能力和整体素质要求角度出发,以"船舶代理认知—船舶代理企业认知—船舶代理业务关系建立—船舶代理实务操作—船舶代理营销管理"等内容为主线,结合本专业学生学习的特点和地区行业企业实际岗位的需求,内容涵盖了在船舶代理实际工作中必须掌握的业务知识和操作要领,以满足高校培养船舶代理人才的需求。

本教材可用于水运、港口、物流等专业的高校教学,也可用于船舶代理、水运、港口、货代等企业从业人员的岗位培训。

图书在版编目(CIP)数据

船舶代理实务 / 涂建军,查安平主编. —北京:
人民交通出版社股份有限公司, 2017.12
ISBN 978-7-114-14637-4

Ⅰ. ①船… Ⅱ. ①涂… ②查… Ⅲ. ①船舶管理—高等职业教育—教材 Ⅳ. ①U692

中国版本图书馆 CIP 数据核字(2018)第 070454 号

书 名:	船舶代理实务
著 作 者:	涂建军 查安平
责任编辑:	刘永芬 朱明周
责任校对:	张 贺
责任印制:	张 凯
出版发行:	人民交通出版社股份有限公司
地 址:	(100011)北京市朝阳区安定门外外馆斜街 3 号
网 址:	http://www.ccpress.com.cn
销售电话:	(010)59757973
总 经 销:	人民交通出版社股份有限公司发行部
经 销:	各地新华书店
印 刷:	中国电影出版社印刷厂
开 本:	787×1092 1/16
印 张:	17.25
字 数:	401 千
版 次:	2018 年 8 月 第 1 版
印 次:	2018 年 8 月 第 1 次印刷
书 号:	ISBN 978-7-114-14637-4
定 价:	43.00 元

(有印刷、装订质量问题的图书由本公司负责调换)

前　言

　　船舶代理的出现是航运贸易专业化分工的结果。船公司从航运贸易商中分离出来，专门从事船舶运输业务后，需要在各地设置机构或者寻求代理来处理船舶靠港相关业务，由此船舶代理应运而生。

　　在国际航运中，船舶代理业是航运业的重要组成部分，与航运业密不可分。船舶代理服务涉及国际贸易运输和港口管理运作，是与众多利益方紧密相关的一种专业性代理服务。作为国际海运货物在港口进行交接的重要服务环节，船舶代理服务在国际贸易运输中起着重要的作用。自我国加入世界贸易组织（WTO）后，船舶代理市场的开放程度进一步加大，私有船舶代理企业纷纷出现，船舶代理业面临着重大的发展机遇和挑战。一方面，全国船舶代理公司迅速发展，船舶代理市场规模在几年之中扩大了几十倍，极大地推动了我国航运业的发展；另一方面，随着越来越多船舶代理公司的成立，企业的分化与重组在市场中逐步显现并有加剧的趋势，市场面临着残酷的优胜劣汰的竞争格局。

　　本教材针对船舶代理业的特点，围绕船舶代理岗位职业能力的培养，从"懂岗—适岗—爱岗"的专业能力和整体素质要求角度出发，以"船舶代理认知—船舶代理企业认知—船舶代理业务关系建立—船舶代理实务操作—船舶代理营销管理"等内容为主线，结合本专业学生学习的特点和地区行业企业实际岗位的需求，编写了在船舶代理实际工作中必须掌握的业务知识和操作要领，以满足高校培养船舶代理人才的需求。

　　本教材可用于水运、港口、物流等专业的高校教学，也可用于船舶代理、水运、港口、货代等企业从业人员的岗位培训。本教材共设有十章，由广东交通职业技术学院涂建军、查安平担任主编，广州航海学院雷雨顺、广东交通职业技术学院贾行浩担任副主编。其中，涂建军负责全书的策划、编辑与统稿，查安平负责专业内容的选取、书稿整合及附录的编写，雷雨顺负责第二章和第八章的编写工作，贾行浩负责第一章和第九章的编写工作。

在本书编写过程中,广东南洋国际物流有限公司佛山分公司给予了大力支持,提供了大量有关船舶代理业务的实务资料。同时,编者也参考了大量的国内外文献资料,通过企业调研、专家咨询、专业网站查询、专业期刊资料收集等方式,获得了许多实务知识、意见和建议。在此,谨向广东南洋国际物流有限公司佛山分公司以及这些文献的作者表示衷心的感谢。

由于编者水平有限,深入实践时间远远不够,教材中的疏漏与不妥之处在所难免,敬请教育界同仁、莘莘学子以及广大读者不吝赐教,以使本教材在使用过程中不断得到提高和完善。

编者

2017 年 7 月

目 录

第一章 船舶代理认知 ... 1
　第一节 国际贸易与国际航运 ... 1
　　一、国际贸易概述 ... 1
　　二、国际航运概述 ... 5
　第二节 船舶代理基础知识 ... 8
　　一、口岸概述 ... 8
　　二、航道的分类和等级 ... 9
　　三、船舶代理口岸检查单位 ... 9
　　四、船舶分类 ... 14
　　五、船舶规范及标识 ... 17
　　六、有关船舶其他知识 ... 21
　第三节 船舶代理法律基础 ... 23
　　一、船舶代理人与承运人之间的法律关系 ... 23
　　二、相关法律法规分析 ... 23
　思考与练习 ... 24
　实务操作 ... 25

第二章 船舶代理企业 ... 26
　第一节 我国船舶代理行业的发展 ... 26
　　一、我国船舶代理行业发展历史 ... 26
　　二、我国船舶代理行业管理 ... 29
　　三、我国船舶代理行业发展前景 ... 31
　第二节 船舶代理企业经营业务范围 ... 32
　　一、国际船舶代理人的定义 ... 32
　　二、国际船舶代理人的业务范围 ... 32
　　三、国际船舶代理人的作用 ... 32
　第三节 船舶代理企业常见组织结构及岗位设置 ... 33
　　一、船务部 ... 33
　　二、市场部 ... 34
　　三、财务部 ... 34
　　四、现场操作部 ... 34

五、业务部 ·· 35
　思考与练习 ·· 36
　实务操作 ·· 36

第三章　船舶代理关系的建立 ·· 37
　第一节　船舶代理人与委托人的法律关系 ·· 37
　　　一、船舶代理人与委托人的法律关系 ·· 37
　　　二、双方当事人的责任和义务 ·· 37
　第二节　船舶代理关系的建立 ·· 38
　　　一、船舶代理关系建立的条件 ·· 38
　　　二、船舶代理关系建立的方法 ·· 38
　　　三、船舶代理关系的分类 ·· 39
　第三节　船舶代理委托单的审核 ··· 44
　　　一、代理船舶常规审核 ·· 44
　　　二、不同业务需求的代理关系审核 ··· 45
　　　三、评审结果分析 ·· 46
　思考与练习 ·· 46
　实务操作 ·· 48

第四章　船舶代理业务类型及流程 ·· 50
　第一节　船舶代理业务类型 ·· 50
　　　一、班轮运输代理业务 ·· 50
　　　二、租船船舶代理业务 ·· 56
　　　三、集装箱管理代理业务 ·· 60
　　　四、其他船舶代理业务 ·· 65
　第二节　船舶代理业务流程 ·· 66
　　　一、船舶进出港申报手续 ·· 66
　　　二、船舶进出港联检手续 ·· 67
　　　三、船舶进出港代理业务 ·· 68
　思考与练习 ·· 69
　实务操作 ·· 71

第五章　船舶抵港前相关业务 ··· 72
　第一节　备用金 ·· 72
　　　一、备用金估算 ·· 72
　　　二、备用金索取 ·· 82
　　　三、备用金使用 ·· 83
　　　四、备用金结算 ·· 85

第二节　业务单证缮制 ·· 85
　　　一、提单缮制 ··· 85
　　　二、海运单缮制 ··· 87
　　　三、其他单证缮制 ··· 89
　　第三节　船舶抵港前其他准备工作 ····································· 92
　　思考与练习 ··· 93
　　实务操作 ·· 94

第六章　船舶在港期间相关业务 ··· 95
　　第一节　船舶进出口手续办理 ··· 95
　　第二节　船舶代理外勤业务 ·· 96
　　　一、装卸准备就绪通知书的递接 ···································· 96
　　　二、装卸时间事实记录的编制 ······································· 97
　　　三、其他业务 ·· 98
　　思考与练习 ·· 105
　　实务操作 ··· 109

第七章　船舶离港相关业务 ·· 111
　　第一节　船舶离港前准备工作 ·· 111
　　　一、离港手续办理 ··· 111
　　　二、离港相关单证缮制 ··· 113
　　第二节　船舶离港后工作 ·· 115
　　　一、离港电文缮制 ··· 115
　　　二、单证文件寄送 ··· 116
　　　三、离港后续工作 ··· 117
　　第三节　航次总结 ··· 117
　　思考与练习 ·· 118
　　实务操作 ··· 118

第八章　相关国际船舶代理业务 ·· 120
　　第一节　海事签证和海事事故处理 ···································· 120
　　　一、海事签证 ··· 120
　　　二、海事事故处理 ··· 121
　　　三、共同海损的宣布和处理 ··· 122
　　第二节　进口放货业务处理 ··· 125
　　　一、进口单证整理与核对 ·· 125
　　　二、发送到货通知 ··· 126
　　　三、正本提单审核 ··· 126

####### 四、签发提货单 …………………………………………………………… 126
####### 五、核对放货情况及资料归档 ………………………………………… 127
第三节 货物查询、理赔和客票处理 ……………………………………………… 127
####### 一、货物查询 ………………………………………………………… 127
####### 二、货物理赔 ………………………………………………………… 128
####### 三、客票处理 ………………………………………………………… 129
思考与练习 …………………………………………………………………………… 129
实务操作 ……………………………………………………………………………… 130

第九章 船舶代理信息化管理 …………………………………………………………… 131
第一节 船舶代理信息化发展现状 ………………………………………………… 131
第二节 常用信息技术的应用 ……………………………………………………… 132
####### 一、电子商务的应用 ………………………………………………… 132
####### 二、电子数据交换(EDI)的应用 …………………………………… 135
第三节 船舶代理系统相关软件介绍 ……………………………………………… 139
####### 一、船舶代理软件模块分析 ………………………………………… 139
####### 二、船舶软件模块具体功能介绍 …………………………………… 140
思考与练习 …………………………………………………………………………… 144
实务操作 ……………………………………………………………………………… 146

第十章 船舶代理市场营销 ……………………………………………………………… 147
第一节 船舶代理市场营销概述 …………………………………………………… 147
####### 一、船舶代理市场营销定义及特征 ………………………………… 147
####### 二、船舶代理市场营销环境分析 …………………………………… 148
第二节 船舶代理市场细分 ………………………………………………………… 150
####### 一、船舶代理服务市场细分的定义 ………………………………… 150
####### 二、船舶代理服务市场细分 ………………………………………… 150
第三节 船舶代理企业市场定位 …………………………………………………… 153
####### 一、船舶代理企业市场定位的概念 ………………………………… 153
####### 二、船舶代理企业市场定位的层次 ………………………………… 153
####### 三、船舶代理企业市场定位的原则 ………………………………… 154
####### 四、船舶代理企业市场定位的步骤 ………………………………… 155
第四节 船舶代理企业市场营销策略 ……………………………………………… 156
####### 一、成本领先策略 …………………………………………………… 156
####### 二、产品组合策略 …………………………………………………… 157
####### 三、市场促销策略 …………………………………………………… 157
####### 四、分销渠道策略 …………………………………………………… 158

  五、人才策略 ·· 158
  六、服务过程策略 ·· 159
 思考与练习 ·· 159
 实务操作 ··· 160
附录 ·· 161
 附录一 船舶代理业务法律法规 ································ 161
 附录二 船舶代理有关岗位职责 ································ 164
 附录三 班轮及总代理标准协议 ································ 188
 附录四 装卸时间事实记录缮制 ································ 197
 附录五 船舶代理有关单证 ····································· 204
 附录六 港口收费计费办法 ····································· 241
 附录七 船舶代理英语 ··· 253
 附录八 码语通信用字母拼读表 ································ 265
参考文献 ·· 266

第一章　船舶代理认知

学习目标及要求

知识要求
- 了解国际贸易、国际航运与船舶代理的关系及其特点。
- 熟悉口岸和航道的分类。
- 熟悉口岸检查机关的职责。
- 掌握船舶的分类及标识。
- 理解船舶代理人与承运人的法律关系。
- 掌握船舶代理相关的法律法规。

技能要求
- 能区分各口岸检查机关及其职责。
- 能识别各种类型的船舶和船舶标识。
- 能运用船舶代理相关法律法规分析船舶代理人的法律地位。

第一节　国际贸易与国际航运

一、国际贸易概述

1.国际贸易的含义和功能

1)国际贸易的定义

国际贸易(International Trade)亦称"世界贸易",泛指国际商品和劳务(或货物、知识和服务)的交换,它由各国各地区对外贸易构成,是世界各国对外贸易的总和。国际贸易活动早在奴隶社会和封建社会就已经出现,随着生产的发展而逐渐扩大。时至今日,国际贸易规模已经得到空前发展,具有鲜明的全球化特征。国际贸易反映了世界各国各地区在经济上的相互依靠性,它是各国各地区之间分工不同的表现。

2)国际贸易的功能

功能是有机体内在属性产生的客观职能。国际贸易的产生促进了各国生产的发展,大大提高了各国生产力水平。以日本为例,日本是一个岛国,自然资源十分贫乏,却成为当今世界经济强国之一,其众多成功原因中最重要的一点即为"贸易立国"。国际贸易促进了生产国际化、资本国际化以及经济发展。随着国际贸易的发展,其在国家或地区经济增长总量中所占份额逐步提高。国际贸易对经济发展起到重要的促进作用,具体体现在以下几个方面。

(1) 获得高额利润和规模经济效益

通过国际贸易,可以从国外获得廉价的原料、燃料、辅助材料、机器、设备等,有效弥补国内供给不足,降低生产费用,从而达到降低生产成本、提高利润率的目的。当一国存在严重的资源短缺时,进口更有助于突破经济增长的瓶颈,使生产可能性边界得到最大延伸。同时,合理的消费品进口也会提高消费者的福利并增加其需求,增强社会的积累能力,促进产出效率的提高。实证分析表明,国际贸易还可以取得规模经济效益,即厂商采用一定的生产规模而能够获得的经济上的利益,进一步讲,因生产规模的变动而引起的收益的变动,也就是规模经济。

(2) 占领国外市场

首先,商品生产要发展,流通范围要扩大,商品流通超出国家的界限广泛发展,国际贸易日益发展成为世界性的经济活动,结果是形成全球市场。其次,社会生产要求社会生产的各个部门之间在发展速度上应保持一定的比例关系,但一般情况下,各生产部门发展往往不平衡,这决定了较发达的工业生产者需要通过国际贸易来寻求国外市场。此外,生产者为了获取高额利润和战胜竞争对手,总是力图扩大生产规模,这种生产规模无限扩大的倾向也需要借助国际贸易扩大国外市场来实现。

(3) 有助于社会产品的实现

社会产品的实现是指社会总产品中各个部分的价值补偿和实物补偿,而社会产品的实现过程,实际上就是社会再生产的社会总产品各部分的流通过程。只有社会总产品的各部分在价值补偿和实物补偿上都得以实现,才能保证社会再生产持续进行。国际贸易扩大了市场,解决了相当一部分产品的实现问题。最明显的例子就是日本,如果没有出口市场,则其造船、汽车、家电等主要为国外市场而进行生产的产品就无法实现。

(4) 促进各国生产率的提高

国际贸易中,在商品包装、服务水平等因素相差不大的情况下,只有提高劳动生产率,才能降低生产成本,取得较高的竞争力。国际贸易的开展,还可以普及科学技术,带动国家和世界经济的发展。这一点无论对发达国家还是对发展中国家都是十分重要的。

(5) 带动相关经济部门的发展

整个国民经济的各个部门是相互联系、互为市场的。对外经济部门的扩大对其余经济部门能产生后连锁和前连锁的效应。所谓后连锁效应,就是指由别的部门来供应本部门在生产中所投入的要素,而前连锁效应则是指以其产品供应别的部门的需要。两种连锁效应表明各部门之间存在需要和供给的关系。一个国家出口部门越发展,对其国民经济中其他经济部门的拉动作用就越大。据统计,2015年我国对外贸易对GDP的贡献率为12.5%,对GDP的拉动度为2.1%。

随着知识经济时代的到来以及全球经济的发展,人类生活每个方面都将发生重大的变化。在人类联系和交往日益紧密、世界经济走向一体化的今天,国际贸易作为各国经济活动的主要形式,越来越显示出其重要的作用。

(6) 平衡国际收支

发展国际贸易对于平衡国际收支起着非常重要的作用。进出口贸易顺差是一个国家或地区外汇储备增加的主要来源,也是平衡国际收支的重要基础。比如,东南亚金融危机的教训表明:作为发展中国家,没有出口的持续增长,仅靠外资特别是短期外来资本来维系国际收支平衡是非常危险的。因此,大力发展国际贸易,提高出口竞争力,是实现一个国家或地区对外收支均衡的基本保障。

2.国际贸易的方式

国际贸易方式是指在国际贸易中运用的各种交易方法。在长期的国际贸易实践中,形成了各种形式的做法。当前常见的方式,除了一般逐笔售定(出口或进口)的方式外,其他主要还有:包销、代理、寄售、展卖、投标、拍卖、商品交易所、易货、补偿贸易和加工贸易等。这些贸易方式是随着国际贸易的发展和需要而出现的,因此,它不是一成不变的。随着形势的变化,新的贸易方式还会不断地产生。

1)包销与包销协议

包销(Exclusive Sales)是指出口人通过签订包销协议(Exclusive Sales Agreement)给进口人在一定时期、一定地区内经营某一种或某一类商品的专营权利。这种专营权利是指出口人在某一时期和某一地区内销售某种商品,只能向包销人报盘成交,而包销人在此时期和此地区内不得向其他人购买此种包销商品。

包销的性质,从双方来说仍然是一种买卖关系。出口人根据包销协议供货,而包销人则根据包销协议购货,自负盈亏,自己承担经营上的风险。它与一般买卖合同关系有所不同,只是除了合同的约束外,还要受包销协议的约束,即包销人在购进一定数量的商品后,享有独家经营权,双方分别受专卖权和专买权的约束。包销是我国出口业务中较为普遍的一种贸易方式。

2)定销与经销

定销是指出口商通过与定销商签订定销协议,在一定地区和期限内将某种或某类商品交由国外客户销售的方式。出口人对定销人在价格、支付条件和折扣上给予一定的优惠,但不予以货物销售的专营权,即在同一地区和期限内,出口商可以指定几家定销商为其销售货物。定销方式下一般规定有一定的最低数量限额,可以避免包销方式下可能出现的"包而不销"的问题,定销还可以防止出现垄断。但定销对调动定销人员的推销积极性一般效果较差,难以发挥集中经营的作用。在定销期内,出口商可以对定销商的资信情况、商业作风、经营能力进行考察,因此,定销常用作挑选包销人的过渡手段。

经销在国际贸易中是指经营商按照约定条件为国外供货商销售产品。双方订立协议或相互约定,由供货商向经销商定期、定量在本国市场上销售。经销商与供货商之间也是买卖关系,经销商必须自垫资金购买供货商的货物,自行销售,自负盈亏,自担风险。

3)代理

在国际贸易中的商业代理,是指委托人授权代理人代表委托人向第三者办理与交易有关事宜。代理人根据这种委托的代理权,以委托人的名义进行活动,委托人则根据代理协议(代理协议)承担责任。委托人(被代理人)和代理人的关系是委托代理关系,而不是买卖关系。代理人有积极推销商品的义务,并有收取佣金的权利。根据对代理权限的委托方式,代理分为三类:独家代理、一般代理和总代理。

独家代理,是指委托人在一定时期、一定地区给予代理人推销指定商品的专卖权利,委托人向代理人支付佣金,负担经营风险,不再向该地区其他商人销售该种商品。独家代理则代表委托人与买主洽谈交易,并以委托人的名义或由委托人自己同买主签订买卖合同。独家代理在享有专营权方面和包销很相似,但与委托人的关系只是委托关系,而不是买卖关系。一般代理人不以自己的名义购进货物,不承担违约责任,只是收取佣金,这一点又和包销有原则上的区别。

一般代理,是指不享有专营权利的代理,其代理权利、义务和独家代理一样。一般代理仅为委托人在当地市场兜揽生意,或根据委托人的条件与买主洽谈交易,通常是由委托人签订买卖合同,代理人按代理协议收取佣金。

总代理,是指在指定地区不仅有权独家代表委托人签订买卖合同、处理货物,还有权代表委托人办理一些其他商业性事务。

4)寄售

寄售是指寄售人即出口人先将货物运交国外约定的代售人,而由代售人根据寄售协议的条件代为出售货物。货款则由代售人在货物出售后扣除佣金和其他费用,通过银行寄交给寄售人。寄售的特点是先出运、后成交。成交前货物所有权仍属寄售人。代售人除受寄售人的委托照料货物和凭寄售人的指示处置货物外,不承担货物在寄售过程中可能发生的任何货损和支付的一切费用。

5)展卖

展卖是对展、销结合的贸易方式的习惯称呼。凡是通过举行国际博览会、商品展览会,既展出商品、又搞交易都可称为展卖,我国举办的"广交会"即属此性质。

6)招标与投标

招标与投标,是一种贸易方式的两个方面。在我国进口业务中,常概括地称为投标,这种交易方法是一种严格按照招标人规定条件进行的交易。先由招标人(购货人)以公告或寄发招标单的形式,邀请投标人(供货人或承运人)在指定期限内递出实盘。投标人可在期限内填制标单,进行投标。最后,由招标人按规定的日期开标,选择其中最有利者成交。

7)拍卖

拍卖是一种实物交易。它是在一定时间和地点,按照一定的章程和规则,公开叫价,把事先给买主看过的货物逐批地卖给出价最高的买主的一种贸易方式。

8)商品交易所

商品交易所又称期货市场,是专门买卖一些大宗商品的固定场所。交易所是一种有组织的市场,通常只能在规定的时间和地点,通过特定人员进行交易。

交易所的交易一般无须看验商品,多是根据商品的品级标准和样品进行的。交易时必须根据交易所规定的规章和方法,在规定时间内,于交易所大厅以口头喊价方式进行"公开"交易。交易达成后,买卖双方均需根据交易所的规定标准,交纳一定比例的"履约押金",然后在交割期界临时进行交割。

9)易货

易货又称易货贸易,是把进口和出口结合起来组成相互联系的整体交易。易货交易的特点是交易双方互为进、出,进出平衡或基本平衡。在国际贸易中,易货有两种做法:一是最典型的以货换货的方式,不动用货款,这种直接易货,通常叫作狭义的易货;二是交易货物价值对等,货款可以用外汇支付,也可通过双方记账的方式综合平衡,通常称之为广义的易货。

10) 补偿贸易

补偿贸易是指一方在信贷的基础上,从国外另一方买进机器、设备、技术、原材料或劳务,约定在一定期限内用其生产的产品、其他商品或劳务,分期清偿货款的一种贸易方式。例如,我国与日本某公司签约,进口真丝绸制造设备,我方以绸缎来偿还设备货款。

11) 加工贸易

加工贸易是国际贸易中以加工为特征的再加工业务,其方式多种多样。当前,最常见的加工贸易方式有进料加工、来料加工、装配业务、协作生产等,这些已成为国际贸易中的习惯做法,也是我国进出口业务中常见的做法。

二、国际航运概述

1. 国际航运与国际贸易的关系

1) 国际航运市场是国际贸易的派生市场

随着资本主义生产方式的形成,世界市场得以迅速发展,国际贸易获得空前发展,资本的对外扩张使其对航运的需求骤然上升。同时,第一次工业革命中汽船的发明,使造船技术和机械化程度迅速提高、船舶吨位不断增加,国际航运逐渐取代陆运成为国际贸易的主要运输方式。这时,国际航运就从国际贸易中分离出来,形成一个相对独立的市场。

2) 国际航运对国际贸易的促进作用

国际航运并非一味受制于国际贸易,国际航运是国际贸易正常运行的重要条件。从广义上讲,国际航运是国际贸易中重要的一环。运输能否得以实施,运输的质量好坏,这些因素直接影响到国际贸易能否实现。运输的安排作为贸易谈判的一个重要条件,直接影响到贸易能否成交。对于某些海岛国家,其外贸货物几乎百分之百要通过海洋运输,其国际航运对国际贸易、国民经济都起到了巨大的支撑作用。日本经济就是一个很典型的例子。日本地少人多,资源缺乏,原料及粮食都依靠大量进口,同时其工业制成品又大量出口,其国民经济严重依靠海运。所以,日本非常重视造船业,其造船业多年来一直是世界第一位,占世界造船市场的40%。国际航运在日本是如此重要,以至于其经济发展在很大程度上依赖海运。国际航运对国际贸易具有促进作用,表现在以下几个方面:

(1) 国际航运市场的繁荣带动国际贸易的繁荣

统计数据表明,随着国际航运市场上海运贸易量的扩大,国际贸易市场上的进出口额也在不断增大。这是因为航运市场发展得好,就会拉动商品消费和人员就业等经济杠杆,从而促进贸易发展。可以说,国际航运对国际贸易具有不可忽视的促进作用。

(2) 国家和地区的经济发展程度与其国际航运密不可分

目前,在全世界260多个国家和地区中,除了42个处于内陆外,其他都濒临海洋。20世纪60年代以来,由于海上交通和国际贸易的发展,临海工业区与城市得以迅速发展。构成沿海经济区核心的,往往是作为对外贸易中心的大城市。无论在资本主义发展的初期,还是在当今社会,许多国家的经济发达都是与发达而强大的国际航运分不开的。例如英国的伦敦,美国的纽约,挪威的卑尔根,瑞典的哥德堡,荷兰的鹿特丹,日本的东京,中国的大连、上海、广州和香港等,这些沿海城市凭借优越的地理位置和得天独厚的自然条件成为世界货物流动的枢纽。随着货物流量的增加和货物来源的增多,吸引了许多从事国际航运、国际贸易的企业机构和专业人员。经过航运中心的巨大货流伴随着巨大的资金流动,于是航运中心又变成了金融中心、信息中心,围绕港口形成了若干市场,如航运市场、保险市场、贸易市场、金融市场等,从而又使其航运中心的地位不断强化。这些从港口城市逐渐发展成为世界贸易和海运中心的地区,不仅实现了本地的经济繁荣,还带动了周边地区乃至整个国家的发展。航运发达的国家和地区,通常也是经济发达的国家和地区,例如美国、英国、日本、德国、新加坡、中国香港等。这些国家或地区的海上航运与经济、贸易息息相关,航运业成为其经济发展的支柱。拥有船舶载重吨位多的国家,如希腊、日本、挪威、美国、德国、瑞典、英国等,其船队结构、船龄结构、技术装备等都优于发展中国家,因此,它们在国际贸易中具有很强的竞争能力,垄断着国际航运市场,从而影响着国际贸易。

(3)国际航运是国际贸易的主要运输方式

对外贸易运输方式的种类有很多,如海洋运输、铁路运输、航空运输、江河运输、公路运输、管道运输和海陆空联合运输等,其中尤以海洋运输运量最大。据统计,全世界国际贸易运输有90%以上是由海洋运输完成的,其原因主要有以下几个方面:

第一,海洋运输通过能力强。海洋运输可利用海洋上的天然水道,不像铁路、公路运输那样受轨道、道路的限制,通过能力较其他运输方式强。

第二,海洋运输载运量大。海洋运输船舶的载运量远远大于铁路运输、公路运输的载运量,一艘万吨轮船的载运量相当于200节火车车厢的运量。目前世界上最大的油轮"海上巨人"号的载运量达56.5万吨。

第三,运费低。因为载运量大,航程长,根据规模经济原理,分摊于每吨货物的运输成本就少,因而运价相对便宜。

第四,对货物的适应性强。海洋运输的船舶可适应多种货物运输的需要,针对不同的货物,有不同结构的船舶适应其装载的需要,如多用途船、杂货船、集装箱船、散货船、油船、滚装船、载驳子母船等,即便是对笨重、长大件的特种货物也有较强的适应性,为国际贸易不同货物的运输提供了良好的条件。同时,世界各大港口都有专用的现代化码头与之相配套,运输效率大大提高。

2.国际航运活动的主要特点

国际航运业是资本密集型和技术密集型的产业。国际航运市场是一个规模巨大、竞争激烈、充满风险的市场。21世纪,是海洋的世纪、信息化的世纪。21世纪国际航运的宏观格局的主要特征是:少数航运大国在国际航运市场中将继续占据垄断地位,航运国际化的趋势将进一步发展,国际航运中心将向亚太地区转移等。微观上讲,国际航运活动的特点可以归纳为如下几个方面:

1)国际航运的环境是全球性的

世界经济、国际贸易和国际航运之间存在着相互依存、相互促进的关系。因此,世界政治、经济形势是国际航运最为根本的外部环境,影响着国际航运的发展。没有稳定的政治形势和世界范围内生产力的发展,就不会促进国际贸易的进一步发展。

2)国际航运活动是一种市场活动

国际航运是在市场经济机制下提供船舶运力来满足国际贸易对海上运输需求的一种经济活动,这就要求国际航运经营者必须时刻置身于市场环境之中,依据市场经济规律来处理具体的事务。

3）国际航运活动具有激烈的竞争性

在国际航运市场中，特别是在不定期船市场中，汇集着众多参与国际经济活动的经营人，他们之间的竞争非常激烈。

4）各国政府都对国际航运业进行不同程度的干预

国际航运活动涉及各国经济利益和主权问题。国际航运活动在国民经济发展过程中的特殊作用，使世界各国政府都对国际航运业进行不同程度的干预，以保护和发展本国商船队，而这种保护性干预往往是通过政府制定相应的政策加以实施的。

5）各国航运活动必须受国际公约和规章的约束

在长期的国际航运实践中逐渐建立和完善的各种国际性条约与规章，对开展国际贸易活动提供了重要的技术保证、组织保证和法律保证，否则，国际航运活动将会冲突四起，事故不绝。

6）国际航运活动需要多种运输方式的配合

由于国际贸易货物运输的主要载体是海上运输，所以，在各洲大陆的海岸线上形成了许多为国际贸易运输服务的港口。以这些港口为枢纽，其他水、陆、空等各种运输方式呈辐射状地得到相应的发展，在客观上形成了各种运输方式相互配合的国际贸易运输系统。

随着贸易运输领域的集装箱化（Containerization）的发展，为了提供"门到门"的运输服务，远洋船舶运输亟须与江河、沿海运输，以及公路、铁路和航空运输建立有效的联系，以促进整个运输大系统内部的协调和协作，给社会带来更大的效益。

7）以国际航运活动为中心形成了专业性的行业群体

由于国际航运必须有巨额投资，并且国际航运活动本身具有风险性，因而国际航运业在发展实践中需要与有关的专门行业建立稳固的联系。诸如银行、财团等金融机构和保险业等，已成为国际航运业不可缺少的支持性行业；又如修造船、船务代理、货运代理、船用物料供应、船舶积货物检验、理货、海事仲裁机构等，也都伴随着国际航运业的发展而产生。因此，以国际航运活动为中心，客观上已形成了一个从事国际航运活动的行业群体，它们彼此间相辅相成，从总体上推进着国际航运业的发展和壮大。

3. 国际航运的营运方式

广义的航运经营，应包括船舶运营和租赁业务活动、航运经纪人（Shipping Broker）业务活动、船舶代理业务活动、货运代理业务活动、港口货物装卸及理货业务活动等。狭义的航运经营仅指船舶所有人和船舶经营人的业务活动。由于国际航运是伴随着国际贸易活动而发展起来的，所以，国际航运的经营方式必须适应国际贸易对海上运输的要求。为了适应不同的货物和不同的贸易合同对海上运输的不同需要，以便合理地利用国际运输船舶的运输能力，获得最佳的营运经济效益，国际上普遍采用的国际运输船舶的营运方式可分为两大类，即班轮运输和不定期船运输（Tramp Service）。

1）班轮运输

班轮运输又称定期船（Regular Ship）运输，系指按照规定的时间表，在一定的航线上，以既定的挂港顺序，有规则地从事航线上各港口间货物运送的船舶运输。

在班轮运输实践中，班轮运输可分为两种形式：一种是船舶严格按照预先公布的船期表（Sailing Schedule）运行，到离港口的时间基本上固定不变，通常称为"核心班轮"，也即所谓的严格定期定线的班轮运输;另一种是船舶运行虽有船期表,但船舶到离港口的时间可有一定的伸缩性,并且航线上虽然有固定的始发港(Port of Departure)和终点港(Port of Destination),但中途挂港则视货源情况可以有所增减,通常称之为"弹性班轮",也即所谓的定线不严格定期的班轮运输。

自20世纪60年代后期,随着集装箱运输的发展,班轮运输开始分化为传统的杂货班轮运输和集装箱班轮运输。由于集装箱船运输具有运送速度快、装卸方便、机械化程度高、作业效率高、便于开展联运等优点。进入20世纪90年代后,越来越多的集装箱班轮运输已逐渐取代了传统的杂货班轮运输。

2)不定期船运输

不定期船运输是相对于定期船运输即班轮运输而言的另一种国际航运经营方式。由于这种经营方式需在市场上寻求机会,没有固定的航线和挂靠港口,也没有预先制定的船期表和运价本,船舶经营人与需要船舶运力的租船人是通过洽谈运输条件、签订租船合同来安排运输的,故通常称为"租船运输"。值得指出的是,不定期船运输是针对营运方式而言的,租船运输是针对提供/获取运力的手段而言的,两者不是同一个概念。

第二节 船舶代理基础知识

一、口岸概述

口岸,是指供人员、货物和交通工具出入国境的港口、机场、车站、通道等。根据管理权限,口岸分为一类口岸和二类口岸两种。

一类口岸,指国务院批准开放的口岸(包括中央管理的口岸和省、自治区、直辖市管理的部分口岸)。包括:①对外国船舶、飞机、车辆等交通工具开放的海、陆、空客货口岸;②只允许我国籍船舶、飞机、车辆出入国境的海、陆、空客货口岸;③非正式开放口岸,但允许外国籍船舶进出我国领海内的海面交货点、发货点。

二类口岸,指由省、自治区、直辖市人民政府批准开放并管理的口岸。包括:①依靠其他口岸,派人前往办理出入境检查、检验手续的国轮外贸运输装卸点、起运点、交货点;②与毗邻国家地方政府之间人员往来和边境贸易的口岸;③只限边境居民通行的出入境口岸。

国家规定,凡正式开放的口岸,均根据需要设立边防检查、港务监督、卫生检疫、动植物检疫、商品检验和其他有关的口岸机构。

口岸的主体有航运单位、装卸单位、航务单位、检验检查单位、口岸服务单位、外贸进出口单位等。

航运单位指航行于国际、国内航线的外国籍船舶和中国籍船舶,是运输的主体。如中国远洋海运集团、MAERSK船公司等。

装卸单位指拥有码头泊位及其他设备进行船舶货物装卸的装卸公司,如国内各大装卸码头。

航务单位指港口管理局、航务管理处、救捞单位、航道单位等。

检验检查单位指海事局、海关、边检局、检验检疫局,它们代表国家行使监督、检查、检验职能,在船舶进出港过程中,发挥最重要的监管作用。

口岸服务单位指船舶代理公司、货运代理公司、理货公司、船舶修理公司、银行、保险公司、旅游公司、医院等,是服务于船舶、船员、货物、港口的单位。

外贸进口单位指从口岸进出货物、有进出口权的企业和贸易商、代理商等。

船舶代理企业要熟悉口岸单位的性质、主要业务、规定、习惯做法、联系渠道等信息,以便顺利地为委托方服务。

二、航道的分类和等级

航道是指在内河、湖泊、港湾等水域内供船舶安全航行的通道,由可通航水域、助航设施和水域条件组成。

1. 按形成原因分

按形成原因,可分为天然航道和人工航道。

2. 按使用性质分

按使用性质,可分为专用航道和公用航道两种。

专用航道:由军事、水利电力、林业、水产等部门以及其他企业事业单位自行建设、使用的航道。

公用航道:由国家各级政府部门建设和维护、供社会使用的航道。

3. 按管理归属分

按管理归属可分为国家航道和地方航道两种。

国家航道:①构成国家航道网,可以通航五百吨级以上船舶的内河干线航道;②跨省、自治区、直辖市,可以常年通航三百吨级以上船舶的内河干线航道;③沿海干线航道和主要海港航道;④国家指定的重要航道。

地方航道:是指国家航道和专用航道以外的航道。

4. 内河航道的等级

根据《内河通航标准》,内河航道分为七级,如表1-1所示。

内河航道等级划分　　　　　　　　　　　　表1-1

级别	通航吨位(t)	级别	通航吨位(t)
一级	3000	五级	300
二级	2000	六级	100
三级	1000	七级	50
四级	500		

三、船舶代理口岸检查单位

根据《国际航行船舶进出中华人民共和国口岸检查办法》第3条的规定,中华人民共和国港务监督机构、中华人民共和国海关、中华人民共和国边防检查机关、中华人民共和国国境卫生检疫机关和中华人民共和国动植物检疫机关是负责对进出中华人民共和国口岸的船舶实施检查的机关,该办法是于1995年以国务院令形式颁布的。时至今日,中华人民共和国港务监督机构已经改称"中华人民共和国海事局",卫生检疫机关、动植物检疫机关、商品检验机关三检合一,称为"国家出入境检验检疫局"。因此,负责船舶进出我国口岸的检查机关为海事局、海关、边防和检验检疫局。

1.海事局

海事局是在原中华人民共和国港务监督局(交通安全监督局)和原中华人民共和国船舶检验局(交通部船舶检验局)的基础上合并组建而成的。海事局负责行使国家水上安全监督、防止船舶污染、船舶及海上设施检验、航海保障管理和行政执法,并履行交通运输部安全生产等管理职能。

海事局的主要职责包括:

①拟定和组织实施国家水上安全监督管理和防止船舶污染、船舶及海上设施检验、航海保障以及交通行业安全生产的方针、政策、法规和技术规范、标准。

②统一管理水上安全和防止船舶污染。监督管理船舶所有人安全生产条件和水运企业安全管理体系;调查、处理水上交通事故、船舶污染事故及水上交通违法案件;归口管理交通行业安全生产工作。

③负责船舶、海上设施检验行业管理以及船舶适航和船舶技术管理;管理船舶及海上设施法定检验、发证工作;审定船舶检验机构和验船师资质、审批外国验船组织在华设立的代表机构并进行监督管理;负责中国籍船舶登记、发证、检查和进出港(境)签证;负责外国籍船舶入出境及在我国港口、水域的监督管理;负责船舶载运危险货物及其他货物的安全监督。

④负责船员、引航员适任资格培训、考试、发证管理。审核和监督管理船员、引航员培训机构资质及其质量体系;负责海员证件的管理工作。

⑤管理通航秩序、通航环境。负责禁航区、航道(路)、交通管制区、港外锚地和安全作业区等水域的划定;负责禁航区、航道(路)、交通管制区、锚地和安全作业区等水域的监督管理,维护水上交通秩序;核定船舶靠泊安全条件;核准和通航安全有关的岸线使用和水上水下施工、作业;管理沉船沉物打捞和障碍物清除;管理和发布全国航行警(通)告,办理国际航行警告系统中国国家协调人的工作;审批外国籍船舶临时进入我国非开放水域;负责港口对外开放有关审批工作以及中国便利运输委员会日常工作。

⑥负责航行保障工作。管理沿海航标、无线电导航和水上安全通信;管理海区港口航道测绘并组织编印相关航海图书资料;归口管理交通行业测绘工作;组织、协调和指导水上搜索救助,负责中国海上搜救中心的日常工作。

⑦组织实施国际海事条约;履行"船籍国"及"港口国"监督管理义务,依法维护国家主权;负责有关海事业务国际组织事务和有关国际合作、交流等事宜。

⑧组织编制海事系统中长期发展规划和有关计划;管理所属单位基本建设、财务、教育、科技、人事、劳动工资、精神文明建设工作;负责船舶港务费、船舶吨税有关管理工作;负责海事系统统计和行风建设工作。

海事办理船舶出入境手续的法律依据有《中华人民共和国海上交通安全法》《中华人民共和国船舶最低安全配员规则》《中华人民共和国对外国籍船舶管理规则》《国际航行船舶进出中华人民共和国口岸检查办法》和《船舶载运危险货物安全监督管理规定》等。

船舶代理需要在海事局完成船舶进出境的海事监督手续和PSC(Port State Control,译作"港口国监管"或"港口国监控")。海事监督手续详见本书外勤章节,PSC介绍如下:

PSC是国际海事组织及相关公约赋予缔约国政府的一种权利,是指"各港口依照国际公约、本国规定或区域性协定,对抵港的外籍船舶实施的,以确保船舶和人员安全、防止海洋污染,以船员适任、船舶技术状况符合国际公约最低标准为对象的专项检查。"

PSC是海上安全和防止污染的最后一道防线。当船舶所有人、船员、船级社未能很好地履行自己的职责时,PSC就开始发挥作用。PSC起源于"AMOCO CADIZ"号油船的油污事故。1978年3月18日,利比亚籍油船"AMOCO CADIZ"号在法国海岸搁浅,造成23万吨燃油泄漏的严重污染事故,最终导致1982年1月欧洲13国部长在巴黎签署备忘录,该备忘录于1982年7月1日正式生效。1983年,国际海事组织通过了第446号决议,基本采用了巴黎备忘录确定的原则,制定了港口国监督程序,从而以国际会议决议的形式规定了港口国监督,对船舶由单纯的证书检查转向对船舶设备的安全检查。目前PSC是由IMO设计及开发的非常重要的工作程序,是各港口国保护自己领海内的船舶并预防其海域内污染的重要工作。

港口国检查的法律依据主要有:

①《国际海上人命安全公约》(简称SOLAS公约)。SOLAS公约第一章第19条:监督,每一艘船舶当其在另一缔约国时,应接受该国政府正式授权的官员的监督,监督的目的是看证书是否有效以及应采取的措施要求。第九章第6条:验证与监督,验证安全管理体系是否正常运行。第十一章第4条:关于操作性要求的港口国监督,检查船长或船员对于船舶安全有关的船上主要操作程序的熟悉程度。

②《1966年国际载重线公约》。该公约第20条:监督,载重线证书有效性;是否超载,在中线位置是否与证书相符。

③《国际防止船舶造成污染公约》(简称MARPOL公约)。附则Ⅰ第5条:证书和检查船舶的特殊规定,证书检查授权。附则Ⅰ第6条:违章事件的检查和本公约的实施检查授权;是否违反规定排放,以及对此违章事件的处理要求。附则Ⅰ第8A条:关于操作性要求的港口国检查的授权;检查船长或船员是否熟悉主要的防治污染程序。附则Ⅱ第15条:检查是否熟悉防止散装有毒物质污染程序。附则Ⅲ第8条:检查是否熟悉防止包装有害物质污染程序的授权。附则Ⅴ第8条:检查是否熟悉防止垃圾污染程序的授权。

④《1978年海员培训、发证和值班标准国际公约》(简称STCW公约)。该公约第10条:监督、海员证书检查的授权。公约第1/4条:监督程序,证书与安全配员,是否保持值班标准。

⑤《1969年国际船舶吨位丈量公约》。该公约第十二章:吨位证书检查。

⑥国际劳工组织(ILO)147号公约(《商船最低标准公约》)。该公约第四条:检查船舶是否符合公约最低标准。

根据《中华人民共和国船舶安全检查规则》。该公约第3条规定:中华人民共和国港务监督局(现中华人民共和国海事局,下同)统一管理全国的船舶安全检查工作。各港务监督局负责对进出本港的中国籍船舶实施安全检查。对外国籍船舶的安全检查,由中华人民共和国港务监督局批准的港务监督机构实施。在我国施行船舶港口国监督检查的机构是中华人民共和国海事局。

根据《中华人民共和国船舶安全检查规则》第6条规定,对中国籍船舶的安全检查,法律依据有我国有关法律、法规、规章、技术规范和我国认可的有关国际公约;对外国籍船舶的安全检查,以我国有关法律、法规和我国加入的有关国际公约以及《亚太地区港口国监督谅解备忘录》为依据。

在 PSC 检查中,若船舶存在重大缺陷将被港口国滞留。在我国,船舶会被签发《禁止离港通知书》,有缺陷的船舶要进行整改并最终符合最低标准的适航要求,经海事局同意后签发《解除禁止离港通知书》,船舶方可离港。被滞留船舶的缺陷绝大多数属于救生、消防、应急设备、一般性安全、载重线和航行安全等六大类。在这些原因中,救生和消防这两项缺陷所占比例较大。

目前各地区的 PSC 检查宽严不一,但总的趋势是 PSC 检查区域化程度越来越高,越来越严格,检查范围越来越广。船舶一旦被港口滞留过,以后该船舶无论停在哪个港口,都会成为 PSC 检查的重点对象。因此船舶到港后,船舶代理人根据船舶状况,有必要提醒船长关于港口监督检查的注意事项;当船舶被检查出有缺陷时,代理应与船方一起努力解决存在的问题,使船舶尽快离港。

2.海关

中华人民共和国海关是国家进出境监督管理机关,实行垂直领导体制。海关的主要职责有四项:

①进出境监管。海关依照《中华人民共和国海关法》规定,对进出境的运输工具、货物、行李物品、邮递物品和其他物品进行监管。

②征收关税和其他税。海关税收是国家财政收入的主要来源,也是国家实施宏观调控的重要工具。根据法律规定,中国海关除担负征收相关税任务外,还负责对进口货物征收进口环节增值税和消费税,对进出口船舶征收船舶吨税。

③查缉走私。我国实行"联合缉私、统一处理、综合治理"的缉私体制。海关在公安、工商等其他执法部门的配合下,负责组织、协调和管理缉私工作,对查获的走私案件统一处理。1999 年组建的海关缉私警察是国家打击走私违法犯罪活动的主力军,按照海关对缉私工作的统一部署和指挥,负责对走私犯罪案件的侦查、拘留、逮捕、预审工作,综合运用刑事执法与行政执法两种手段严厉打击走私。

④编制海关统计。根据《中华人民共和国海关法》规定,编制海关统计是中国海关的一项重要业务。海关统计是国家进出口货物贸易统计。海关负责对进出中国关境的货物进行统计调查和分析,科学、准确地反映对外贸易的运行态势、实施有效的统计监督。海关总署按月向社会发布我国对外贸易基本统计数据,定期向联合国统计局、国际货币基金组织、世界贸易组织及其他有关国际机构报送中国对外贸易的月度和年度统计数据。

国际航行船舶进出境必须向海关申报,办理有关船舶、船员及其所载货物的申报手续。海关办理相关手续的主要依据是《中华人民共和国海关法》《国际航行船舶进出中华人民共和国口岸检查办法》《中华人民共和国海关对进出境国际航线船舶及其所载货物、物品监管办法》和《中华人民共和国船舶吨税暂行条例》等。船舶代理需要向海关办理船舶的进出境手续,完成单证填写递交、办理船舶吨税执照、外籍船的关封等。

值得说明的是,依据十三届全国人大一次会议审议通过的《国务院机构改革方案》明确"原国家质量监督检验检疫总局的出入境检验检疫管理职责和队伍划入海关总署"。

3.边防

出入境边防检查机关是国家设在对外开放口岸的出入境检查管理机关,履行我国法律赋

予的国家行政事权,主要职责是:
①对出境、入境的人员及其行李物品、交通运输工具及其载运的货物实施边防检查。
②按照国家有关规定对出境、入境的交通运输工具进行监护。
③对口岸的限定区域进行警戒,维护出境、入境秩序。
④执行主管机关赋予的和其他法律、行政法规规定的任务。

在办理船舶进出口手续时,边防检查机关依据的主要法律是《中华人民共和国出境入境边防检查条例》和《国际航行船舶进出中华人民共和国口岸检查办法》。《中华人民共和国出境入境边防检查条例》规定,出境、入境边防检查工作由公安部主管。出境、入境的交通运输工具离抵口岸时,必须接受边防检查。对船舶的入境检查在最先抵达的口岸进行,出境检查在最后离开的口岸进行。入境的交通运输工具自入境检查后到入境前,出境的交通运输工具自出境检查后到出境前,未经边防检查机关许可,不得上下人员、装卸物品。船舶若出现载有枪支弹药、偷渡人员、未持有效证件人员等情况,必须在申请办理船舶入境边防检查的预检手续前,向边防检查机关报告。合法持有并如实申报的枪支弹药等特殊物品,在入境后,由边检人员监管封存,离境时启封。

4.检验检疫局

出入境检验检疫局是主管出入境卫生检疫、动植物检验检疫和商品检验的行政执法机构。其主要职责是:
①研究拟定有关出入境卫生检疫、动植物检疫及进出口商品检验法律、法规和政策规定的实施细则、办法及工作规程,督促检查出入境检验检疫机构贯彻执行。
②组织实施出入境检验检疫、鉴定和监督管理;负责国家实行进口许可制度的民用商品入境验证管理;组织进出口商品检验检疫的前期监督和后续管理。
③组织实施出入境卫生检疫、传染病监测和卫生监督;组织实施出入境动植物检疫和监督管理;负责进出口食品卫生、质量的检验、监督和管理工作。
④组织实施进出口商品法定检验;组织管理进出口商品鉴定和外商投资财产鉴定;审查批准法定检验商品的免验和组织办理复验。
⑤组织对进出口食品及其生产单位的卫生等级及对外注册管理;管理出入境检验检疫标志、进口安全质量许可、出口质量许可并负责监督检查;管理和组织实施与进出口有关的质量认证、认可工作。
⑥负责涉外检验检疫和鉴定机构(含中外合资、合作的检验、鉴定机构)的审核认可并依法进行监督。
⑦负责商品普惠制原产地证和一般原产地证。
⑧负责管理出入境检验检疫业务的统计工作和国外疫情的收集、分析、整理,提供信息指导和咨询服务。
⑨拟定出入境检验检疫科技发展规划;组织有关科研和技术引进工作;收集和提供检验检疫技术情报。
⑩垂直管理出入境检验检疫机构。
⑪开展有关的国际合作与技术交流。按规定承担技术性贸易壁垒和检验协议的实施工作,执行有关协议。

在办理船舶进出口手续时,检验检疫局依据的主要法律法规有《国际船舶出入境检验检疫办法》《国际航行船舶进出中华人民共和国口岸检查办法》《国际航行船舶试行电讯卫生检疫规定》《中华人民共和国国境卫生检疫法》及其实施细则、《中华人民共和国进出境动植物检疫法》及其实施条例等。

对船舶进出境过程中,代理主要完成三项任务:

①检疫手续的办理。包括检疫申报、确定检疫方式和提交相关单证等三方面内容,具体内容详见本书外勤手续办理的章节。

②灭鼠。在港船舶的灭鼠工作包括定期灭鼠和强制灭鼠,卫生状况的好快会影响船舶的卫生控制证书,最常用的灭鼠消毒方法主要是熏蒸消毒。

③预防接种。对于航行于国际航线船舶的船员,各个国家都要求对他们进行传染疫苗的预防接种,并取得预防接种证书,包括伤寒或副伤寒的预防接种、鼠疫预防接种、天花预防接种、结核预防接种、霍乱预防接种等。

四、船舶分类

船舶按照性质可分为两大类:军用船舶和民用船舶。军用船舶即由各国军方所掌控管理,为军方服务,用于军事目的的各种舰艇及相关的其他船舶。民用船舶即除军用船舶以外的一切其他船舶。

单就民用船而言,根据用途不同又分为商船、公务船、渔船、科学考察船等。商船又分为客船和货船。在货船当中,根据所承运的货物和船舶的结构不同,又有不同的分类。货船分类如下。

1.按用途划分

海上货物运输船舶的种类繁多,按照用途不同,可分为干货船和液货船两大类。

1)干货船

根据所装货物及船舶结构、设备不同,干货船分为件杂货船、干散货船、冷藏船、木材船、集装箱船、滚装船和载驳船等多种类型。

(1)件杂货船(General Cargo Vessel)

件杂货船一般是指定期航行于货运繁忙的航线,以装运零星杂货为主的船舶。这种船航行速度较快,船上配有足够的起吊设备,船舶构造中有多层甲板把船舱分隔成多层货柜,以适合装载不同货物的需要。

(2)干散货船(Dry Bulk Carrier)

干散货船是用以装载无包装的大宗货物的船舶。以所装货物的种类不同,又可分为粮谷船(Bulk Grain Carrier)、运煤船(Coal Carrier)和矿石船(Ore Carrier)以及其他专用散装船。此类船大都为单甲板,舱内不设支柱,但设有隔板,用以防止在风浪中舱内货物错位。

(3)冷藏船(Refrigerated Ship)

冷藏船是专门用于装卸冷冻易腐货物的船舶。船上设有冷藏系统,能调节温度以适应各舱货物对不同温度的需要,制冷温度一般为$-25\sim15$℃。冷藏船的吨位较小,通常为数百吨到几千吨。

(4)木材船(Lumber Cargo Ship)

木材船是专门用于装载木材或原木的船舶。为便于装卸和堆放,货舱长而大,舱内无支柱;为防甲板上的木材滚落舷外,规定在船舷两舷设支柱,而且支柱高度不低于1m;为不影响货物堆放和装卸,起货机均安装在桅楼平台上;甲板强度要求高。从危险系数上来说,木材船是较危险的船舶。

(5) 集装箱船(Container Ship)

集装箱船可分为部分集装箱船、全集装箱船和可变换集装箱船三种。

①部分集装箱船。仅以船的中央部位作为集装箱的专用舱位,其他舱位仍装普通杂货。

②全集装箱船。指专门用于装运集装箱的船舶。与一般杂货船不同,其货舱内有格栅式货架,装有垂直导轨,便于集装箱沿导轨放下,四角有格栅制约,可防倾倒。大开口、单甲板、双船壳,舷侧设有边舱,集装箱船的舱内可堆放三至九层集装箱,甲板上最高还可堆放七至八层。

③可变换集装箱船。其货舱内装载集装箱的结构为可拆装式,因此,它既可装运集装箱,必要时也可装运普通杂货。

集装箱船是国际航运市场上的主流船型之一(另两种为干散货船和油船),发展非常迅速。从载箱量上讲,已经有2万TEU的集装箱船投入运营。

(6) 滚装船(Roll on/Roll off ship,Ro/Ro ship)

滚装船,又称滚上滚下船。该船主要用来运送汽车和集装箱。这种船本身无须装卸设备,一般在船侧或船的首、尾有开口斜坡连接码头,装卸货物时,汽车或集装箱(装在拖车上的)直接开进或开出船舱。这种船的优点是不依赖码头上的装卸设备,装卸速度快,可加速船舶周转。滚装船的吨位大多在3000~26000t。

(7) 载驳船(Barge Carrier)

滚装船又称子母船,是指在大船上搭载驳船,驳船内装卸货物的船舶。载驳船的主要优点是不受港口水深限制,不需要占用码头泊位,装卸货物均在锚地进行,装卸效率高,停泊时间短,便于河海联运。目前较常用的载驳船主要有"拉希(LASH)"型和"西比(SEABEE)"型两种。

2) 液货船

液货船是主要用来装运液体货物的船舶。液货船根据所装货物种类不同,又可分为以下几种:

(1) 油船(Oil Tanker)

指运载石油(原油和成品油)及石油产品(柴油、汽油和重油等)的船舶。为了防火防爆,甲板上不允许用带电拖动设备,通常用蒸汽机,而且在货舱、机舱和泵舱之间设有隔离舱。干舷很小,船型丰满,船速不高,为13~17kn。它的特点是机舱都设在船尾,有专门的油泵和油管用于装卸,还有扫舱管系和加热管系。油舱大多采用纵向式结构,并设有纵向舱壁,在未装满货时也能保持船舶的平稳性。为取得更大的经济效益,第二次世界大战以后油船的载重吨位不断增加,目前世界上最大的油船载重吨位已达到60多万t。就载重吨位而言,油船在各类船舶中列世界第一位。

(2) 液化天然气船(Liquefied Natural Gas Carrier,LNG Carrier)

液化天然气主要是甲烷,在常压下极低温(-165℃)冷冻才能使天然气液化,液化后的体积只有气态时的1/600,因而便于运输。液舱有严格的隔热结构,形状有球场型和矩形。

(3)液化石油气船(Liquefied Petroleum Gas Carrier,LPG Carrier)

液化石油气船分为全加压式液化石油气船、全冷冻式液化石油气船、半加压半冷冻式液化石油气船三种。

(4)液体化学品船(Liquid Chemical Tanker)

多数液体化学品均有毒、易燃,腐蚀性强,且品种多。此种船舶多为双层底,货舱多且小。

2. 按载重量划分

1)散货船

根据散货船的载重量划分为常见的灵便型、巴拿马型和好望角型,在特定区域有大湖型散货船。

(1)灵便型散货船(Handysize Bulk Carrier)

该船型指载重量在2万~5万t的散货船,其中超过4万t的船舶又称为大灵便型散货船(Handymax Bulk Carrier)。众所周知,干散货是海运的大宗货物,吨位相对较小的船舶对航道、运河及港口具有较强的适应性,载重吨量适中,且多配有起卸货设备,营运方便灵活,因而被称之为"灵便型"。

(2)巴拿马型散货船(Panamax Bulk Carrier)

顾名思义,该船型是指在满载情况下可以通过巴拿马运河的最大型散货船,即主要满足船舶总长不超过274.32m,型宽不超过32.30m的运河通航有关规定的船型。该型船载重量一般在6万~7.5万t。

(3)好望角型散货船(Capesize Bulk Carrier)

该船型指载重量在15万吨左右的散货船,该船型以运输铁矿石为主。由于尺度限制不能通过巴拿马运河和苏伊士运河,需绕行好望角和合恩角。

(4)大湖型散货船(Lake Bulk Carrier)

该船型指经由圣劳伦斯水道航行于美国、加拿大交界处五大湖区的散货船,以承运煤炭、铁矿石和粮食为主。该型船尺度上要满足圣劳伦斯水道的通航要求,船舶总长不超过222.50m,型宽不超过23.16m,且桥楼任何部分不得伸出船体外,吃水不得超过各水域最大允许吃水,桅杆顶端距水面高度不得超过35.66m。该型船载重量一般在3万t左右,大多配有起卸货设备。

2)油船

油船种类较多,根据载重量的不同,由小而大分为通用性、灵便型、巴拿马型、阿芙拉型、苏伊士型、VLCC(大型油船)和ULCC超大型油船几种,在市场上还存在常见的穿梭油船。

(1)通用型油船

指载重量小于1万t的油船。

(2)灵便型油船(Handymax Tanker)

指载重量在1万~5万t的油船。

(3)巴拿马型油船(Panamax Tanker)

指载重量在6万~8万t的油船,是成品油市场上的主要运力。

以上3种船舶由于在原油市场上所占运力份额较小,不做赘述。

(4)阿芙拉型油船(Aframax Tanker)

指载重量在8万~10万t的油船。该型船设计吃水深度一般控制在12.20m,设计载重量不超过8万载重吨,此船舶可以停靠大部分北美港口,并可获得较好的经济效益。

(5)苏伊士型油船(Suczmax Tanker)

指满载情况下可以通过苏伊士运河的最大油船,即吃水不超过19.3m。该船型以装载10万吨原油为设计载重量,载重量一般不超过15万t,因此又常被称为"百万桶级油船"。目前,苏伊士运河当局正计划通过对运河的改造使大型船舶通行。

(6)VLCC/ULCC(Very Large Crude-oil Carrier/Ultra Large Crude-oil Carrier)

VLCC和ULCC分别指大型油船和超大型油船。VLCC最早出现在1967年,载重量一般小于30万t;ULCC出现在1969年,载重量多在30万t以上。两型油船的出现是中东战争导致波斯湾向欧洲和北美运输石油距离大幅上升所致。目前VLCC更多用于中东-远东航线,而ULCC大多改作海上储油船使用。

(7)穿梭油船(Shuttle Tanker)

指专门用于海上油田向陆地运送石油的一种油船。由于海上石油转运技术要求较高,该型船大多配备一系列复杂的装卸油系统,同时船舶大多配备动力定位系统、直升机平台设施,造价远远高于同等吨位油船。目前穿梭油船的载重量多在8万~15万t。

五、船舶规范及标识

船舶规范(Ship's Particulars)是各国政府验船机构或船级社为了船舶入级或维护船舶航行安全而公布的一系列关于船舶结构、性能、系统、装置、设备和材料等在安全质量方面的技术规定。船舶规范是船舶设计、建造、维修和检验的主要依据,也是船舶入级所应达到的最低标准。

船舶规范有繁式和简式之分。简式在实际中应用较多。简式船舶规范的主要内容有:船名/船旗(船籍国)、船籍港、船级、船舶呼号、船级号码、国际海事组织、船籍国注册号、国际海事卫星通信号码、建造材质/时间、建造者、总长、两柱间长、型宽/型深、总/净登记吨、设计/满载排水量、总/净载重吨、最大吃水、船舶主/辅机型号、燃油规格、油耗、包/散装舱容、舱口尺寸、货舱形状等。

船舶规范主要应用于发盘、还盘、邀约以及签订合同等环节,且常作为租船合同的主要附件(船舶描述条款)之一,具有法定效力。在国际船舶代理方面,船舶规范是办理船舶进出港口手续、船舶配载等环节的必备单据。

1.船舶吨位

船舶吨位是船舶大小的计量单位,可分为重量吨位和容积吨位两种。

1)重量吨位

(1)排水量吨位

排水量吨位是船舶在水中所排开水的吨数,也是船舶自身重量的吨数。排水量吨位又可分为轻排水量、重排水量和实际排水量三种。

①轻排水量,又称空船排水量,是船舶本身加上船员和必要的给养物品三者重量的总和,是船舶最小限度的重量。

②重排水量,又称满载排水量,是船舶载客、载货后吃水达到最高载重线时的重量,即船舶最大限度的重量。

③实际排水量,是船舶每个航次载货后实际的排水量。

(2)载重吨位

表示船舶在营运中可供使用的载重能力。载重吨位可分为总载重吨和净载重吨。

①总载重吨,指船舶根据载重线标记规定所能装载的最大限度的重量,它包括船舶所载运的货物、船上所需的燃料、淡水和其他储备物料重量的总和。

总载重吨 = 满载排水量 − 空船排水量

②净载重吨,指船舶所能装运货物的最大限度重量,又称载货重吨,即从船舶的总载重量中减去船舶航行期间需要储备的燃料、淡水及其他储备物品的重量和船舶常数所得的差数。船舶载重吨位可用于表示船舶的载运能力和对货物的统计,可作为期租船月租金计算的依据,也可用作新船造价及旧船售价的计算单位。

船舶的各项重量关系如表1-2所示。

船舶各项重量关系　　　　　　　　　表1-2

满载排水量	空船排水量	
	总载重吨	①净载重吨
		②燃油、淡水、食物等消耗品、备品、船员及其用具的重量之和
		③船舶常数

注:船舶常数是指船舶经过长期营运之后,存留在船上的残损器材、废品、污水沟和压载舱中残存的污水、压载水及船底附着物等重量之总和。

2) 容积吨位

船舶的容积吨位是表示船舶容积的单位,又称注册吨或登记吨,是按《船舶吨位丈量规范》规定的方法核定的船舶容积大小,是各国为船舶注册而规定的一种以登记吨为计算和丈量的单位,传统的度量方法是:

1 登记吨 = 100ft^3 = 2.83m^3

容积吨又可分为容积总吨和容积净吨两种。

①容积总吨,又称注册总吨,是指船舱内及甲板上所有封闭场所的内部空间(或体积)的总和。容积总吨的用途很广,它可以用于国家对商船队的统计,表明船舶的大小,可用于船舶登记,可用于政府确定对航运业的补贴或造舰津贴,亦可用于计算保险费用、造船费用以及船舶的赔偿等。

②容积净吨,又称注册净吨,是指从容积总吨中扣除不供营业用的空间所剩余的吨位,也就是船舶可以用来装载货物的容积折合成的吨数。容积净吨主要用于船舶的保管、接管,作为船舶向港口缴纳各种税收与费用的依据,作为船舶通过运河时交纳运河费的依据。

2.船舶载重线

船舶载重线指船舶满载时的最大吃水线,绘制在船舷左右两侧和船舶中央,指明船舶入水部分的限度。船级社或船舶检验局根据船舶的用材结构、船型、适航性和抗沉性等因素以及船舶航行的区域及季节变化等制定船舶载重线标志。此举是为了保障航行的船舶、船上承载的财产和人身安全,已得到各国政府的承认,违反者将受到法律的制裁。

载重线标志包括甲板线、载重线圈和各条载重线。甲板线是用于表示干舷甲板位置的画线,作为量取各载重线的基准线。载重线圈,也称安全圈,用于表示船中位置,过其中心的水平直线上边缘与夏季载重线同高,从此量得的干舷为夏季干舷(图1-1)。

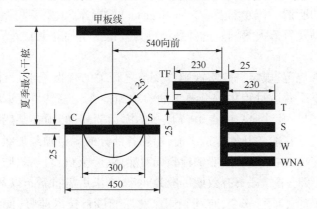

图1-1 载重线标志(尺寸单位:mm)

船舶的各条载重线含义如下:

● TF(Tropical Fresh Water Load Line)表示热带淡水载重线,即船舶航行于热带地区淡水中时,其总载重量不得超过此线。

● F(Fresh Water Load Line)表示淡水载重线,即船舶在淡水中行驶时,总载重量不得超过此线。

● T(Tropical Load Line)表示热带海水载重线,即船舶在热带地区航行时,总载重量不得超过此线。

● S(Summer Load Line)表示夏季海水载重线,即船舶在夏季航行时,总载重量不得超过此线。

● W(Winter Load Line)表示冬季海水载重线,即船舶在冬季航行时,总载重量不得超过此线。

● WNA(Winter North Atlantic Load Line)表示北大西洋冬季载重线,指船长为100.5米以下的船舶,在冬季月份航行经过北大西洋(北纬36度以北)时,总载重量不得超过此线。

我国船舶检验局对上述各条载重线,分别以汉语拼音首字母为符号,即分别以"RQ""Q""R""X""D"和"BDD"代替"TF""F""T""S""W"和"WNA"。

在租船业务中,期租船的租金习惯上按船舶的夏季载重线的载重吨来计算。

3.船籍和船旗

船籍指船舶的国籍。商船的所有人向本国或外国有关管理船舶的行政部门办理所有权登记,取得本国或登记国国籍后才能取得船舶的国籍。

船旗是指商船在航行中悬挂其所属国的国旗,船旗是船舶国籍的标志。按国际法规,商船是船旗国浮动的领土,无论在公海或在他国海域航行,均需悬挂船籍国国旗。船舶有义务遵守船籍国的法律规定并享受船籍国法律的保护。

方便旗船是指在外国登记、悬挂外国国旗并在国际市场上营运的船舶。第二次世界大战以后,方便旗船迅速增加,挂方便旗的船舶主要属于一些海运较发达的国家和地区,如美国、希腊、日本、中国香港和韩国的船东。他们将船舶转移到外国去进行登记,以图逃避国家重税和军事征用,自由制定运价不受政府管制,自由处理船舶与运用外汇,自由雇佣外国船员以支付较低工资,降低船舶标准以节省修理费用,降低营运成本以增强竞争力等。而公开允许外国船舶在本国登记的所谓"开放登记"(Open Register)的国家,主要有利比里亚、巴拿马、塞浦路斯、新加坡、巴拿马及百慕大等国。这种登记可为登记国增加外汇收入。

4. 船级

船级代表着技术规范、规定、标准、规则以及与之相关的确保船舶设计、建造、结构、主要轮机和电气系统在整个营运过程中符合要求的检验和检查。船级是表示船舶技术状态的一种指标。在国际航运界,凡注册总吨在 100t 以上的海运船舶,必须在某船级社或船舶检验机构监督之下进行建造。在船舶开始建造之前,船舶各部分的规格须经船级社或船舶检验机构批准。每艘船建造完毕,由船级社或船舶检验局对船体、船上机器设备、吃水标志等项目和性能进行鉴定,颁发船级证书。证书有效期一般为 4 年,期满后需重新予以鉴定。

船舶入级可保证船舶航行安全,有利于国家对船舶进行技术监督,便于租船人和托运人选择适当的船只,以满足进出口货物运输的需要,便于保险公司确定船、货的保险费用。

国际船级社协会目前有 12 个成员,主要成员的名称及缩写见表 1-3。

国际上主要船级社的名称及缩写　　　　　　　表 1-3

名　称	英文简写	名　称	英文简写
英国劳埃德船级社	LR	法国船级社	BV
意大利船级社	RINA	美国船级社	ABS
挪威船级社	DNV	德国劳氏船级社	GL
日本船级社	NK	中国船级社	CCS
俄罗斯船舶登记局	RS	法兰船舶登记局	PRS
韩国船级社	KRS	印度船级社	IRS

中国船级社是中华人民共和国交通部所属的船舶检验局。1996 年中国船级社第一次被选任国际船级社协会理事会主席,任期一年(1996 年 7 月 1 日—1997 年 6 月 30 日),这标志着中国验船技术的权威性受到国际认可。

船级证书除了记载船舶的主要技术性能外,还绘制出相应的船级符号。各国船级社对船级符号的规定不同。中国船级社的船级符号为 CCS。英国劳埃德船级社的船级符号为 LR,标志为 100AI,100A 表示该船的船体和机器设备是根据劳氏规范和规定建造的,I 表示船舶的装备,如船锚、锚链和绳索等处于良好和有效的状态。

5. 航速

航速以"节"(kn)表示。船舶的航速依船型不同而不同,其中干散货船和油船的航速较慢,一般为 12~17 节;集装箱船的航速较快,目前最快的集装箱船航速可达 24.5 节。在期租合同中,航速是一项极为重要的船舶技术参数。

此外,还有以下一些规范:

①满载吃水:据以考虑能否挂靠的港口。

②速度耗油:据以计算航程日期和运营成本。

③吊杆设备:从装卸货角度考虑适货情况。

④甲板/货船数及舱口尺寸:据以考虑适货范围。

六、有关船舶其他知识

1.船员

在商船上,根据工作的分工不同,基本的组织结构分为三个部门:甲板部、轮机部和事务部(或称业务部)。

甲板部的工作基本内容如下:船舶航行中的驾驶,离、靠码头操作,船舶通信及相关仪器设备的管理和使用,航行及停泊值班,货物装运和承运中的货物管理,船体的维修保养。

轮机部的工作主要是机舱内船舶机电动力设备的使用、操作、维修和保养。

事务部的工作主要是后勤保证,人员包括厨工、服务员、医生等。

也有些国家和船公司将事务部归于甲板部,因而船上的组织结构分为甲板部和轮机部。

船上的人员组成分为高级船员和普通船员。高级船员即干部船员,包括船长、所有的驾驶员和轮机员。普通船员即干部船员以外的其他船员,主要是水手、机工、厨工、服务员等服务人员。甲板部的干部船员称为驾驶员(Officer);普通船员称水手(Sailor);轮机部的干部船员称为轮机员(Engineer);轮机部的普通船员称为机工(Oiler)。目前在我国船舶上,还配有一名高级船员,即政委,是船舶领导成员,私企船舶现在已经取消该岗位。具体组织结构如图1-2所示。

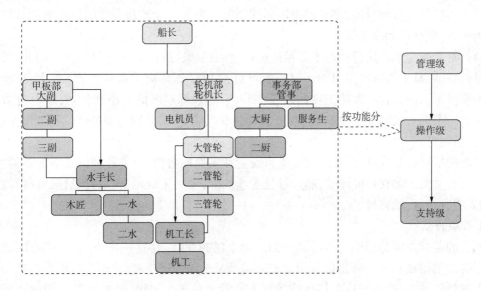

图1-2 船员组织结构图

在驾驶员当中,有三个不同的职务,即大副(Chief Officer,也称为 Chief Mate)、二副(Second Offer)和三副(Third Officer)。大副是甲板部的部门长,除了自身的业务之外,还要负责领导和管理甲板部日常工作。轮机部的干部船员有轮机长(Chief Engineer)、大管轮(First Engineer)、二管轮(Second Engineer)和三管轮(Third Engineer)。根据中国的习惯叫法,又分别称为老轨、二轨、三轨和四轨。轮机长是轮机部的部门长,负责轮机部的日常业务和行政管理工作。

船长(Captain)的身份比较特殊,船长受雇于船东,是船东的全权代理,船长所签署的一切法定文件都代表船东。船长不仅是一个专业技术人员,也是一位对内、对外全面负责的行政领导,负责全船的一切对外业务和行政管理。从某种意义上说,船长既是一个职称,又是一种职务。因此,船长在船任职期间,他的职务是"Master",在签署的一切法定文件上,落款都是"Master";当离船以后,他是"Captain",而且永远是"Captain",但不再是"Master"。

各国海商法赋予了船长极高的地位和权利:船长代表船东,有出生和死亡证明权,在管理中有司法权,船长所签署的一切文件皆具有法律效力;而且,现在的国际有关规则规定,在保证安全、保护生命和保护环境方面,船长根据专业知识所做出的一切决定,他人不得干涉。

按照要求来说,船长应该是一个复合型人才。单从业务上说,一名远洋船长应该懂航海业务,包括天文航海和地文航海、各种航海资料的使用、各种助航设备的操作和使用、船舶的操纵,要懂航海气象,要懂英语,要懂船舶货运,包括各种货物的积载、装运和运输途中的保管,要熟悉海上救生和消防常识以及海上急救的基本常识,要懂法律,特别是海商法,也要学会船舶管理等等。

各级干部船员必须通过政府机关考试,取得由主管机关颁发的相应职务证书,才能担任相应职务。

2. 船舶的号灯

船舶在水上的一切形态和动态,都是通过船舶所设置的号灯和悬挂的不同号灯来表示的。而这些船舶号灯和号型,都是根据国际规则的要求进行设置和悬挂的。船舶的号灯按用途分为两种:航行灯和一般信号灯。

航行灯是指船舶在航行状态下显示的桅灯、左右两盏舷灯、后尾灯等。号灯的开、关时间一般是以日落、日出为时间界限的。对于航行灯,《1972国际海上避碰规则》规定,在能见度不良的情况下,任何时候,即使是在白天,也要开启。根据船舶的大小和长短,航行灯数量上和照距有所不同。长度大于50m的船舶,应安装5只航行灯,分别为前桅灯、后桅灯、左舷灯、右舷灯、后艉灯。

船舶的信号灯分为红、白、绿三色,垂直设置在主桅杆两侧,用于各种情况下的不同用途,代表一定的含义。如在检疫环节,船舶悬挂3盏红灯,表明无嫌疑,若垂直悬挂红红白红4盏灯,则表明有嫌疑,请施检。

3. 船舶的旗帜

相关的各种旗帜是船舶上不可缺少的。船上的旗帜有两种,一种是国旗(船旗国的国旗和世界各国的国旗),另一种是信号旗。船旗国就是船舶登记注册的国家,这面旗是船舶在正常情况下悬挂的,一般情况挂在船尾的旗杆上。世界各国的国旗,是进入某一个国家的领海后,要悬挂的该国的国旗,而该国的国旗要悬挂在驾驶台顶部的主桅上。驾驶台主桅两边有多条可供悬挂旗帜的旗绳,按照位置的不同,有主次之分。最上首,是面向船首,桅杆右面最外面一挂,所到国家的国旗就挂在此处,然后是桅杆左面最外面一挂为次之,桅杆右面最外面向里数第二挂为第三,桅杆左面从最外面向里数第二挂为第四,其余依次类推。

信号旗是在不同的场合下,表示不同的意思。船上的信号旗有40面,其中包括26面英文字母旗、1面应答旗、10面数字旗和3面代旗,3面代旗包括代1、代2和代3。

信号旗可以表达不同的意思,用于旗语通信。旗语分为单旗语和组合旗语。单旗语为单旗表达,如:悬挂 B 旗,表示本船正在装运危险品,包括正在添加燃油;在到一个国家的第一港口后,悬挂 Q 旗即表示我船没有疫情,请发卫生检疫证等。也可以用两面或两面以上的信号旗连接在一起,组成复合旗语,表达一定的意思。

有时,为了庆祝,或有重大活动,船上可以挂满旗。挂满旗的方法就是将船上所有的信号旗首尾连接起来,进行悬挂。悬挂的方法可以通过主桅杆向前后方向延伸着挂,小一点的船可以从船头通过主桅,连到船尾,大一些的船可以从主桅杆挂向四方。

第三节　船舶代理法律基础

一、船舶代理人与承运人之间的法律关系

要想从事船舶代理业务,要了解船舶代理人与承运人之间的法律关系,结合我国《中华人民共和国民法通则》(以下简称《民法通则》)和《中华人民共和国合同法》(下文简称为《合同法》)对"代理"和"委托"关系的界定,掌握船舶代理业务相关的法律知识。

在大陆法系中,关于委托和代理主要有两种观点:第一种观点不区分委托行为与代理行为,将受托人履行受托事项的行为包括于委托关系之中;第二种观点区分委托行为与代理行为,认为委托、合伙这类合同关系是代理的基础法律关系,代理关系的成立还需委托人以独立的意思表示向受托人授予代理权,被代理人在委托合同中对代理人权限所做的限制在原则上不对第三人产生拘束力,此观点即"区别论",由德国学者拉邦德提出,并被多数大陆法系国家所接受。

在"区别论"下,代理与委托有以下区别:第一,委托关系是一种对内关系,存在于委托人与受托人之间,作为基础法律关系,它主要由合同法进行调整,而代理关系作为对外关系存在于委托人与第三人之间,由代理法律制度进行调整;第二,委托是双方法律行为,而代理权的授予是有相对人的单独法律行为;第三,委托的适用范围更加广泛,适用于事实行为和法律行为,代理原则上只适用于法律行为,但是代理也适用于准法律行为、与法律行为密切相关的事实行为。

一般认为,我国民法采用了"区别论"。在法律条文上,《民法通则》第 65 条中的"委托代理"一词被解释为"委托授权",因此该条是我国法律承认代理制度独立性的法律依据。在立法结构上,我国也将二者分别规定:代理制度被基本规定于《民法通则》第 4 章"民事法律行为"的第二节,将委托合同规定在《合同法》分则第 21 章。

因此,结合委托、代理理论,船舶代理人与承运人之间的基础法律关系是委托合同关系,船舶代理人是受托人,承运人是委托人,二者的权利义务关系由合同法的相关法律规范调整。当船舶代理人被承运人授予代理权后,二者的对外法律关系是代理法律关系,承运人与第三人的权利义务关系由代理法律规范调整。

二、相关法律法规分析

1.设立国际船舶代理业务企业门槛越来越低

近年来,国家坚定不移推进行政审批制度改革,清理行政审批等事项,国际船舶代理审批

也将取消或下放至地方港航管理部门,国际船舶代理准入条件逐步放低。

例如,2013年5月,国务院发布了《关于取消和下放一批行政审批项目等事项的决定》,取消了国际船舶代理业务审批,改为对中资国际船舶代理企业实施备案管理。随着船舶代理市场的进一步放开,从事船舶代理行业的企业数量将稳步增加,市场竞争的日趋充分也将使船舶代理收费有所回落,有力支撑我国外贸发展。

2013年7月,国务院发布了《关于废止和修改部分行政法规的决定》,对《中华人民共和国国际海运条例》进行修改,进一步降低了外资在我国经营国际船舶代理业务门槛,除对企业外资股比有限制外(中外合资经营、中外合作经营企业外资股比不得超过49%),将不设任何其他准入条件。2013年8月,交通运输部对《中华人民共和国国际海运条例实施细则》进行了修改,取消了国内企业经营国际船舶代理业务的许可,外商投资企业经营国际船舶代理业务,准入门槛也大大降低。

审批制度的取消及准入门槛的降低,客观上为中国船舶代理业的发展提供了便利,节省了时间和资源,给予了企业充分的经营自主权利,加快了中国新兴船舶代理业的发展。但值得注意的是,随着备案制度的实施,企业将要独自承担市场变化而带来的风险,政府不给予政策倾斜。

2.企业自主经营定价权越来越高

随着全面深化改革,清理规范涉及经营服务性收费,减轻企业负担,充分发挥市场对资源配置的决定性作用和更好发挥政府作用,港口收费政策进一步完善,强化港口理货、拖轮及引航服务管理,将港口收费、理货服务、引航服务等实行市场调节价,进一步提高企业自主定价权。例如,2017年7月,交通运输部、国家发展改革委发布了新的《港口收费计费办法》,于2017年9月15日开始执行,大大提高了企业的自主经营定价权;2018年6月,《交通运输部国家发展改革委关于进一步放开港口部分收费等有关事项的通知》的发布进一步规范了港口收费。

思考与练习

一、判断题

1.国际贸易亦称"世界贸易",是指国际商品实体的交易,不包括知识和服务的交换。
( )
2.国际贸易对经济的发展,有利于取得国外市场以支持生产规模的进一步扩大。( )
3.国际贸易形式主要包括包销、代理、寄售、展卖等形式,其形式随着经济形势的变化而不断变化。 ( )
4.国际航运独立于国际贸易而存在,不受国际贸易形势变化的影响。 ( )
5.国际航运促进所在区域的经济发展,并为区域形成新的保险、贸易、金融等市场。
( )
6.全世界国际贸易运输主要由汽车运输完成,其原因是汽车运输的灵活性、通达性比较强。
( )
7.国际航运业是资本密集型和技术密集型的产业,国际航运市场是一个规模巨大、竞争

激烈、充满风险的市场。 ( )
8.内河航道等级越高,可通航的船舶吨位越大。 ( )

二、选择题

1.以下业务不属于国际贸易的是( )。
　A.中国玩具出口日本　　　　　　　B.菲律宾船员在中国籍船工作
　C.美国转让专利给泰国　　　　　　D.东北大米船运到广州销售

2.以下不属于国际贸易的主要功能的是( )。
　A.可获得规模经济效益　　　　　　B.可扩大国内商品的流通范围
　C.有助于社会产品的实现　　　　　D.不利于本国经济的发展

3.下列关于包销不正确的是( )。
　A.包销可取得一定范围内的专营权利　B.包销实质上是代理关系
　C.包销人自负盈亏,并承担经营风险　　D.包销可称为独家经销

4.下列有关国际航运说法不正确的是( )。
　A.第一次工业革命促进船舶相关技术的进步,并促进国际航运的快速发展
　B.国际航运市场是国际贸易的派生市场,反之又促进国际贸易的不断发展
　C.国际航运是相对独立的市场,对其所在区域经济贸易发展的作用不大
　D.国际航运由于通过能力强、运量大、运费低等优势,成为国际贸易的主要运输形式

5.船舶总吨位反映的是船舶( )的大小。
　A.排水量　　　B.总载重量　　　C.总载货量　　　D.容积

三、简答题

1.国际贸易与国际航运的关系是怎样的?
2.国际航运的主要形式有哪些,其特点是什么?
3.船舶代理所涉及的口岸单位有哪些?其中检查单位的主要职责是什么?
4.列出集装箱船、油船、散货船的吨位划分。

实务操作

结合本章内容,搜集有关船舶代理人与承运人之间的纠纷案例,具体分析二者之间法律关系,以小组为单位进行案例分析汇报。

第二章　船舶代理企业

学习目标及要求

知识要求
- 了解我国船舶代理行业的发展历史。
- 熟悉国际船舶代理人的作用，掌握国际船舶代理人的业务范围。
- 熟悉我国船舶代理行业的管理。
- 熟悉船舶代理企业的常见部门和岗位设置。

技能要求
- 具有船舶代理岗位的分析能力。
- 能结合当前行业发展特点分析船舶代理行业未来发展趋势。

第一节　我国船舶代理行业的发展

一、我国船舶代理行业发展历史

国际船舶代理行业从国际贸易货物采用海运形式起就已出现，已经有几百年的历史。由于资本主义经济的迅速发展，工业革命的发生，英法美等国家开始向海外扩张和殖民掠夺。进行海外掠夺、海外贸易和贩卖黑奴等，都需运输量大的船舶。这些船舶都需要在外国港口挂靠，以便办理手续、进行装卸、添加给养，因此需要有一个机构为其进行计划安排、与所在港口当局联络办理各类手续和进行具体业务操作。一开始，由于这是一项新兴的业务，船公司派出人员在挂靠口岸设立公司办理各项业务。但这样做显然成本过高，后来就培训当地人从事此项工作，再后来发展到代办其他船公司的船舶业务和当地人成立这类公司来代理这些船公司在当地的船舶业务。

我国的国际船舶代理行业的发展历程根据不同的标准可以分成多个阶段。

1. 外国轮船控制阶段(鸦片战争后~1953年)

自上海、天津开埠后，外国轮船公司纷纷进入我国各港口，在进入的港口设立船公司、船舶代理行和揽载行。期间，船舶招商局与外国公司竞争，也开行从事船舶代理业务。新中国成立后，1951年中国人民轮船股份公司上海区公司设立服务部办理外轮代理业务，主要代理苏联、波兰等国家的不定期船舶。

2. 船舶代理市场破土阶段(1953~1983年)

为了打破外商的垄断，1953年1月1日，中国外轮代理总公司(China Ocean Shipping Agency, PENAVICO，业内俗称"中外代"或"外代")在北京宣告成立，同时组建大连、秦皇岛、天津、青岛、上海、广州6个分公司。成立之后,中外代取得了较快的发展,到1962年,短短的9年时间里,中外代就陆续接手了所有外商代理公司,成为中国船舶代理业中唯一的代理企业。从1953年成立到1983年长达30年的时间里,除了仍有一些早期的外资公司参与市场竞争外,中国外轮代理业一直保持着独家经营的局面。

除经营之外,中外代还承担一些政府职能,如向外商宣传我国的方针政策,并代国家税务部门向外轮征收运费税等。

由于船舶代理行业只有一家企业,当时很多企业行为也就成了行业行为,当时外代的公司工作会议都称作"第几次全国代理行业会议"。而在一家独营的情况下,中外代的经营也就兼备当时计划经济时代"卖方市场"特征,出现船公司都争相前来拜访的情况。随着改革开放的进一步深入,这种不正常现象才逐渐从人们的视线中消失。

3. 船舶代理市场寡头垄断阶段(1984~1988年)

这一时期,中国外轮代理业开始引入竞争机制。1984年11月3日,国务院下达了《关于改革我国国际海洋运输管理工作的通知》,该文件明确指出:"允许外运、中远两公司业务上有一定的交叉,外代可揽货,外运也可以经营船舶代理业务。"1985年4月11日,外运所属的中国船务代理公司(China Marine Shipping Agency,SINO AGENT)成立,并开始在全国十几个口岸代理外运总公司的65条船舶。至此,中国外代业第一次引入竞争机制。

新规定的出台,对中外代而言,既撼动了其多年以来独家经营形成的优势地位,也意味着一个全新的发展机遇。1986年3月17~21日,第四次全国代理工作会议在北京召开,对新形势下中外代的发展之路进行了明确,提出在加强船舶代理服务紧迫感的同时,大力发展货代业务。

以这次会议为标志,中外代开始进入到一个大的发展时期。一是原交通部批复在每一个有外轮的地方,中外代都要设立自己的直属公司,从而使中外代的网络迅速健全。二是货代业务快速扩张,像化肥灌包、多式联运、空运、集装箱代理等业务都是由中外代率先在国内开展起来的。

中外代迅速把握新的机会,但当时的船舶代理竞争还并不充分。这种业务上的"交叉"受到"一定程度"的限制,中国船务代理公司只能代理自己的船只,而其他进出我国港口的外轮一律还由中外代来代理,中外代在船舶代理市场依然处于一种强势地位,不可撼动。因此,对于中国船舶代理行业来说,这段时期的发展更多体现出一种"过渡性"——从"独家代理"到"多家竞争"的过渡阶段。

4. 船舶代理市场发展阶段(1988~2002年)

这一时期,不仅国内企业经营货代被全面放开,外资也可以以合资形式进入市场,中国船舶代理业开始了充分的市场竞争。

1988年7月26日,国务院下发《关于改革我国国际海洋运输管理工作的补充说明》,其中规定:"船舶代理、货运代理业务实行多家经营和相互兼营,船舶代理、货代的使用,分别由船公司、货主自由选择。"1992年11月10日,国务院发布《关于进一步改革国际海洋运输管理工作的通知》,进一步明确"船舶代理业务允许多家经营"。这两个文件的出台,标志着中国船舶代理企业全面竞争时代的到来。20世纪80年代及90年代初,不同形式的船舶代理公司纷纷诞生。1994年,由中外代与上港集团物流有限公司合资的首家联合船舶代理——上海联合船舶代理(UNISO)——成立;1995年,中海船舶代理诞生;1998年,中远集团船舶代理(中货)投入运行。截至2002年年底,中国船舶代理公司已经达到364家。2002年,中国加入世界贸易组织,市场进一步开放,外资企业也可以合资的形式经营船舶代理业务。

竞争局面的形成,使企业回到依靠业务优势和服务能力打拼天下的发展本位。外代的服务理念不断改进,在2002年底又进一步提出和推广"专家型代理,人性化服务"的新服务理念。与此同时,中外代的服务网络也在不断扩大,除向内陆发展外,在日本、韩国、新加坡、希腊等地纷纷设立代表机构。在策略的及时调整下,中外代依然保持竞争优势地位。2001年,中外代代理船舶9.6万艘次,占据行业1/2以上的市场份额。

新的市场经济体制下,"法制"在行业管理上被重新提上日程。1990年,原交通部发布《外轮代理业管理规定》,这是我国第一部用以规范市场的行业规定。2002年颁布的《中华人民共和国国际海运条例》,对船舶代理业的市场准入等内容又重新明确。为顺应市场经济的新需求,2001年,中国船舶代理及无船承运人协会宣告成立,其在成立伊始便被政府部门赋予可从事船舶代理企业的年预审等5项船舶代理管理相关职能,船舶代理行业管理从此进入到一个政府监督与行业自律并重的新阶段。

5.船舶代理市场全面开放阶段(2003~2013年)

随着《中华人民共和国国际海运条例》(2002年1月1日起施行)和《中华人民共和国国际海运条例施行细则》(2003年3月1日起施行)的颁布和实施,我国的国际船舶代理市场基本开放,船舶代理机构的迅速发展也促使中国关于国际船舶代理的相应立法得以完善。进出口企业等其他非航运企业也加入进来,使投资主体由原来的船舶运输企业、港口经营企业等较为单一的主体变得更加多元化。民营企业在船舶代理企业中所占的比重不断增大,逐渐成为不可忽视的新生力量。2003年10月14日,由中国船务代理有限公司和铁行渣华出资的首家中外合资船舶代理企业——上海中欧国际船务代理有限公司在上海成立,拉开外资进入我国国际船舶代理市场的帷幕。

目前,全国性的国际船舶代理系统主要有:中国外轮代理公司(外代系统)、中国船务代理公司(外运系统)、中海船务代理公司(中海系统)、中远集装箱船务代理公司(中远船舶代理系统)和联合船舶代理公司(联代系统)等。

6.船舶代理市场繁荣阶段(2013年至今)

2013年5月15日,国务院发布《关于取消和下放一批行政审批项目等事项的决定》,取消和下放共计117项行政审批项目,其中包括交通运输部负责实施的国际船舶代理业务审批。

取消国际船舶代理业务审批,是交通运输行业深化行政体制改革、加快转变政府职能、加大简政放权的举措之一。未取消审批之前,企业要取得国际船舶代理经营资质,一般要通过市、省交通运输主管部门逐级审批转报,最后由交通运输部审批并发放国际船舶代理经营资格登记证。办理登记证,企业需要分别到地方工商部门、各级交通主管部门、地方海关、港口(或EDI中心)、公证处等办理相关手续或证明文件。取消行政审批在一定程度上减轻了企业的负担,节约了人力、物力成本,激发了市场的活力;同时,也促进政府管理由事前审批更多地转向事中、事后监管。

2013年7月18日,国务院发布《关于废止和修改部分行政法规的决定》,对2002年颁布实施的《中华人民共和国国际海运条例》和《中华人民共和国国际海运条例实施细则》进行修改。

2015年3月28日,国家发展改革委、外交部、商务部联合发布了《推动共建丝绸之路经济带和21世纪海上丝绸之路的愿景与行动》。

2016年11月23日,交通运输部海事局发布《交通运输部海事局关于实施国内航行海船进出港报告制度有关事项的通知》。根据通知的内容,在我国一直以来实行的沿海船舶进出港签证制度正式取消,船舶进出港管理将从签证转换为报告制。

2017年7月1日,为加快转变政府职能,适应开放型经济新体制要求,深化简政放权放管结合优化服务,海关总署发布《关于推进全国海关通关一体化改革的公告》,决定推进全国海关通关一体化改革。

国家相关法律法规的修订以及各项政策的出台,为中国船舶代理业的发展提供发展机遇,节省了时间和资源,给予企业充分的经营自主权利,加快了中国新兴船舶代理业的发展。同时随着国家"一带一路"战略的实施,中国船舶代理业将会迎来新一轮发展。

二、我国船舶代理行业管理

1. 我国国际船舶代理行业管理

我国现在执行的国际船舶代理行业管理规定是《中华人民共和国国际海运条例》和《中华人民共和国国际海运条例实施细则》,有关的管理规定分述如下:

(1) 主管机关

我国国际船舶代理行业主管机关是国务院交通主管部门和有关的地方人民政府交通主管部门。根据《中华人民共和国国际海运条例》第4条的规定,国务院交通主管部门和有关的地方人民政府交通部门依照本条例规定,对国际海上运输经营活动实施监督管理,并对与国际海上运输相关的辅助性经营活动实施有关的监督管理。

(2) 经营资格

在《中华人民共和国国际海运条例》实施以前,我国只有国有企业能够经营国际船舶代理业务,现在的国际船舶代理企业已经不只限于国有企业。根据《中华人民共和国国际海运条例》第29条规定:"经国务院交通主管部门批准,外商可以依照有关法律、行政法规以及国家其他有关相关规定,投资设立中外合资经营企业或者中外合作经营企业,经营国际船舶代理业务。经营国际船舶代理业务的中外合资经营企业和中外合作经营企业,企业中外商的出资比例都不得超过49%。"

目前中资企业从事国际船舶代理业务不再进行审批,交通运输部不再核发国际船舶代理经营资格登记证,改为实施备案制度。

(3) 设立条件

《中华人民共和国国际海运条例》未规定经营国际船舶代理业务企业设立条件,由审批制度修订为备案制度。而《中华人民共和国国际海运条例实施细则》第七条规定,在中国境内设立企业经营国际船舶代理业务,或者中国企业法人经营国际船舶代理业务,应当有固定的营业场所和必要的营业设施,其高级业务管理人员中至少应当有2人具有3年以上从事国际海上运输经营活动的经历。

2. 中国船舶代理行业协会

我国的中国船舶代理及无船承运人协会(China Association Agencies & Non-Vessel-Operating

Carriers,CASA)是经交通部批准从事国际海运船舶代理和无船承运业务的企业组成的行业组织,于2001年6月8日在北京成立,接受交通运输部的业务指导和民政部的监督管理。

(1)中国船舶代理及无船承运人协会的宗旨

该协会的宗旨是:在政府与企业间起桥梁、纽带作用,反映会员的愿望,维护会员的正当权益,维护公平竞争的市场环境,受政府委托,协助政府进行行业管理,协调船舶代理企业及NVOCC企业的经营活动,帮助会员提高管理水平,提供优质服务,促进我国航运事业的发展,以适应国家经济发展和开展对外贸易运输。

(2)中国船舶代理以及无船承运人协会的活动

①规范船舶代理费收行为。1994年原交通部发布了《航行国际航线船舶代理费收项目和标准》,当时我国的国际船舶代理行业由国家来确定费收标准。2003年12月2日,《航行国际航线船舶代理费收项目和标准》被废止,国际船舶代理行业价格由国家定价改为市场定价。由于船舶代理市场竞争的需要,个别船舶公司采用低价进行竞争,船舶代理费率变化很大。2004年6月,为了使国际船舶代理费率在相对稳定的范围内变化,规范船舶代理市场价格行为,保证船舶代理行业的健康有序发展,船舶代理协会发布了《航行国际航线船舶代理费收项目和建议价格》。这一建议价格的推出,为规范我国目前尚不成熟的船舶代理市场价格行为起到了积极作用,建议价格在实践中起着指导作用。

②换证(针对中外合资经营企业和中外合作经营企业),即换发国际船舶代理经营资格登记证(以下简称登记证)。船舶代理公司必须在有效期截止前换发新的登记证,逾期没有换发的,视为自动放弃经营资格,不得继续经营国际船舶代理业务。对不符合《国际海运条例》及其实施细则规定条件的企业将不予换发新的登记证,并依法对国际船舶代理经营活动的违规行为进行处罚。

申请换发登记证的国际船舶代理企业,将下列申请材料,经所在地省级交通主管部门审核后报交通运输部:换发国际船舶代理经营资格登记证申请书;国际船舶代理经营资格等级证复印件;企业营业执照复印件(须加盖公司印章确认与原件一致);同港口和海关等口岸部门进行电子数据交换(EDI)的协议复印件,不具备电子数据交换条件的,应当提供有关港口或者海关的相应证明文件;《中华人民共和国海上国际运输业信息表》(国际船舶代理);国际船舶代理企业调查问卷。

中国船舶代理行业协会所做的换证工作是贯彻《中华人民共和国国际海运条例》及其实施细则的重要内容,是加强对国际船舶代理企业监督和管理的重要环节,对了解国际海运企业经营现状、评估相关法律制度具有重要意义。

③受理备案。2013年取消中资船舶代理企业审批制度,将其修改为备案制度后,交通运输部委托CASA受理具体备案工作。

中资企业需要报送的资料有:备案函,包括企业名称、注册地、联系方式等信息;企业法人营业执照复印件;两名高级业务管理人员从业资历证明文件。

审查过程为:开业后30日内持上述材料向交通运输部备案,备案工作具体由协会受理;协会在收到备案材料10个工作日内,向企业发送确认备案回执;备案材料不真实或者不齐备的,协会在收到备案材料10个工作日内,书面通知申请人并告知理由。

④行业资讯。提供行业新闻,如船舶代理行业新闻,也提供航运、经贸新闻。协会还公告

相关政策,会员通过协会可了解相关的信息及发展动向。

三、我国船舶代理行业发展前景

近年来,经济结构调整导致适箱货源减少,国际航运市场持续低迷,船东为降低成本一再压低船舶代理费率;另一方面,国际船舶代理企业准入制度的放开,导致船舶代理行业竞争加剧,行业利润率降低。在内外双重压力下,国际船舶代理企业的发展面临着前所未有的困难。随着我国自贸区的设立,对航运物流业来说无疑是一个极大的利好,国际船舶代理企业作为航运物流业的重要市场参与者,如何利用自身资源优势,结合自贸区政策,发掘新的利润增长点,对国际船舶代理企业的转型和可持续发展十分重要。

党的十八大以来,交通运输部按照国务院"简政放权"的统一部署和要求,5年来共取消下放行政审批36项,占原有行政审批事项的一半以上。同时,加强事中、事后监管,放管结合,优化服务,营造了良好环境,激发了市场活力,培育了行业发展的新动能。

针对中资船舶代理企业,开展经营需要办理审批手续,设立分支机构同样也要走相应程序,为企业进入市场设置了门槛;另外,经营资格证书每三年还需要更新一次。这意味着,企业要获得经营资格开展经营,并在全国范围内网络化布局分支机构都将受到审批影响,也给企业增加了一定经营负担。

改革后,企业不仅免去了审批手续和逢三年换一次证的烦恼,更便于企业在全国范围内网络化布局分支机构,减少人员配备数量,从而节约成本、减轻负担,轻装上阵参与市场竞争。实现降本增效,提高中资企业竞争力。

2014年9月3日国务院印发《关于促进海运业健康发展的若干意见》,部署促进海运业健康发展,加快推进海运强国建设战略,并提出七项重点任务,其中第四项重要任务是大力发展现代航运服务业。船舶代理是现代航运服务业的重要内容,这一意见的出台将有力推动我国船舶代理业的进一步发展。

当前,我国国际船舶代理行业已经具备较大规模,能够满足国际船舶代理业务的需求,形成了以中国外轮代理有限公司、中国船务代理有限公司、中海船务代理有限公司为代表的一批龙头企业,上述企业在我国主要口岸均设有分支机构,服务理念先进,服务水平较高。同时,市场上还存在一大批小微型国际船舶代理企业,服务能力较弱,通常通过压低代理服务费参与市场竞争。我国国际船舶代理企业数量较多,市场准入门槛较低,我国的国际船舶代理市场已是充分竞争的市场。我国国际船舶代理行业发展主要面临以下问题:

①国际船舶代理市场竞争有待进一步完善。目前,国内从事国际船舶代理业务的企业良莠不齐,很多企业不在提高服务质量和企业信誉上下功夫,而是通过降低船舶代理服务费这一手段参与市场竞争,造成国际船舶代理市场价格混乱,代理费率不断下降,已经出现了让利于外国船舶所有人、转嫁成本给国内货主的现象。整个行业盈利能力呈现下降的趋势,经营难度不断增加。

②从业人员专业能力有待提升。有些国际船舶代理企业的业务人员专业知识不足,缺少业务培训,对我国相关法律法规和国际公约缺乏了解,对国际船舶代理业务可能发生的突发事件没有合理预案,甚至不知如何处理,更有甚者采取逃避方式,给港口、船舶、货物、人员带

来不安全因素。

③行业监管有待加强。原《海运条例》对国际船舶代理企业的从业条件做了规定和要求，但在市场后续监管、违规经营行为处罚等方面没有有效的执行手段，导致国际船舶代理行业管理长期存在"重审批、轻监管"的现象。国务院先后取消国际船舶代理业务行政审批及市场准入条件，后续市场监管将面临新的挑战。

总之，在国家"一带一路"战略以及自贸区设立的背景下，各主管部门出台一系列政策促进整个航运服务市场的发展，以规范船舶代理市场、实现市场的良性竞争为目的，正视现有问题，逐步解决主要矛盾，中国船舶代理市场发展前景将更加美好。

第二节 船舶代理企业经营业务范围

一、国际船舶代理人的定义

《中华人民共和国国际海运条例》和《中华人民共和国国际海运条例实施细则》对我国的船舶代理经营者给出了定义。国际船舶代理经营者，是指依照中国法律设立从事《中华人民共和国国际海运条例》第二十六条规定业务的中国企业法人。

二、国际船舶代理人的业务范围

根据《中华人民共和国国际海运条例》，国际船舶代理可以经营下列业务：
①办理船舶进出港口手续，联系安排引航、靠泊和装卸。
②代签提单、运输合同，代办接受订舱业务。
③办理船舶、集装箱及货物的报关手续。
④承揽货物、组织货载，办理货物、集装箱的托运和中转。
⑤代收运费，代办结算。
⑥组织客源，办理有关海上旅客运输业务。
⑦其他相关业务。

国际船舶代理经营者应当按照国家有关规定代扣缴其所代理的外国国际船舶运输经营者的税款。

以上这些只是原则性的规定。应委托人的委托，船舶代理的业务还有很大的延伸空间，可以一并归到"其他相关业务"中去，例如：处理或协助处理海商、海事；联系水上救助；联系安排船舶修理及其他工程项目；安排船舶备件、物料、燃油、淡水供应；安排船舶证书的展期和更新；安排各类检查、检验；安排船用备件的调拨和转递；安排船员的调动、就医；代为安排保险，进行担保其他与船舶、船员和货物有关的事项等。

由于不同船不同航次运输任务不同，因此在不同情况下，国际船舶代理人所办业务不完全相同。

三、国际船舶代理人的作用

国际船舶代理行业具有涉外性和专业性，因此要求代理人必须具备各个方面的专业知识。船舶代理人通过提供船舶代理服务建立一个对外交流的窗口,促进国际贸易运输服务事业的发展,而其收取的代理费也是国家外汇的来源之一,对我国国民经济发展具有积极作用。

1. 桥梁作用

船舶代理人可以在委托方、货方和口岸机构等之间传递信息,发挥桥梁作用。如在船舶到港之前,船舶所有人或船舶经营人或船舶承租人等将船舶到港装卸货物的情况和预计船期等信息告知船舶代理人;船舶代理人根据船方提供的信息和口岸管理规定,将相关信息转告给海关、边防、检验检疫和海事局、港口装卸公司、理货公司、船舶供应公司等口岸各有关单位;而船方和各相关单位都可以根据船舶代理人提供的信息做好船舶抵港前的准备工作。船舶在港期间,船舶代理人及时将船舶在港的动态,如船舶进港、靠泊、移泊、装卸、修理等情况,告知委托人。在船舶离港后,船舶代理人及时告知委托方船舶的离港情况,使委托方及时掌握船舶动态信息。

2. 协调作用

在船舶运输各项工作中,或者当发生争议时,船舶代理人可以协助船方、港方、货方等各方妥善解决问题,发挥协调作用。如在航次租船的情况下,为避免船舶抵港而货物却没有齐备的情况发生,船舶代理人会及时了解货主备货情况,并视具体情况催促货主尽快备货;又当船舶在船期、装卸作业以及其他服务上有特殊要求时,船舶代理人能够在委托方和港方及其他相关单位之间进行协调,并尽可能使问题得到圆满解决;如果船方和货方对装卸货物数量或质量存有争议,或者船舶在港期间发生船舶之间的碰撞或者船舶撞坏码头等事故,船舶代理人能够根据经验并运用专业知识,协助船方妥善解决相关事宜。

3. 专业服务作用

船舶代理人能够及时、正确、高效地完成委办事项,发挥提供专业服务的作用。国际船舶代理人的本职工作是利用自身知识、经验和资源,为委托人办理船舶进出口手续,办理船舶、集装箱以及货物的报关手续,代理运费和代办结算,组织货源等。国际船舶代理人熟悉相关法律和港口惯例,通过代办船舶在港事宜,为委托人提供专业服务。

4. 降低成本作用

在完成委办事项的过程中,船舶代理人能够合理安排各项工作,减少委托人不必要的支出,降低成本。如船舶代理人利用其与口岸单位的合作关系和专业知识、业务经验,可使船舶顺利完成船舶在港的装卸、修理等各项工作。船舶代理人还可以通过合理安排船舶的辅助工作,减少船舶在港停泊时间,为委托方节省相关费用并加快船舶周转。

第三节　船舶代理企业常见组织结构及岗位设置

为了顺利完成船舶代理业务,船舶代理公司会根据业务的需要设置岗位,业务范围不同,所设置的岗位也不尽相同。以下是一些常见的部门和岗位。

一、船务部

船务部主要负责联系船舶进出港泊位、引航员、安排拖船及港口装卸、减载等作业,协调处理船上的突发事件和装卸纠纷,办理口岸联检申报手续,提供加油、加水、供应、修理、船员调换、备件传递等各种服务。

船务部工作人员分为以下几类。

①航次经理:负责整个航次的安排、控制以及对外联系,协调各部门员工的工作,保证航次安排的合理有效。

②计划员:安排船舶交还船、修理、供料物、加水、检验等事项。

③综合计划:安排船舶靠泊港区、大件装卸等事项。

④调度:安排船舶进出港引航、拖船及靠泊开航时间,掌握靠泊开航动态。

⑤电报员:负责电文收发。

⑥外勤:办理船舶进出港联检手续,协调码头与船方解决有关问题。

⑦其他:船员更换,船舶备件的报关及运送等。

二、市场部

市场部负责同各船公司的订舱联系。

三、财务部

财务部主要负责财务管理、会计核算和监督、资金调度、代收运费、代收 THC(码头操作)费用和船舶航次结算。财务部分为使费组和运费组两部分。

1. 使费组

使费组主要负责船舶在港和委托方委办事项,以及业务来往的费用结算工作,其中主要包括船舶费用(如引航费、拖船费、吨税、港务费、船舶代理费等)、货物费用(如装卸费、货物代理费等)和船员费用(如船长借支)等。根据委托方提供的来港任务、船舶规范的信息估算备用金,在得到委托方确认并收到汇款的情况下代付上述费用。在船舶离港后一定期限内制作单船航次结账单,与委托方结清所有余、欠款。

2. 运费组

运费组主要负责代理的部分航线的海洋运费和各种附加费以及港区包干费的收取工作。主要提供下列服务:

①按船名/航次提供运费/附加费清单和账单(船公司有特殊要求除外)。

②接受上述单证的查询。

③就上述费用的异议和更改,协助联系各有关单位。

四、现场操作部

现场主要有进出口集装箱放箱、相关超期费用的结算,发放设备交接单;代理箱务管理;代理进、出口空箱报关;安排船舶配载;在船舶开航后提供 TDR(Terminal Departure Report)报告;船舶靠泊作业时协助船方处理各种船舶、船员及货物方面的问题;协助委托方控制安排船舶装卸等事宜。

现场操作部为客户提供下列服务:船口放箱;进口超期费用结算;出口放箱;出口超期。

五、业务部

业务部主要业务有:接受订舱(可接受电子订舱);提供订舱报告,协助委托方控制舱位;完善舱单等相关海运单证;签发提单并在开航后将所需要单证抄送委托方;发送进口货物到货通知;凭委托方指示签发进口货物提货单;受理货物索赔事宜。业务部可分为单证组和进口组两部分。

1. 单证组

主要负责代理的班轮船舶的各项出口单证制作。

为客户提供以下服务:班轮提单副本确认;接受舱单查询;班轮海关舱单的更正和补给;办理海关船名,航次申报。

2. 进口组

主要负责代理的班轮船舶各项进口业务,为客户提供以下服务:

①换取进口提货单。依据客户递交的收货人公章真迹背书的完整有效的正本提单(或副本提单与保险),审核并签发相应的进口提货单。

②进口舱单更改。依据船公司的进口舱单更改指示,提供进口舱单更改服务。

以上只是比较典型的部门和岗位设置,有可能出现在同一岗位在不同的公司里划分到不同的部门的情况。

图 2-1 所示为某"集团模式"的公司的组织架构,即:集团公司总部、服务于集团公司总部的集团事务部、集团公司下设的各分公司。分公司设立船务部、业务部(进口业务部、出口业务部、箱管部)、财务部、商务部和办公室。

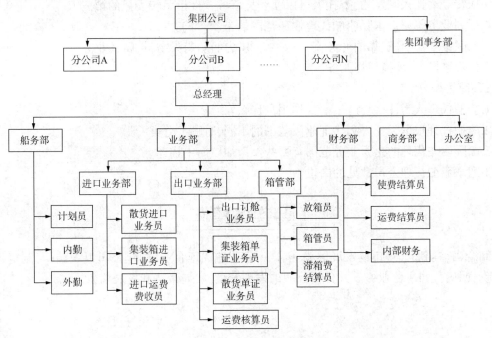

图 2-1 某船舶代理公司组织结构

思考与练习

一、判断题

1. 国际船舶代理人是接受船舶所有人、经营人或船舶承租人的委托,在授权范围内代表委托人办理船舶到港与在港的有关业务或其他法律行为的人。(　　)
2. 依据《中华人民共和国国际海运条例》规定,在所在口岸及其水域从事国际航行船舶代理业务,在规定时间内(开业后30日内)持有效材料向中国船舶代理及无船承运人协会备案。(　　)

二、选择题

1. 下列不属于船舶代理人的作用的是(　　)。
   A. 传递信息　　　　　　　　　B. 协调沟通
   C. 专业服务　　　　　　　　　D. 增加成本开支
2. 根据船舶代理合同期限的长短可将代理关系分为(　　)。
   A. 定期代理和不定期代理　　　B. 第一委托方代理和第二委托方代理
   C. 长期代理和航次代理　　　　D. 船东代理和保护代理
3. 下列有关船舶代理责任与义务不正确的是(　　)。
   A. 委托人和船舶代理人之间的委托与被委托的关系
   B. 代理合同签订后,代理人为委托人办理的所有事务,均由委托人承担责任
   C. 不能完全按照委托人指示办理的事项,需要委托人同意并重新发出指示
   D. 转经委托人同意的,委托人可以就委托事务直接指示转委托的第三人
4. 下列业务不属于国际船舶代理业务范围的是(　　)。
   A. 联系安排引航、靠泊业务　　B. 为船舶购买物料、属具业务
   C. 代签提单、承揽货物业务　　D. 长航配载业务

三、简答题

1. 船舶代理人为什么会产生?其作用是什么?
2. 船舶代理根据委托人和代理业务范围的不同,有哪些分类?
3. 国际船舶代理的主要业务范围有哪些?请加以简单描述。
4. 列举船舶代理公司常见的岗位。

实务操作

结合当前船舶代理市场发展形势,创立一家船舶代理企业,构建公司组织结构,制定各部门职责,明确公司主营业务。并分析公司的发展定位、发展策略和发展前景。

第三章　船舶代理关系的建立

> **学习目标及要求**
>
> **知识要求**
> - 了解国际船舶代理人与委托方的法律关系。
> - 掌握代理人和委托人的责任与义务。
> - 熟悉船舶代理人的分类。
> - 掌握船舶代理委托单的审核要点。
>
> **技能要求**
> - 学会区分代理人的不同身份。
> - 能看懂委托方的委托函,并学会建议代理关系和书写接受委托函。
> - 能按法律法规、港口规定及实际情况对委托单进行审核。
> - 能根据评审结果决定是否与对方建立船舶代理合作关系并以书面形式进行约定。

第一节　船舶代理人与委托人的法律关系

一、船舶代理人与委托人的法律关系

根据我国《合同法》第 397 条规定:"委托人可以特别委托受托人处理一项或数项事务,也可以概括委托受托人处理一切事项。"而船舶代理人就是接受委托人委托,代表委托人办理与在港船舶有关业务,提供相关服务和其他法律行为的人。由此可见,委托人与船舶代理人之间的法律关系是委托与被委托的关系。代理人只要在授权范围内行事,则委托人就要对此承担责任。

二、双方当事人的责任和义务

1.船舶代理人的责任和义务

①根据代理协议(合同)规定和委托人的指示负责办理委托事项,必须在委托人授权范围内行事。

②如实汇报一切重要事宜。

③履行保密义务。代理人不得把代理过程中得到的保密情报和重要资料向第三者泄漏,代理人也不得自己利用这些资料同被代理人进行不正当的竞争。

④如实向委托人报账。代理人在代理业务中产生的一切费用应提供正确的账目,对个别特殊费用的开支应事先征得委托人的同意。

2.委托人的责任和义务

①及时给予代理人明确具体的指示。除按照代理协议规定办理的事宜外,委托人要求代理人应做的事项,必须及时给予明确具体的指示,以便代理人凭以执行。尤其对代理人征询某项工作的处理意见,委托人必须及时答复,如由于指示不及时或不当而造成工作损失,代理人则不承担任何责任。

②支付代理佣金。委托人必须按事先约定支付代理人佣金,作为对代理人所提供服务的报酬。

③支付费用和补偿。委托人必须支付代理人由于提供代理服务而产生的有关费用。

第二节 船舶代理关系的建立

一、船舶代理关系建立的条件

我国《合同法》第396条规定:"委托合同是委托人和受托人的约定,由受托人处理委托人事务的合同。"据此,船舶代理关系必须经过委托人的委托和代理人的接受,即经过船舶所有人或船舶经营人或船舶承租人提出代理要求并经代理人同意,船舶代理关系方可建立。结合实际情况,需满足以下条件:

①经过委托人的授权和代理人的接受后建立。

②有代理协议或用代理公司的业务章程。

③电文中通常应有"Attend""Husband""Act as agent"" Appoint your good company as agent"等字样。

代理人在答复接受之前,应对委托事项进行评审。如果委办事项合法可行,则可表示接受;如果违反港口当局的规定或受港口条件限制不宜接受,应明确答复并说明原因。

常见的评审内容如下(具体评审内容详见本章第三节):

①船舶预计抵/离港吃水是否符合港口条件,港口当局是否允许其装/卸危险品,超长/重大件货物是否在港口机械的装卸能力范围内,以及装卸时间要求能否满足等。

②对专程来港加油、加水、添加食品的船舶,应审核加油、加水、添加食品种类和数量,落实供应和费用后,才能接受代理委托。

③收到发生海上事故的船舶信息,应及时了解是否有人员伤亡、事故发生的地点和经过以及船舶和货物损坏情况,必要时迅速联系医院、海事局、修船厂等。若需要有关方提供担保,则应及时转告委托方,并协助处理。

二、船舶代理关系建立的方法

船舶代理关系建立的方法主要有书面合同和函电形式两种。

①通常采取双方谈判并签订书面合同的方式。

②可由委托方用函电形式(包括电报、电传、传真、电子数据交换系统和电子邮件),将委托事项告知代理,双方就委托事项和代理费达成一致,经代理委托人确定后生效。

三、船舶代理关系的分类

1. 按照合同期限分类

1) 长期代理关系

(1) 长期代理关系的含义及特点

长期代理关系是指委托方根据船舶运营需要,事先与代理人充分协商,以书面形式签订一次委托长期(一年或几年)有效的代理关系。在合同的有效期内,委托方只需在每航次船舶抵港前,通知代理到船时间、船名、船舶规范和载货情况,不需要逐船逐航次委托。委托方应建立往来账户,预付适当数量的备用金,供船舶逐航次使用。

对班轮(包括集装箱班轮、客班轮、杂货班轮等)和相对长期往来于某航线上的定期定班船舶,委托方一般都希望建立长期代理关系,这种长期代理关系往往是通过签订代理协议来建立的。外代系统的长期代理协议都由总公司出面签订,分公司不能直接对外签订长期代理协议。签订长期代理协议一般需要建立长期往来账户,委托方预付一笔双方商定数额的港口使费备用金后,代理定期与委托方对账,备用金数额不足时,由委托方追加汇付。有的则采取不动备用金的方式,在委托方见到航次结账单并加以审核后,将单船航次实际发生的费用在商定期限内汇付给代理。有的委托方要求采取单船单航次结算的办法。

国际上较大规模的船东经营定期班轮航线(特别是集装箱班轮航线),一般逐步趋向于在主要挂靠港口成立专门的自营代理公司来负责港口的船舶代理业务,进行揽货、船舶代理现场操作、集装箱管理和港口使费结算等工作。这类代理公司往往使用船公司设计的统一电脑软件系统(包括操作、箱管和财务软件)。管理模式分两种,即成本中心方式和利润中心方式。成本中心方式实行预算制,利润中心方式则实行与普通代理公司一样的代理协议制,由代理公司进行独立核算,向母公司上缴利润(可根据船东经营状况和代理公司盈利情况定期调整代理费率)。这类大公司在新设航线时,常常会在开始阶段使用公共代理,通过一段时间的经营,如有足够货量并证明能够在当地长期发展,则会开始考虑成立自己的代理。按照西方国家的标准,为这样的船公司提供代理服务的代理公司,一般不得为该船公司在同一航线上的竞争对手提供代理服务(公平竞争原则,代理不能一仆伺候二主),船东在商定的领域范围内也不得另委托他人做船舶代理或不打招呼开展营销活动(争客户)。船东如要求代理开发供该船东专用的电脑软件,往往需要提供或承担代理公司为此投入的软件开发费用。在代理协议终止时,还往往要给予代理公司相应补偿(人员遣散、专用投资设备的处理等费用)。

(2) 长期代理协议主要内容

长期代理协议一般应该由双方法人代表或全权授权代表来签署,协议签署前应该弄清对方签署人的身份以及是否有权代表该公司签署协议。

代理公司应该尽量准备好自己的长期代理协议范本,一旦需要签订代理协议,尽量争取采用自己的范本,这样有利于加速谈判进程和保护自己的利益,不会造成协议重要内容遗漏,可以防止今后出现争议或再签补充协议的情况。

不同的国家有不同的代理协议范本,一般都是由船舶代理行会(协会)征求各成员代理公司意见后公布,供各成员参考和选择使用。协议可分为集装箱船舶代理协议、散杂货船舶代理理协议和客运代理协议等多种格式。

长期代理协议一般应该包括以下内容：

①达成协议并签约的各方的公司全称和公司注册登记地的详细地址。

②签约日期和地点。

③应有甲方委托乙方代理、乙方接受甲方代理委托的字样。

④总条款(General Conditions)，内容一般包括：协议适用的领域和范围，代理应尽最大努力保护委托方的利益，代理不得同时接受委托方在同一航线上的经营相同业务的其他竞争对手的代理委托，委托方不得在同一领域在协议有效期内另外委托其他代理，代理有权在必要时转委分代理来履行协议规定的代理业务工作义务等。

⑤代理义务(Duties of the Agents)，包括委托方授权代理代办的各项业务工作内容和要求、揽货和订舱工作要求、现场服务要求、集装箱管理要求、单据传送要求、财务结算要求、运费收取和汇付要求等。这些要求往往都由委托方提出。

⑥委托方义务(Duties of the Principals)，包括向代理报送船舶动态，及时提供完成代理业务所必需的资料、文件和信息(包括船舶资料、来自港、预计抵港日期和任务等)，预付船舶港口使费备用金，保证承担和赔付代理因执行委托方的指示而产生的针对代理的任何责任和费用追究，委托方应该支付的费用项目和范围等。这一项目的内容往往由代理提出，代理公司必须充分准备，防止遗漏。例如，有的代理协议规定，如委托方(特别是集装箱班轮)提出特殊要求(开发或使用委托方专用电脑软件)，代理为完成委托方特殊要求而支出的费用(包括软件开发费用、特殊硬件设备和专线的投资费用等)，全部由委托方承担。

⑦双方商定的其他特殊约束条款。

⑧报酬(Remuneration)，详细规定代理应得报酬的项目和数额，一般以附件的形式另外约定报酬项目和费率。

⑨财务结算办法。

⑩协议有效期(Duration)，必须写明协议的有效期限和协议终止、续期的条件及方式。

⑪所签协议正本的份数、保管和各自的效力，如有两种文字的正本，要注明以哪种文本的正本协议为准。

⑫适用法律和仲裁(Governing Law and Arbitration)，应该写明协议适用哪国法律或具体的仲裁方式。

⑬双方盖公司印章或由双方授权代表签字，没有印章和签字的协议是废纸一张，未经授权者所签协议也可能无效，非公司正式印章也可能无效。

⑭必要时，在协议每页上由双方授权代表加以小签或加盖骑缝印章，这样可以防止协议中某一页被一方更换后出现争议、举证困难的情况。

2) 航次代理关系

航次代理关系是指委托方在船舶到港前，用函电向抵港代理提出该航次船舶委托，在代理回电确认后，本航次代理关系即告成立。

目前，外代有正式对外公布的经交通运输部批准的代理业务章程和费收规定。因此，建立航次代理关系时就相对比较简单，委托方的义务在代理业务章程中已经明确写明，委托方书面委托就表示接受章程中所列各项义务。随着部颁标准的废止，各代理公司应考虑起草公布自己所采用的业务章程、收费项目和标准(也可使用船舶代理协会公布的相关标准)。尽管如此,代理在接到代理委托后仍然需要由指定的专人来进行合同评审,根据委托方提供的相关资料、信息来判断本公司有无权限和能力来接受其委托(包括来港船舶的国籍和来港任务是否受政府的限制——如敌对国船籍、核动力船、军舰、科考船、装载放射性物质和大量一级危险品的船,港口条件和设备能否满足船舶来港任务的特殊需要等),委托书中委托代理的意向是否有明确的表达(Attend,Husband,Act as Agent等)。

特别是在船舶代理市场放开后,委托方选择余地大,需要防止误将对方询问和询价当作委托的情况出现。通过合同评审后,应该及时给委托方发书面表示接受其代理委托的函电,同时向委托方索要估算的港口使费备用金。委托方接到代理接受委托的确认并安排汇付船舶港口使费备用金后,航次代理关系就正式确立。

委托方派船抵港装卸货物,或因船员急病就医、船舶避难、添加燃料、物料、淡水、给养、修理等原因抵港的国际航行船舶,均应逐航次办理委托,船舶在港作业完成或所办理事项完成离港,则航次代理关系即告终止。

2. 按代理船舶营运方式分类

1) 班轮运输船舶代理关系

在班轮运输下,班轮运输船舶代理人与班轮公司通常建立长期的代理关系。在我国的船舶代理代理实践中,班轮公司在某一港口也可以分航次委托多个船舶代理人。班轮公司通常委托班轮代理代办船舶进出港手续、揽货、订舱、缮制有关单证、代签提单和提货单、代收运费等事项。班轮公司在选定班轮代理人时,班轮代理人能承揽的货量是班轮公司选择班轮代理人的一个重要因素。班轮运输船舶代理根据其代办的业务主要分为班轮运输船舶总代理和订舱代理。

①班轮运输船舶总代理。在班轮运输中,班轮公司在船舶停靠的港口委托总代理。总代理的权利与义务通常由班轮代理合同的条款予以确定。代理通常应为班轮制作船期广告,为班轮公司开展揽货工作,办理订舱、收取运费工作,制作运输单据、代签提单,管理船务和集装箱工作,代理班轮公司就有关费率及班轮公司营运业务等事宜与政府主管部门接洽。总之,凡班轮公司自行办理的业务都通过授权交由总代理代办。

②订舱代理。班轮公司使自己所经营的班轮运输船舶能在载重和舱容上得到充分利用,力争做到"满舱满载"。除了在班轮船舶挂靠的港口设立分支机构或委托总代理外,还会委托订舱代理人,以便广泛地争取货源。订舱代理人通常与货主和货运代理人有着广泛和良好的业务联系,因而能为班轮公司创造良好的经营效益,同时能为班轮公司建立起一套有效的货运程序。

2) 不定期船舶代理理关系

不定期船舶代理理为来港的不定期船办理相关事务。不定期船舶代理可以由不定期船舶所有人、经营人或承租人等委托。通常在维护委托方利益的前提下,代理人照管和办理船舶在港的一切事项。在不定期租船中,为维护自己的利益,承租人和出租人都希望自己有权指定装卸港口的代理人,一般在租船合同中都会明确由谁指定装卸港口代理人。根据委托方的不同,不定期船运输代理可分为以下几种。

①船东代理。船东代理受船东的委托,为船东代办与在港船舶有关的诸如清关、检验检

疫、安排拖轮和引航员及装卸货物等业务。此时,租约中通常规定船东有权在装卸港口指派代理人。

②船舶经营人代理。根据航次租船合同的规定,由船舶出租人在装卸港口指派代理人,该代理人受船舶经营人委托,为船舶经营人代办与在港船舶有关的业务。

③租船人提名代理。根据航次租船合同的规定,船舶承租人有权提名代理,而船舶出租人(船东或船舶经营人)必须委托由租船人所指定的代理作为自己所属船舶在港口的代理人,并支付代理费及港口的各项费用。此时,代理人除了要保护委托方(船东或船舶经营人)的利益外,还要兼顾租船人的利益。

④保护代理。当根据租约的规定,在船舶代理由租船人提名的情况下,船东或船舶经营人为了保护自己的利益,会在已经委托由租船人提名的代理人作为在港船舶的代理以外,再另外委托一个代理来监督租船人提名代理的代理行为,或称为监护代理(Supervisory Agent)。这种情况多发生在航次租船合同的情境之中。

⑤船务管理代理。由租船人与港口船舶代理签订委托合同并结算港口使费,而船东为了办理诸如船员调换/遣返、加油、加水、物料供应、修船、船长借支等船舶管理业务而委托的代理(Husbandry Agent,简称为船管代理),这种情况多发生在定期租船合同的情况之下。

在有船务代理人的情况下,各方委办业务比较明确,即租船人委办事项主要是安排船舶进出港手续、安排泊位和货物装卸等业务,而船东委办的事项主要如船员换班/遣返、物料供应、船长借支等业务。如果租船人和船东委托同一个代理人(其中船东可以按第二委托方处理),则代理人对船舶在港期间的委办业务要明确区分,分别完成租船人和船东委托的代理任务并分开结算。

⑥不定期船总代理。总代理是特别代理的对称,其代理权范围包括全部代理事项。不定期船总代理的业务广泛,如代表不定期船舶船东安排货源,支付费用,选择、指示再代理并向再代理发出有关指示等。租船人有时也会指派总代理人,若在租约中规定由租家指派代理或提名代理时,则租船人就有权在一定地理区域内选定总代理。当租船人指定甲代理人为总代理,而船舶不停靠甲地时,则可由甲代理人为其委托方选择、指定再代理,并由再代理代办与在港船舶有关的业务。委托方授予代理人代理权是建立在对代理人的知识、技术、才能和信誉等信任的基础之上的,而船东或租船人选用总代理的最大优点在于,委托方和代理之间有信任感,业务上具有连续性,一旦委托,船舶在所有港口的代理业务都由总代理办理或由其选择、指派的再代理完成。

3. 按同一航次委托方分类

1) 第一委托方代理

第一委托方是指发出委托函电并汇付港口使费和代理费的一方,通常称为委托方。

2) 第二委托方代理

除第一委托方外,对同一艘船舶同一航次要求代理代办有关业务的其他委托者,统称为第二委托方。

第二委托方可以是船方(船舶所有人、经营人或管理公司),也可以是租方或货方,还可能是其他有关方。一艘船只有一个第一委托方,但同时可以有一个或几个第二委托方。有船舶代理指定权的不一定是第一委托方,只有实际支付和结算船舶港口使费的一方才被认为是第一委托方。除第一委托方外的任何单位,要求代理协助并办理相关业务的,应视业务量大小来确定是否需要建立第二委托方代理关系。

一般情况下,符合下列条件之一的,应视为第二委托方:

①要求提供船务管理服务的。
②要求提供船舶各种装货单证的。
③要求按时电告船东抵、离港及船舶在港期间动态的。
④委托并要求提供船舶 NOR、SOF、船长宣载书的。
⑤按租约规定分别向船东、租船人或其他有关方结算船舶在港使费的,除委托方以外的其他结算对象均为第二委托方。

有关方一些简单的要求和询问不应当作第二委托方。委托方要求向其总部或分支机构提供一些信息和寄送单证,一般也不作为第二委托方。

为便于理解上述的一些代理关系,现举例如下:

A 公司拥有"海洋"号船;

B 公司与 A 公司签署 5 年的期租船合同,期租使用"海洋"号;

C 公司有散杂货需要从美国运往中国天津,于是与 B 公司签订了程租船合同,单航次使用"海洋"号。

在租船合同下,C 公司拥有指委代理权。C 公司与甲公司有长期业务往来,于是 C 公司要求 B 公司使用甲公司作为卸港船舶代理。于是 B 公司正式委托甲公司作为"海洋"号靠天津港时的船舶代理人,负责船舶进出港、靠泊、卸货等工作和支付有关港口使费。

由于 B 公司过去与甲公司没有业务往来,为保护自身利益,B 公司在天津港委托乙公司作为自己的保护代理,负责监控卸货工作,并将港口使费和代理费等通过保护代理乙公司支付给甲公司。A 公司与甲公司和乙公司过去都没有业务往来,于是该公司委托天津港的丙公司为船管代理,负责船员借支、就医、航次修理和其他由船东负责的有关事宜。

其代理关系如图 3-1 和图 3-2 所示。

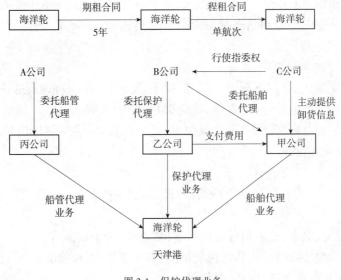

图 3-1　保护代理业务

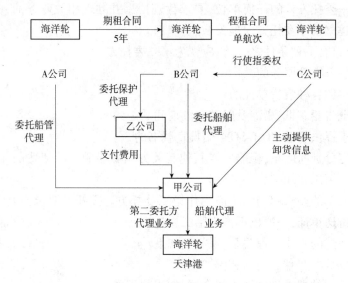

图 3-2 第二委托方代理业务

如果 A 公司与甲公司有业务往来,而且委托甲公司在天津负责船管代理业务,则甲公司可以将 A 公司委托的业务称之为第二委托方代理业务。

第三节 船舶代理委托单的审核

一、代理船舶常规审核

收到船东、租船人和/或其他关系方的委托后,根据法律、法规、港口规定及港口的实际情况等进行审核:

(1)船舶能否被港口所接受。对于首次来港的、悬挂某国旗的船舶(指国籍为首次),海事局主管部门在审批船舶进口岸申请书时,需报请交通运输部审核批准,确定是否准许进入中国。

(2)费用要求是否可接受。

(3)审核时考虑的常规事项:

①船舶规范,主要包括(但不限于):船名、船旗、总吨、净吨、载重吨、总长、型宽、每厘米吃水、呼号、船舶代码、卫星电传号、传真号、货机数量、安全负荷、舱口数、舱容、船级社、建造年份、大型船舶或设施的总高度、舱口尺寸及位置、重吊位置、滚装船跳板位置和长度及其他可能影响靠泊装卸作业的设施。

②来港任务。

③装卸条款(装/卸船);用何提单格式;由谁签发;需要扫舱、洗舱、捆扎时,应由谁安排,费用由谁支付。

④预计抵港时间、吃水,是否超过港口限制(如吃水、净空高度等)。

⑤货物名称、种类、装卸数量、货物包装情况;有无过境货、危险品。

⑥委托方全称及联系地址、电话、电传等。

⑦上一靠港、下一去港、装货或卸货港。
⑧需否添购燃油、淡水、垫料、伙食,是否需要航次修理。
⑨吨税执照是否到期。
⑩货物积载图、提单副本、舱单、集装箱箱号清单、危险品舱单、超高超宽箱清单、超长超重清单、船员/旅客名单等。

二、不同业务需求的代理关系审核

(1)长期代理关系的建立,主要指本公司与委托方直接签订有长期代理协议的集装箱班轮业务以及计划内国际旅游船业务。在协议有效期内或计划年度内可不必进行逐航次船舶代理的合同评审,仅对每航次的委办事项进行审核以确保委托方的要求得以满足。

(2)装卸货的船舶审核应注意。
①卸货船舶
 • 预计抵港吃水是否符合港口条件。
 • 所载危险品能否被港监允许。
 • 超长/重大件货物是否符合港口接卸能力。
 • 卸货时间要求能否满足。
②装货船舶
 • 预计离港吃水是否符合港口条件。
 • 所载危险品能否被港监允许。
 • 船方、港方的装货设备/设施是否满足装货要求。

(3)来港加油、加水、添加食品物料的船舶审核应注意:
①申请加油、加水、添加食品物料的种类数量。
②以电话或书面形式联系分承包方,落实供应的可能性。
③落实费用的支付方式。

(4)来港调换船员的船舶审核应注意:
①上船人数、路线、航班号等。
②下船人数、去向、是否订妥机票。

(5)在港区内发生海事的船舶审核应注意:
①一旦收到船长/船员有关船舶发生海事的信息,应及时查核:
 • 是否有人员伤亡。
 • 是否在锚地发生碰撞事故、船损情况,迅速联系医院、港监、船检、商检、修船厂等,并根据船长要求和当局决定采取措施,及时告知委托方。
②将有关信息和文书,转告委托方,并将动态情况及时通告委托方。
③若需有关方提供担保,则应及时转告委托方,并协助处理担保事宜。

(6)专程来港修理的船舶审核应注意:
接到委托方/船方关于修理的书面委托后,及时联系厂家对各项修理进行报价及可行性评估并预测工期,在船方确认后方可安排修理。非海关监管处所的修理应要求厂方办妥有关手续。

(7)特种船舶审核应注意:

①散装货、化工危险船、过境货,必须事先征得海事局同意。

②装载特别物资的船舶,凡在本港装载特别物资的,联系海事局落实措施。

③因疾病或避难来港的船舶,应在征得检验检疫部门同意后,要求船长或船东明确费用结算并尽快支付备用金。

④对超规范船舶、装/卸重大货物的船舶等可否接受代理委托,需首先以电话或书面形式征得有关港口当局的同意,并记录归档备查。

三、评审结果分析

(1)经评审,委托可以接受,则向委托方复电确认,该确认电是合同评审的证明。

(2)经评审,委托不能接受,则由评审人以电话、电传、传真的方式通知顾客不能接受的原因或提出为使委托能被接受而需采取的措施,若该委托经顾客的更正或调整后可以接受,则复电确认接受委托。

(3)如经评审发现委托不能接受,则委托方不能采取措施,或采取措施但委托仍不可接受,则填写合同评审表,交部门负责人审定,经其确认不能接受后,由评审人再次通知顾客,说明情况,取消委托。

(4)对暂时缺少或未告知的一些信息和资料,虽对船舶作业安排很重要,但不影响委托的接受,可在接受委托后向委托方索取。它们可能是:

①缺少收/发货人名称及联系电话等。

②暂未通知船舶规范。

③暂无积/配载图。

④未告知开来港或目的港名称等。

(5)顾客关于港口情况的调查、船舶来港可能性或费用的询问等,视为信息咨询。

(6)洽订滞期/速遣协议:

①船舶靠泊前,如委托方需要,应与港务机关洽谈滞期/速遣事项,经委托方确认后,与港务机关签订滞期/速遣协议。

②根据滞期/速遣协议,核算装卸时间及滞期/速遣费。

③滞期/速遣协议交财务并向有关方收取费用。

思考与练习

一、判断题

1.一艘船舶只能有一个"第一委托方",但同时可以有一个或几个"第二委托方"。
(   )

2.船管代理办理的业务与装卸货运输经营无关,只与船舶管理有关,例如修船等。
(   )

3.通常将发出委托电并汇付港口使费和代理费的一方称为第一委托方。   (   )

二、选择题

1. 在代理关系存续期间,通常被代理人有权单方面撤销委托,代理人也有权辞去其受任,但应(　　)。
   A.事后通知对方　　　　　　　　B.通告其他有关单位
   C.事先通知对方　　　　　　　　D.赔偿损失

2. 根据我国民事法律,如果委托人授权不明,则(　　)。
   A.委托人对第三人可以不承担任何代理后果
   B.由代理人向第三人承担代理后果
   C.委托人应向第三人承担代理后果,代理人要负连带责任
   D.代理人的代理行为无效

3. 船舶代理人在授权范围内以被代理人名义进行船舶代理行为的后果应(　　)。
   A.由被代理人承担
   B.由代理人和被代理人共同承担
   C.由代理人承担,被代理人负连带责任
   D.由代理人独自承担

4. 船舶代理人超越代理权限所产生的民事责任一般应(　　)。
   A.由被代理人承担
   B.由代理人承担
   C.由代理人承担,被代理人负连带责任
   D.由实际应负责任的一方负担

5. 船舶代理人在代理权限内有违法行为,被代理人明知这种情况却没有明确表示反对,由违法行为产生的责任应(　　)。
   A.由代理人承担　　　　　　　　B.由被代理人承担
   C.由代理人承担,被代理人负连带责任　　D.由损失人自负

6. 以下不属于船舶代理关系的是(　　)。
   A.长期代理　　　　　　　　　　B.航次代理关系
   C.第二委托方代理关系　　　　　D.租船合同关系

7. 下列业务多采用航次代理的是(　　)。
   A.航次租船下 FOB 出口货物的国外派船
   B.航次租船下的 CFR 进口货物的国外派船
   C.来港交接手续的买船或卖船
   D.专程来港加水的船舶

8. 船舶代理权是依据(　　)方式产生的。
   A.委托授权　　　　　　　　　　B.租船人指示或指定
   C.总代理的指示　　　　　　　　D.港口的指定

9. 下列关于船舶代理义务和责任说法正确的是(　　)。
   A.委托人的利益,船舶代理可以在授权范围外行事
   B.应该把重要事宜向委托人汇报

C.在办理业务中的账目,应该向委托方申报

D.委托人的重要情报,船舶代理应该保密

10.根据代理协议规定和委托人的指示办委托事项,必须在委托授权的范围内行事,如果违反这一规定给委托人造成损失,由( )负责。

A.委托人 B.代理人

C.第三方 D.港务局

三、简答题

1.委托函常见的委托事项有哪些?

2.列出船舶代理关系的种类。

3.代理对委托函进行评审,常见的评审内容有哪些?

实务操作

假如你是某船舶代理公司的员工,现授权你用英语函电回复下面委托函电,同意接受代理委托,与其建立航次代理关系。

委托函电:

TO:XXXX CO. LTD

FM:XXXX CO. LTD

M/V:XXXX

PLS BE ADVD THAT THE SUBJ VSL IS SCHEDULED TO CALL BEILUN FOR DISCHG ABT 165000MTS IRON ORE. WE ARE PLEASED TO APPT YOU AS PORT AGENT TO EFFECT SMOOTH OPERATION. PLS NOTE FLWG DETAILS/INSTRUCTIONS N ACT ACDGLY:

DISCH TERMS:FO

LOADG PORT:PORT HEDLAND

LAST PORT:PORT HEDLAND

VSL PARTCULARS:

FLAG:SINGAPORE

DWT:175773MTS

DRAFT:17.809M

LOA:289M BEAM:45

-PLS ADV YOUR PORT EXPENSES IN LUMPSUM.

-PLS CHECK WITH MASTER IF YOU NEED FURTHER INFOS.

-PLS BE ADVD THAT WE WILL NOT COVER ANY OWNER'S EXPENSES.

-PLS ADV BTHG PROSPECT N DISCH TIME REQUIRED.

-MASTER WANTS TO SEE O.B/L BEFORE CGO. THEREFORE PLS FLW UP WITH CONSIGNEES N CFM RECEIPT. PLS BE REMINDED THAT O.B/L MUST BE ENDORSED BY SHIPPER N NTY PARTY.

-PLS SEND THE TONNAGE DUES CERTIFICATE TO US ONCE VSL SAILED BY COURI-

ER.

RE NOR & SOF

PLS ENSURE TO GET RECEIVERS OR THEIR AGENTS SIGNED THE NOR ON VSL'S ARRIVAL AND SOF ON VSL'S DEPARTURE. IF THEY REFUSE TO SIGN IT, PLS FAX SAME TO THEM AND SEND US THE FAXED RECORD SHOWING TIME/DATE AND THE FAXED NOS.

OUR FULL STYLE：
XXXX CO.LTD
UNIT208-1612,16/TH FLOOR
TOWER,JIAN JIN
223 BEI JING ROAD
KWAI CHUNG,N.T.
SINGAPORE：
TEL：(0065) 2418 0000；RAYMOND WANG
TLX：63888 JMBMJ SPORE
FAX：(0065) 2828 9798/2628 8989
CABLE：BIGOCEAN SIGAPORE

第四章　船舶代理业务类型及流程

学习目标及要求

知识要求
- 了解班轮运输、不定期船运输和集装箱的概念。
- 熟悉班轮、集装箱船舶进出口流程及租船业务。
- 掌握班轮进出港代理业务,集装箱管理代理业务和租船舶代理理业务。
- 熟悉船舶交接、船舶服务等其他各项代理业务。
- 掌握船舶进出港申报、联检以及其他业务手续。

技能要求
- 能完成班轮运输、不定期船运输相关单证识别与缮制。
- 能缮制装卸时间事实记录。
- 能结合装卸时间事实记录计算滞期/速遣费。
- 能准确完成船舶进出港各项申报手续。

第一节　船舶代理业务类型

一、班轮运输代理业务

1.班轮运输概述

在航运实践中,班轮运输可分为两种:一种是定期定线班轮(也称核心班轮),即船舶严格按照预先公布的船期表运行,到离港口的时间固定不变,也就是所谓的定期定线班轮运输;另一种是定线不定期班轮(也称弹性班轮),即虽然船舶有确定的航线和船期,但船舶到离港口的时间有一定的伸缩性,中途挂靠港口可能增减,即所谓的定线不定期班轮运输。

为了保证班轮能够严格按照预先制定的船期表进行,班轮运输有别于其他运营方式的特点如下:

①货物批量小,货重繁多。从事班轮运输的船舶通常每一航次运输众多托运人的小批量不同种类的杂货,多为工业制品及半制成品。

②托运人通过向承运人订舱,建立海上货物运输合同法律关系。船方接管货物或将货物装船后,签发提单作为海上货物运输合同的证明,并以此来明确船货双方的权利义务关系。

③在码头仓库或船边交接货物。托运人将货物运至船边或承运人指定的码头仓库,交由承运人接管或装船;收货人在船边或承运人指定的码头仓库提取货物。

④承运人负责货物装卸并承担费用。承运人负责货物装载和卸载作业,其费用计入运费

之中。

⑤按班轮公司费率本或运价表计收运费。托运人或收货人按班轮公司费率本或运价表的规定,支付运费。

⑥通常不计算装卸时间和滞期/速遣费。承运人与托运人通常约定,托运人或收货人按船舶所能装卸货物量来提交或收取货物。否则,因延误而给承运人造成的损失,由托运人或收货人负责赔偿。

2. 出口班轮船舶代理业务

1) 班轮货运出口流程

班轮货运出口流程如图 4-1 所示。

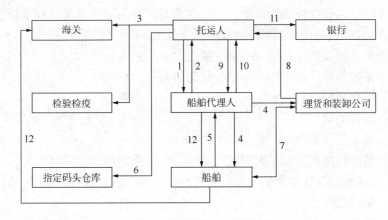

图 4-1 班轮货运出口流程图

①托运人向船公司在装货港代理人(也可直接向船公司)提出货运申请,递交托运单,填写装货十联单。

②船公司同意承运后,船舶代理人指定船名,核对装货单(Shipping Order, S/O)与托运单上的内容无误后,签发 S/O,将留底联留下后退还给托运人并要求托运人将货物及时送至指定的码头仓库。

③托运人持 S/O 及有关单证向海关、检验检疫部门办理货物出口报关、检验检疫等手续,海关在 S/O 上加盖放行单后,货物准许装船出口。

④船公司代理人根据留底联编制装货清单(Loading List, L/L)送船舶、理货和装卸公司。

⑤大副根据 L/L 编制货物记载计划,交给船舶代理人分送理货、装卸公司按计划装船。

⑥托运人将检疫及检量过的货物送至指定码头仓库准备装船。

⑦货物装船后,理货组长将 S/O 交由大副,大副核实无误后留下 S/O 并签发收货单(Mate's Receipt, M/R)。

⑧理货组长将大副签发的 M/R 交给托运人。

⑨托运人持 M/R 到船公司在装货港的代理人处付清运费(预付费情况下)换取正本已转船提单(Bill of Lading, B/L)。

⑩船公司在装货港的代理人审核无误后,留下 M/R 并签发 B/L 给托运人。

⑪托运人持 B/L 及有关单证到议付银行结汇(信用证支付方式下),取得货款。

⑫货物装船完毕,船公司在装货港代理人编制出口载货清单(M/F)送船长签字后向海关办理船舶出口手续,并将 M/F 交船随带,船舶起航。

2)出口班轮主要货运单证

(1)场站收据(Dock Receipt,D/R)

场站收据又称港站收据或码头收据,是国际集装箱运输专用出口货运单证,一般是托运人口头或书面订舱,与船公司或船舶代理人达成货物运输的协议,船舶代理人确认订舱,在承运人委托的码头堆场(Container Yard,CY)、货运站(Container Freight Station,CFS)或内陆货运站收到整箱货(Full Container Load,FCL)或拼箱货(Less Container Load,LCL)后,签发给托运人的、证明已收到托运货物并对货物开始负有责任的凭证。托运人或其代理人可凭场站收据向船舶代理人换取已装船或待装船提单。场站收据是集装箱运输重要出口单证,其标准格式一套共 10 联(不同的港、站使用的场站收据有所不同):

- 第一联　集装箱货运托运单——货主留底　　　白色
- 第二联　集装箱货运托运单——船舶代理留底　白色
- 第三联　运费通知(1)　　　　　　　　　　　白色
- 第四联　运费通知(2)　　　　　　　　　　　白色
- 第五联　场站收据副本——装货联(关单)　　白色(S/O)
- 第六联　场站收据副本——大副联　　　　　　粉红色
- 第七联　场站收据(正本联)　　　　　　　　淡黄色(D/R)
- 第八联　货代留底　　　　　　　　　　　　　白色
- 第九联　配舱回单(1)　　　　　　　　　　　白色
- 第十联　配舱回单(2)　　　　　　　　　　　白色

场站收据是一份综合性单证,将货物托运单(订舱单)、装货单(关单)、收货单(大副收据)、理货单、配舱回单、运费通知等单证汇成一份,这对提高集装箱货物托运效率和流转速度有很大意义。

(2)集装箱预配清单(Container Pre-match List)

集装箱预配清单是船公司为集装箱管理需要设计的一种单证,通常由货运代理人在订舱时或一批一单或数批分行列载于一单,按订舱内容缮制后随同订舱单据送船公司或其代理人,船公司配载后将该清单发给空箱堆存点,据以核发集装箱设备交接单和空箱。实践中,有的港口不使用集装箱预配清单。

(3)集装箱装箱单(Container Loading Plan,CLP)

集装箱装箱单是详细记载集装箱内所装货物的名称、数量等内容的单据。在班轮运输中,集装箱装箱单是非常重要的一张单证:它是发货人、集装箱货运站与集装箱码头堆场之间的货物交接单证,是向船方提供的集装箱内所装货物的明细表,是计算船舶吃水差、稳性的数据来源,是在进口国和卸货地办理集装箱报税运输的单证之一,在货损发生时,此单是处理索赔事故的原始单据之一。

(4)装货清单(Loading List,L/L)

装货清单是根据装货联单中的托运单留底联,将全部代运货物按目的港和货物性质归类,依次依靠港顺序排列编制的装货单的汇总单。装货清单的内容包括船名、装货单编号、件数、包装、货名、毛重、估计立方米及特种货物对运输的要求或注意事项的说明等。

装货清单是大副编制记载计划的主要依据,又是供现场理货人员进行理货、港口安排驳运、进出库场以及掌握托运人备货及货物集中情况等的业务单证。当增加或取消货载时,船舶代理人应及时编制"加载清单"或"取消货载清单",并及时分送各有关方。

(5)载货清单(Manifest,M/F)

载货清单也称"舱单",是在货物装船完毕后,根据大副收据或提单编制的一份按卸货港顺序逐票列明全船实际载运货物的汇总清单。其内容包括船名及船籍、开航日期、装货港及卸货港,同时逐票列明所载货物的详细情况。载货清单是随船单证,也是办理船舶海关和检验检疫手续的单证之一。

(6)危险货物清单(Dangerous Cargo List)

危险货物清单是专门列出船舶所载运全部危险货物的明细表。其记载的内容除载货清单、载货清单所记载的内容外,还特别增加了危险货物的性质和装船位置两项。为了确保船舶、货物、港口在装卸和运输过程中的安全,包括中国在内的很多国家的港口都专门对此作出规定,凡载运危险货物的船舶都必须另行编制危险货物清单。

(7)冷藏货物清单(Reefer Cargo List)

冷藏货物清单是专门列出船舶所载运全部冷藏货物的明细表。冷藏货物清单也是随船单证之一。缮制冷藏货物清单的主要目的是方便船方和码头对冷藏货物的照料、管理和运输。

3)出口班轮船舶代理业务

在班轮出口业务中,船舶代理人负责的业务主要有以下四个方面:

(1)接受订舱

船舶代理人可以接受船公司的委托,在装货港代表船公司办理出口货物订舱。订舱(Booking)是托运人或其代理人向承运人或其代理人申请货物运输,承运人或其代理人对这种申请表示同意、给予承诺的行为。

船舶代理人在接受订舱前,应根据班轮公司所提供的信息,掌握承办订舱船舶航线、船舶预计抵港/离港日期、装卸港顺序,掌握船舶在本港可配箱量以及冷藏箱的箱位情况,以避免出现超配、超载现象。同时,船舶代理人在正式接受订舱前,应对托运人递交的托运单进行审核,若托运单的内容不符合要求和有关规定,应向托运人说明理由并建议托运人采取措施,以便能够接受托运。

(2)开具集装箱设备交接单

集装箱设备交接单(Equipment Interchange Receipt,EIR)是集装箱在流转过程中每个环节所发生变化和责任转移的记录,不同的船公司可以使用不同的格式。外代的设备交接单分进场单(In)和出场单(Out),各有三联。

如果托运人不使用货主箱(Shipper's Own Container,SOC),在办理订舱手续时,可以申请使用船公司箱(Carrier's Own Container,COC)。船舶代理人以配舱回单或预配清单等单证以及用箱人提供的用箱申请书作为开具集装箱设备交接单的依据。用箱人凭集装箱设备交接单到指定的空箱堆场提箱,并进行箱体的交接检验。

(3)缮制货运单证

各种货运单证是货方和船方之间办理货物交接的证明,也是货方、船方、港方等各有关方之间从事业务工作的凭据,还是划分货方、港方、船方各自责任的必要依据。因此,船舶代理人应依据代理合同的规定,缮制各种货运单证,以便办理出口货运业务。

(4)签发提单

货物装上船后,班轮公司作为承运人,应当根据托运人的要求签发提单。若班轮公司委托船舶代理人代签提单,代理人应根据船舶代理合同的规定办理;如果船舶代理合同中没有规定,则必须取得班轮公司的书面委托书。

3.进口班轮船舶代理业务

1)班轮货运进口流程

班轮货运进口流程如图4-2所示。

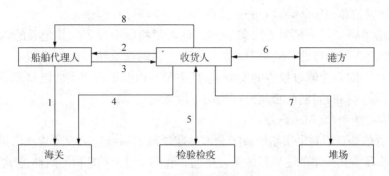

图4-2 班轮货运进口流程图

①船舶到港前,船公司的船舶代理人应及时将进口舱单信息送到海关。

②收货人及货运代理人接到发货人的全套单据(包括带背书的正本提单或电放副本、装箱单、发票、合同)后,在船舶到港前与船公司的船舶代理人联系,确定船到港时间、地点,如需转船应确认二程船名,确认换单费、押箱费、换单的时间。

③收货人及其货运代理人凭着带背书的正本提单(如是电报放货,可带电报放货的传真与保函)去船公司或船舶代理部门换取提货单和设备交接单。

④收货人或其货运代理人凭换来的提货单(第1联和第3联)并附上报关单据前去报关。

⑤若是法检商品应办理验货手续。海关通关放行后应去三检大厅办理三检,向大厅内的代理报验机构提供箱单、发票、合同报关单,由其代理报检。报检后,可在大厅内统一窗口交费,并在白色提货单上盖三检放行章。

⑥三检手续办理后,去港口大厅交港杂费。港杂费结清后,港方将提货联退给提货人以供提货。

⑦所有提货手续办妥后,收货人或货运代理人可通知事先联系好的堆场提货。重箱由堆场提到场地后,应在免费期内及时掏箱以免产生滞箱。

⑧货物提清后,从场站取回设备交接单证明箱体无残损,去船公司或船舶代理部门取回押箱费。

2)进口班轮主要货运单证

(1)到货通知书(Arrival Notice)

到货通知书是卸货港的船舶代理人在船舶到港后,或者在集装箱卸入集装箱堆场,或移至集装箱货运站并办好交接准备后,用书面形式向收货人发出的要求收货人及时提取货物的通知。目前集装箱班轮运输中普遍采用"交货记录"联单以代替件杂货运输中使用的"提货单"。到货通知书是"交货记录"联单中的一联。

(2)提货单(Delivery Order,D/O)

提货单又称"小提单",但是它不具有提单的流通转让性质,它是船公司或其代理凭收货人持有的提单或保函而签发的提货凭证,收货人可凭此单到仓库或船边提取货物。提货单共分五联:白色提货联、蓝色费用账单、红色费用账单、绿色交货记录、浅绿色交货记录。

(3)交货记录(Delivery Record)

交货记录是场站或港区在向收货人交付货物时,用以证明双方之间已经进行货物交接和载明货物交接状态的单证。这是"交货记录"联单中的第五联。

(4)货物过驳清单(Boat Note)

货物过驳清单是驳船卸货时证明货物交接的单据,它是根据卸货时的理货单编制的,其内容包括驳船名、货名、标志号码、包装、件数、舱口号、卸船日期等。由收货人、装卸公司、驳船经营人等收取货物的一方与船方共同签字确认。

(5)货物溢短单(Overlanded & Shortlanded Cargo List)

货物溢短单是指一批货物在卸货时,所卸货物与提单记载数字不符,发生溢卸或短卸的证明单据。该单由理货员编制,经船方和有关方(收货人、仓库)共同签字确认。

3)进口班轮船舶代理业务

在班轮进口业务中,船舶代理人负责的业务主要有以下四个:

(1)接收和分发进口货运单证

在船舶抵港前,卸货港的船舶代理人应根据船舶靠港顺序,查看是否已经收到集装箱设备交接单(EDI)数据报文,或者是否已经收到装港船舶代理人邮寄的进口货运单证,这些单证主要有载货清单(载货运费清单)、提单副本、积载图、危险货物清单、重大件货物清单、冷藏货物清单、货物残损单等。

(2)催单

为了使收货人能够及时获悉载货船舶的抵港信息,及时办理提货事宜,承运人或其代理人在货物抵达卸货港时,应逐个向提单上记载的收货人或通知人发送"到货通知书",这样做可以避免货物在港口码头积压,以免影响码头堆场、仓库的正常作业。如果货物卸载后1个月,收货人仍未办理提货手续,应再次通知收货人或通知方提货,同时需通知装港代理人和船公司。对于冷藏货物、鲜活货物等特殊货物,因港口无保管条件或不方便存放时,应及时用电话等快捷方式通知收货人在船边提货。

(3)签发提单

在实践中,通常由船舶代理人根据代理合同的规定为班轮公司代签提货单。船舶代理人除凭正本提单签发提货单外,还可以凭保函、海运单、电放通知签发提货单。收货人或其代理人凭借换取的提货单,办妥有关手续(如海关、检验检疫手续),到现场付清有关费用后方可提取货物。

(4)开具设备交接单

在集装箱运输中,船舶代理人对收货人提供的办完手续的提货单和"提箱申请书"等资料进行审核,在审核无误和提箱人交付用箱押金后,开具集装箱设备交接单给提箱人,供其到指定点提箱、返箱和验证交接。提箱人将空箱返还后,船舶代理人再将用箱押金返还给提箱人。

二、租船船舶代理业务

1. 航次租船概述

航次租船的"租期"取决于航次运输任务是否完成。由于航次租船并不规定完成一个航次或几个航次所需的时间,因此船舶所有人最为关心的是完成一个航次所需的时间,特别希望缩短船舶在港停泊时间。由于承租人与船舶所有人对船舶装卸速度有不同的要求,所以在签订租船合同时,承租双方还需约定船舶的装卸速度以及装卸时间的计算办法,并规定滞期费率和速遣费率的标准与计算办法。

在航次租船业务中,船舶的营运调度由船舶所有人负责,船舶的燃料费、物料费、修理费、港口费、淡水费等营运费用也由船舶所有人负担,船舶所有人负责配备船员,负担船员的工资、伙食费。在租船合同中,需要订明货物的装卸费由船舶所有人或承租人负担。同时,需要订明可用于计算装卸时间的方法,并规定滞期费和速遣费的标准及计算办法。航次租船的"租金"通常称为运费,运费按货物的数量及双方商定的费率计收。

在航次租船中,根据船舶承租人对货物运输所需要的航次情况,往往将航次租船经营方式分为以下几种:

(1)单航次程租(Single Trip Charter)

单航次程租是指一个航次的租船。船舶所有人负责将指定货物由一港口运至另一港口,货物运到目的地卸货完毕后,合同即告终止。

(2)往返航次租船(Return Trip charter)

往返航次租船是洽租往返航次的租船,指一艘船在完成一个单航次后,紧接着在上一航次的卸货港(或其附近港)装货,驶返原装货港(或其附近港口)卸货,货物卸毕合同即告终止。从实质上讲,一个往返航次租船包括两个单航次租船。

(3)连续单航次租船(Consecutive Single Voyage Charter)

连续单航次租船是洽租连续完成几个单航次的租船。在这种方式下,同一艘船舶在同方向、同航线上连续完成规定的两个或两个以上的单航次,合同才告结束。这种运输方式主要适用于某些货主拥有数量较大的货载,一个航次难以运完的情况。连续单航次租船合同可按单航次签订若干个租船合同,也可以只签订一个租船合同。

(4)连续往返航次租船(Consecutive Return Voyage Charter)

连续往返航次租船是洽租连续完成几个往返航次的租船。被租船舶在相同两港之间连续完成两个以上往返航次的租船运输后,航次租船合同结束。由于货方很难同时拥有较大数量的去程和回程货载,这种运输方式在实际业务中比较少出现。

(5)包运租船(Contract of Affreightment,COA)

包运租船是指船舶所有人向承租人提供一定吨位的运力,在确定的港口之间,按事先约定的时间、航次周期和每航次较为均等的运量,完成合同规定的全部货运量的租船方式。

2.航次租船货运相关知识
1)装卸费用
在航次租船中,装卸费用的分担完全以合同条款的具体约定为依据。如果航次租船合同里规定船东负担装卸费,并且船东是委托方,则船舶代理人索汇的备用金包括装卸费,而且装卸费通常在港口使费中所占的比例比较大。在航次租船中,委托方在委托电中都会告知船舶代理人货物的装卸费用条款。

航次租船合同中,对装卸费用的分担常见的约定条款有:

(1)班轮条款(Liner Terms,Berth Terms)

班轮条款又称船舶所有人负担装卸费用条款。该条款规定船舶所有人负担雇佣装卸工人的费用,支付货物的装、卸及推装费用。也就是说承租人应将货物送至码头船舶吊钩下,船方在吊钩所及的地方接受货物;在卸货港船方应将货物卸至船边码头上,收货人在船舶吊钩下提取货物。在航次租船合同中,也有把这种费用分担条款写成 FAS(Free Alongside Ship)的,其含义与班轮条款相同。

(2)船舶所有人不负担装卸费、堆货费及平舱费条款(Free In and Out, Stowed and Trimmed, FIOST)

该条款与班轮条款相反,船舶所有人不负担有关装卸的所有费用,雇佣装卸工人的费用及有关装卸费用都由承担人负担。按照这个含义,装运大件货物需要绑扎时的绑扎费及所需的绑扎材料当然由承担人负担,但为了避免争执,在运输大件货物时合同中常记明"FIOS Lashed",以明确船舶所有人不负担绑扎费。

(3)船舶所有人不负担装卸费条款(Free In and Out,FLO)

该条款是指承租人在装、卸两港负担雇佣装卸工人的费用及支付货物的装、卸费用。

(4)船舶所有人不负担装货费用条款(Free In,FI)

该条款是指在装货港由承租人负担装货费用,在卸货港由船舶所有人负担卸货费用。

(5)船舶所有人不负担卸货费条款(Free Out,FO)

该条款是指在装货港由船舶所有人负担装货费用,在卸货港由承担人负担卸货费用。

2)装卸时间

(1)装卸时间的概念

"波罗的海国际航运公会(BIMCO)"等国际航运组织联合编制的《1980年租船合同装卸时间定义》,对装卸时间(Laytime)的定义如下:合同当事人双方约定的船舶所有人使船舶并且保证船舶适于装/卸货物,无须在运费之外支付附加费的时间。船舶所有人在考虑航次租船的运费时,已将正常的船舶在港停泊时间(包括装卸货物的时间)和船舶在港停泊时间所发生的港口使费作为成本要素包括在运费之内。因此,如果承租人在约定的装卸时间内将货物装完和卸完,使船舶如期开航,航次如期结束,则船舶所有人不能再向承租人索取其他任何报酬。

(2)装卸时间的规定方法

关于装卸时间,在不同的租船合同中有着不同的规定,一般在合同中直接规定装卸日数,或通过规定装卸率的方式,根据船舶装卸效率定额,确定装卸时间;也可以按照港口的习惯尽快装卸,这种方法没有固定的装卸时间,而是根据港口的情况尽可能快地进行装卸;还可以船舶能够收货或交货的速度进行装卸,这种方法只考虑船舶的因素,是在船舶完全处于工作状态且能够最大限度地进行装卸货的情况下,所计算出的装卸时间,而不考虑港口实际装卸效率如何。

(3)滞期费(Demurrage)和速遣费(Dispatch)

如果承租人未能在约定的装卸时间内完成货物装卸,也就是说因货物未装或未卸完而延长了船舶在港的停泊时间,从而延长了航次时间,这对船舶所有人来说,既可能因在港停泊时间延长而增加了船舶的港口使费,又可能因航次时间延长而减少了船舶所有人的营运收入。对于这种损失,船舶所有人自然会要求承租人支付一笔费用来赔偿或补偿,也就是通常所说的滞期费。

与此相反,如果承租人能在约定的装卸时间之前将全部货物装完或卸完,从而缩短船舶在港停泊时间,使船舶所有人可以更早地将船舶投入下一个航次的营运而取得新的运费收入。为了奖励承租人为缩短装卸时间所做的努力,或者说为补偿承租人为了加快装卸进度而增加的费用,船舶所有人需支付给承租人相应的奖金或补偿金。这种奖金或补偿金就是通常所说的速遣费,速遣费通常为滞期费的50%。

(4)装卸日的含义

除了按港口习惯尽快装卸,装卸时间不确定外,其他规定装卸时间的方法最终都是为了明确装卸货物的日数,它们对装卸日有着不同的定义。对装卸日的不同定义会使计算出的装卸时间完全不同,从而影响滞期费和速遣费的计算结果。因此,航次租船合同中要用一个具有一定含义的"日"来表示并计算装卸时间。以下介绍几种有关装卸日的表述方法:

①连续日(Running Days 或 Consecutive Days)

连续日即按自然日计算,从午夜的零点到午夜的二十四点,其中没有任何扣除。以这种方式表示装卸时间时,日历上有一日算一日,无论是星期天或节假日,还是实际不可以进行装卸作业的时间(阴天下雨、罢工或其他情况),均包括在"连续日"中。

②工作日(Working Days)

工作日不包括星期日和法定节假日,港口可以进行装卸工作的日数,即使在非正常工作时间内进行了装卸作业,所用的时间也不计为装卸时间。根据各港口具体情况的不同,工作日的正常工作时间也有所不同,分别有8小时、16小时、24小时等。

③晴天工作日(Weather Working Days)

晴天工作日是指,除星期日和法定节假日外,因天气不良而不能进行装卸作业的工作日也不计入装卸时间。习惯上,在航次租船合同上注明"良好天气工作日,星期天和节假日除外(Weather Working Days,Sunday and Holiday Excepted,W.W.D,SHEX)"。

④24小时晴天工作日(Weather Working Days of Hours)

这种方法无论港口规定的工作时间是多少,以累计晴天工作24小时作为一晴天工作日。也就是说,若港口的工作时间是每天8小时,那么一个24小时晴天工作日就相当于3个正常工作日,这种规定对出租人是不利的。

⑤连续24小时晴天工作日(Weather Working Days of 24 Consecutive Hours)

使用这种术语,无论港口规定的工作时间是多少,均按24小时计算。即除去星期天、节假日和天气不良影响作业的工作日或工作小时后,其余的时间从午夜到午夜连续计算。这是目前租船市场上采用较多的表示装卸时间的方法。

3)装卸时间的起算、中断和止算

(1)装卸时间的起算

关于装卸时间的起算时间,各国法律规定或习惯并不完全一致,通常按航次租船合同的约定办理。一般在租船合同中都规定自递交装卸准备就绪通知书(Notice of Readiness,N/R或NOR)之时起开始计算装卸时间。目前经常采用的方法有:

①递交和接受N/R,24小时后起算装卸时间。

②上午递交N/R,于当日下午2点起算装卸时间。

③不论在上午或下午递交N/R,从次日上午8点起算装卸时间。

(2)装卸时间的中断

在普通法中,没有中断装卸时间的规定;但在英、美、法等国港口,若由于船舶出租人的过失或原因导致不能装卸,不能装卸的时间可以从装卸时间中扣除。因此,一般情况下,要想中断装卸时间的计算,除因船舶出租人的过错外,必须在航次租船合同中有明确规定,发生合同中规定的装卸中断事项时,才可中断装卸时间的计算。

(3)装卸时间的止算

航次租船合同中,一般并没有规定装卸时间的止算时间,但习惯上都以货物装完或卸完的时间作为装卸时间的止算时间。装卸时间止算后,有关船舶的时间损失由船舶所有人承担,如等潮、等引航员或拖轮以及办理船舶出口报关等引发的时间损失。

需要注意的是,"货物装完或卸完的时间"的前提是船舶已处于可随时开航的状态。因此,即使货物已装上船或全部卸下,只要货物的加固、平舱、移走铲车或移走真空吸粮机或抓斗等工作尚未完成,仍不能算作装完或卸完货物。

3.装卸准备就绪通知书的递接

1)递交装卸准备就绪通知书

装卸准备就绪通知书,是船舶到达装货港或卸货港后,由船长向承租人或其代理人发出的,说明船舶已经到达装/卸港口或者泊位,并在各方面具备了装卸条件,做好了适于作业准备的书面通知。

装卸准备就绪通知书是船舶代理业务中经常接触到的文件,不仅具有通知装卸准备工作就绪的作用,还是计算装卸时间的重要依据。船长在船舶到达装货港(或卸货港)并在各方面为装货(或卸货)做好准备后,应立即向承租人或其代理人递交装卸准备就绪通知书。

2)装卸准备就绪通知书递交的条件

递交装卸准备就绪通知书必须具备以下三个条件:

(1)船舶已经抵达合同中指定的港口或指定的泊位

此处所指的船舶必须是一艘"已到达船舶(Arrival Vessel)"。"已到达船舶"的抵达地点,根据航次租船合同是"港口合同(Port Charter Party)",还是"泊位合同(Berth Charter Party)"而定。

(2)船舶已经在各方面做好装货或卸货的准备

船舶已经在各方面做好装货或卸货的准备是指可以立即进行装货或卸货作业。装卸准备就绪通知书不能提前递交,只有船舶在各方面做好装卸货准备的情况下才能递交,而且不能在装卸准备就绪通知书中说明"船舶将于未来的某个时间准备妥当"。若按规定船舶必须通过海关、边防机关或移民局、卫生检疫部门的检查,则需要经过这些检查,并取得相关证书。

(3)在合同规定的时间内递接

船舶抵港后,应在当地的办公时间内递交 N/R。因此,星期天或法定节假日不能递交 N/R,如果合同中明确规定了递交 N/R 的具体时间,则船方必须在合同规定的时间内递交 N/R。

4.装卸时间事实记录的缮制

1)装卸时间事实记录

装卸时间事实记录是船舶在港口装卸时间的记录,是计算实际装卸时间和速遣或滞期时间的重要依据。在船舶进行装卸货物的过程中,通常可以由船舶代理人代表出租人和承租人,详细地进行有关货物装卸情况的记录。货物装卸完毕后,在船长、承租人或其代理人相互核对的基础上,签署装卸时间事实记录。

2)装卸时间事实记录的内容

装卸时间事实记录的具体内容有:船舶抵港时间;递接通知书的时间;船舶通过检疫时间;船舶移泊、靠泊时间;开始装卸时间;办完进口手续时间;因故中断作业和重新作业的起止时间;星期天、节假日、天气不良、装卸设备故障、等待货物等停止工作或待时的起止时间;装卸完毕的时间和装卸货物的数量等。

3)缮制装卸时间事实记录的方法

船舶在港作业期间,船舶代理公司外勤业务员每天应至少登船一次,掌握生产作业情况、船舶每天装卸进度,并做好记录,记录必须有始有终。在装卸作业现场,外勤业务员应经常与装卸组长、理货长核对,避免记录出现差错。外勤业务员应经常与船方核对,发现问题及时协商解决,不要拖到开船时处理,否则可能影响船舶开航。

装卸事实记录的记录用词应尽可能精练、准确。船舶开航前,船舶代理人将缮制好的装卸事实记录交船长审核签字盖章确认,然后双方各执两份。共同签署时,船舶代理人应注明其为代理人。具体缮制须知详见附录四。

三、集装箱管理代理业务

1.集装箱基础知识

国际标准组织(ISO)将集装箱(Container)定义为一种运输设备:

①具有耐久性,其坚固程度足以反复使用。

②为便于商品运送而专门设计,在使用一种或多种运输方式运输时,无须中途换装。

③设有便于装卸和搬运的装置,特别是便于从一种运输方式转移到另一种运输方式。

④设计时注意便于货物装满或卸空。

⑤具有 $1m^3$ 或 $1m^3$ 以上的内容积。

集装箱一般不包括车辆和一般包装。

我国相关国家标准中对集装箱的定义与国际标准化组织相一致。

为统一尺寸,方便集装箱的国际流通,国际标准集装箱系列按外部尺寸可分为 13 种。

为了方便识别集装箱,方便集装箱的流通和使用,也为了集装箱运输管理的需要,国际标准化组织对集装箱标志进行了标准化规定,每一个集装箱均需在适当的位置涂刷若干永久性标记,集装箱的标记应字迹工整、牢固耐久、清晰易见,并且不同于箱体本身颜色,具体标记位置见图4-3。

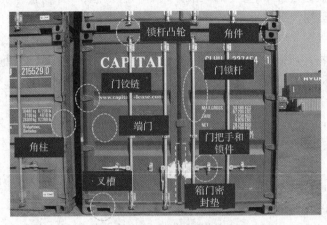

图4-3 集装箱结构识别

集装箱标记分为必备标记、自选标记和通选标记。必备标记包括集装箱箱号和一些作业标记。集装箱箱号由箱主代号、顺序号和核对数共11位字母和数字组成。作业标记包括额定质量、自重标记、超高标记、空陆水联运集装箱标记和登箱顶触电警告标记等。自选标记包括国籍代码、尺寸代号和类型代号。通行标记包括国际铁路联盟标记、安全合格牌照、集装箱批准牌照、检验合格徽等。

1) 箱主代号、顺序号、核对数

①箱主代号是表示集装箱所有人的代号,箱主代号用四个拉丁字母表示(国内使用的集装箱用汉语拼音表示),前三位由箱主自己规定,第四个字母(即最后一个字母)规定用U(U为国际标准中海运集装箱的代号)。国际流通中使用的集装箱,箱主代号应向国际集装箱局登记,登记时不得与登记在先的箱主代号重复。如"COSU"表示集装箱为中国远洋运输公司所有。

②顺序号为集装箱编号,用于区别同一箱主的不同集装箱。按相关国家标准的规定,顺序号用6位阿拉伯数字表示,如数字不足位时,在数字前加"0"补足6位,如"001234"是一种顺序号。各公司可根据自己的需要,以类型、尺寸、制造批号以及其他参数进行编号,以便识别。

③核对数由箱主代号的4位字母与顺序号的6位数字,通过一定方式换算而成,用于计算机核对箱主代号与顺序号记录的正确性。核对数一般位于顺序号之后,用1位阿拉伯数字表示,并加方框以示醒目。如"COSU0012342"的核对数是2。

2) 最大总重、自重

①最大总重用MAXGROSS:XXXX(kg)表示,是集装箱的自重与最大载货重量之和,又称额定重量。对于各种型号的集装箱的最大总重,国际标准中有具体的数字规定,它是一个常数,任何类型的集装箱装载货物后,都不能超过这一重量。

②自重用TARE XXXX(kg)表示,是指集装箱的空箱重量。如:TARE 2200kg。

2.集装箱交接方式和规定

1)集装箱货物交接方式

集装箱货物的流通过程中,货物的集散方式有两种形态,一种叫整箱货(FCL),一种叫拼箱货(LCL)。所谓整箱货指由货主负责装箱,填写装箱单,并加海关封志的货物。习惯上,整箱货只有一个发货人、一个收货人。所谓拼箱货系指由集装箱货运站负责装箱,填写装箱单,并加海关封志的货物。习惯上,拼箱货涉及几个发货人、几个收货人。在集装箱运输中,根据整箱货、拼箱货的不同,其主要的交接方式如下:

(1)整箱接、整箱交(FCL/FCL)

①门到门(Door to Door)运输——托运人在工厂或仓库,将由其负责装箱的集装箱交承运人验收,承运人负责将集装箱运至收货人的工厂或仓库交付的全过程。门到门运输是集装箱运输的发展方向。

②门到场(Door to CY)运输——从发货人的工厂或仓库,将集装箱运至目的港集装箱装卸区后方堆场交付的全过程。

③场到门(CY to Door)运输——从装船港的集装箱装卸区后方堆场,将集装箱运至收货人的工厂或仓库交付的全过程。

④场到场(CY to CY)运输——从装货港集装箱装卸区后方堆场,将集装箱运至目的港的集装箱装卸区后方堆场交付的全过程。在实践中,场到场运输是集装箱运输中最广泛采用的方式。

(2)拼箱接、整箱交(LCL/FCL)

①站到门(CFS to Door)运输——从起运地的集装箱货运站,将集装箱运至目的地收货人的工厂或仓库交付的全过程。

②站到场(CFS to CY)运输——从起运地的集装箱货运站,将集装箱运至目的港的集装箱装卸区后方堆场交付的全过程。

(3)整箱接、拼箱交(FCL/LCL)

①门到站(Door to CFS)运输——从发货人的工厂或仓库,将集装箱运至目的港集装箱货运站拆箱交货的全过程。

②场到站(CY to CFS)运输——从装船港集装箱装卸区后方堆场,将集装箱运至目的地港集装箱货运站拆箱交货的全过程。

(4)拼箱接、拼箱交(LCL/LCL)

站到站(CFS to CFS)运输——从起运地集装箱货运站将集装箱运到目的地集装箱货运站拆箱交货的全过程。

2)集装箱交接规定

交接地点是承运人与货方交接货物、划分责任风险和费用的地点。在集装箱运输中,根据实际需要,货物的交接地点并不固定。目前集装箱运输中货物的交接地点有船边或吊钩、集装箱堆场、集装箱货运站和其他双方约定的地点。

(1)集装箱的发放、交接

集装箱及集装箱设备的发放、交接,应根据进口提货单、出口订舱单或出口集装箱预配清单等文件内列明的集装箱交付条款,实行集装箱设备交接单制度。从事集装箱运输业务的单位,必须凭集装箱代理人签发的集装箱设备交接单办理进出口集装箱及集装箱设备的提箱(发箱)、交箱(收箱)、进场、出场手续。

在集装箱运输过程中,设备交接单是一种非常重要的单证,它由外代提供给用箱人,据此向港站提箱或回送集装箱及其设备,并由交接双方签字确认,以此作为划分箱体在使用过程中损坏责任的一种凭证,是掌握箱子的流向和移动信息,并对集装箱进行跟踪和管理的重要手段,也是外代向用箱人收取集装箱超期使用费的依据。

集装箱交接时,交接双方应当检查箱号、箱体和封志。有下列情况之一者,应当在设备交接单上注明:

- 箱号及装载规范不明、封志脱落。
- 擦伤、破洞、漏光、箱门无法关启。
- 焊缝爆裂。
- 凹损超内端 3cm、凸损超角件外端面。
- 箱内污染或有虫害。
- 装过有毒有害货物未经处理。
- 箱体外贴有前次危险品标志未经清除。
- 集装箱附属部件损坏或灭失。
- 特种箱机械、电器装置异常。
- 集装箱安全铭牌丢失。

(2)交接责任划分

船方与港方交接以船边为界。

港方与货方(或其代理人)、内陆(公路)承运人交接以港方检查桥为界。

堆场、中转站与货方(或其代理人)、内陆(公路)承运人交接以堆场、中转站道口为界。

港方、堆场、中转站与内陆(水路、铁路)承运人交接以船边、车皮为界。

(3)交接标准

①重箱。箱体完好,箱号清晰,封志完整无误;特种集装箱的机械、电器装置运转正常,并符合进出口文件记载要求。

②空箱。箱体完好、水密、无漏光、清洁、干燥、无味,箱号及装载规范清晰,特种集装箱的机械、电器装置无异常。

③异常情况应注明。凡箱号及装载规范不明、不全、封志被损、脱落、丢失、无法辨认或与进出口文件记载不符,箱体结构不符合 ISO 标准,擦伤、割伤、破洞、漏光、箱门无法关启、焊缝爆裂,凹损超内端 3cm,凸损超角配件外端面,箱内污染或有虫害,装过有毒有害货物未经处理,集装箱附属部件损坏或灭失,特种集装箱机械、电器装置异常,集装箱安全铭牌丢失等,均应在进(出)场集装箱设备交接单上注明。

3.集装箱管理代理业务

集装箱管理代理业务,是指集装箱管理代理人(简称箱管代理人)接受班轮公司的委托,对集装箱及集装箱设备的使用、租用、调运、保管、发放、交接等工作进行管理。

1)进口重箱提箱(发箱)、出场交接

(1)进口重箱提离港区、堆场、中转站

货方(或其代理人)、内陆(水路、公路、铁路)承运人应持海关放行的《进口提货单》到集装箱代理人指定的现场办事处办理集装箱发放手续。

(2) 集装箱代理人应履行的手续

集装箱代理人依据进口提货单、集装箱交付条款和集装箱运输经营人有关集装箱及集装箱设备使用或租用的规定,向货方(或其代理人)、内陆承运人签发出场集装箱设备交接单和进场集装箱设备交接单。

(3) 货方(或其代理人)、内陆承运人应履行的手续

货方(或其代理人)、内陆承运人凭集装箱设备交接单到指定地点办理整箱提运手续,凭出场集装箱设备交接单到指定地点提取整箱,并办理出场集装箱设备交接;凭进场集装箱设备交接单将拆空后的集装箱及集装箱设备交接到集装箱代理人指定的地点,并办理进场集装箱设备交接。

(4) 收、发箱地点应履行的手续

指定的收、发箱地点,凭集装箱代理人签发的集装箱设备交接单受理整箱提运手续;凭出场集装箱设备交接单发放整箱,并办理出场集装箱设备交接;凭进场集装箱设备交接单收取拆空后的集装箱及集装箱设备,并办理进场集装箱设备交接。

2) 出口重箱交箱(收箱)、进场交接

(1) 货方(或其代理人)、内陆承运人应履行的手续

出口重箱进入港区,货方(或其代理人)、内陆承运人凭集装箱出口集装单、进场集装箱设备交接单到指定港区交付重箱,并办理进场集装箱设备交接。

(2) 港区应履行的手续

指定的港区凭集装箱出口装箱单和进场集装箱设备交接单收取重箱,并办理进场集装箱设备交接。

(3) 交接双方应履行的责任

出口重箱凡有残损,或船名、航次、提单号、目的港、箱号、封志号与集装箱出口装箱单不符以及与进场集装箱设备交接单列明箱号不符者,指定港区应拒绝收箱。特殊情况必须征得集装箱代理人同意。因拒绝收箱而产生的费用由责任方承担。

3) 空箱进场、出场、发放、交接

(1) 出口货载用箱提运

空箱提离港区、堆场、中转站,货方(或代理人)、内陆承运人应向集装箱代理人提出书面申请。集装箱代理人依据出口订舱单或出口集装箱预配清单,向货方(或其代理人)、内陆承运人签发出场集装箱设备交接单和进场集装箱设备交接单。

(2) 其他用途空箱提运

因检验、修理、清洗、熏蒸、退租、转租、堆存、回运、转运需要,空箱提离港区、堆场、中转站,货方(或其代理人)、内陆承运人或从事集装箱业务的有关单位,应向集装箱代理人提出书面申请。集装箱代理人依据委托和被委托关系或有关协议,向货方(或其代理人)、内陆承运人或从事集装箱业务的有关单位签发出场集装箱设备交接单和进场集装箱设备交接单。

(3) 货方(或其代理人)、内陆承运人等应履行的手续

货方(或其代理人)、内陆承运人或从事集装箱业务的有关单位,凭集装箱设备交接单到

指定地点办理空箱提运手续;凭出场集装箱设备交接单到指定地点提取空箱,并办理出场集装箱设备交接;凭进场集装箱设备交接单到指定地点交付重箱或空箱,并办理进场集装箱设备交接。

(4)收、发箱地点应履行的手续

指定的收、发箱地点凭集装箱代理人签发的集装箱设备交接单受理空箱提运手续;凭出场集装箱设备交接单发放空箱,并办理出场集装箱设备交接;凭进场集装箱设备交接单收取装箱的出口重箱或已完成事先约定业务的集装箱及集装箱设备,并办理进场集装箱设备交接。

4)集装箱跟踪管理

集装箱的跟踪管理是船舶代理人接受海上承运人、集装箱经营人、集装箱出租人、多式联运经营人、无船承运人或国际货运代理人的委托,对在其管辖区域范围内的集装箱和集装箱设备进行全程跟踪和综合管理。它是连接船、港、货和公路、铁路、水路运输的纽带,是国际集装箱运输业务中一项十分重要的基础工作。由于国际集装箱运输是多式联运,环节多,涉及面广,行业跨度大,加之集装箱数量大和流动性强,集装箱的跟踪管理是一项复杂的系统管理工程。

集装箱跟踪管理的业务范围为:根据船公司和委托方的要求,负责管辖区域范围内各个码头和场站集装箱的跟踪、盘存和管理,办理集装箱进出口的报关、报检、放箱、收箱、调运、查询、起租、退租、转租、买卖、检验、修理、改装、清洗、熏蒸、商检、卫检、动植检以及收取集装箱管理的各项费用,进行账单审核等工作,按规定和要求定期向船公司和委托方提供集装箱的各种动态信息报告,并将集装箱的进出口动态和移动信息及时、完整、准确地输入电脑,对集装箱进行动态管理。

四、其他船舶代理业务

1. 船员服务代理业务

国际航行的船舶在从事营运业务的过程中需要停靠在船员所在地以外的港口,因此需要在船舶停靠的港口办理船员的遣返工作。船员上船接班,下船遣返工作都可以由船舶代理人安排。

1)船员遣返代理业务

①接受船员接班和遣返委托。船舶代理人如果接受委托方或船方的现场委托,应向委托方或船方索要有关信息,以便安排接班和遣返工作。在接受委托时,船舶代理人必须明确船员接班和遣返的费用由谁承担。一般情况下,费用由船东承担。

②遣返船员的签证。签证是一个国家主管机关在外国公民所持有的护照上签注、盖章,表示准其出入本国国境。海员证可以作为身份证明的有效文件,可以委托船舶代理人办理。

③安排船员上、下船。船舶代理人应掌握船员接班、遣返的总体安排。委托办理的船员接班和遣返事项完成后,船舶代理人应及时向船东汇报办理情况和安排结果。

2)船员就医

根据委托方的书面委托,船舶代理人应安排船员前往医院就医。就医结束后,应将医生诊断证明交船方。如果遇到特殊病情,船员需要住院治疗的,船舶代理人在征得船长或委托方的同意后才可以办理。船舶代理人应将安排船员就医的情况和结果及时向委托方汇报。如果费用较大,还需向委托方索汇。

3）船员信件

船舶代理人应及时将船员的信件送到船上，并与船长或有关人员办理交接手续。如果收到信件时船已离港，船舶代理人应及时与委托人联系，索要船舶下一个挂靠港船舶代理人的地址等相关信息，并将有关的信件转寄给下一挂靠港的代理人。

4）船员登陆

船舶抵港后，若有船员需登陆和住宿的，船舶代理人应协助船方向边防检查站申请办理登陆、住宿手续。经批准登陆、住宿的船员及其随行家属，必须按规定的时间返回船舶。登陆后有违法行为但尚未构成犯罪的船员，应责令其立即返回船舶，并且不得再次登陆。除上述几项外，船员服务还有为外籍船员打预防针等其他项目。船舶代理人有其他的船员服务需要时，也应向服务有关方申请办理。

2. 船舶供应服务业务

船舶长期在海上航行，挂靠港口时需要补充船上生产和船员生活所需的物资。船舶供应是给船舶供应所需物资的统称。需要供应的物资包括燃油、润滑油、淡水；需要供应主、副食品、烟酒饮料、船用物料、垫舱物料、船舶配件、化工产品和国外免税商品；还需要供应海员个人需要的各类商品等。

船舶代理人接到委托方船舶供应有关事项的委托时，应先评估委托事项是否合法可行，落实供应方，然后向委托方确认，并在落实费用后要求供应方提供物资。船舶代理人要总体安排船舶供应，协调好船舶供应的时间，并在现场做好协调配合工作。

3. 船舶修理服务业务

船舶修理的目的是，通过修理更换已经磨损的零件、附属设备，使设备的精度、工作性能、生产效率得以恢复。通常船舶修理可以分为以下几种：

①坞修。坞修主要是对船壳和船舶水下部分进行清洁、除锈、油漆并对油底阀门、推进器、舵等进行的检查修理。

②小修。小修是指按规定周期，有计划地结合船舶年度检验进行修理的小工程，主要是对船体和主副机等进行重点检查，并修复过度磨损的部件或配件，使船舶能安全营运到下一次计划修理时期。

③大修。大修是指按规定周期，结合船舶定期检查进行修理的工程，其目的是对船体和主要设备进行一次系统的全面检查，重点修复在小修时不能解决的大缺陷，以保证船舶强度和设备的安全运转。

船舶代理人接到委托方或船长关于要求在港进行船舶修理的申请后，应立即通知修理方进行项目检验和修理费用预测，然后通知委托方并得到其确认后，才能联系修理方实施修理。除专程来港修理的船舶外，在锚地修理主机、舵机、锚机，或油轮、装有液化气等危险品的船舶若要在港进行明火作业，均需海事局特批。

第二节　船舶代理业务流程

一、船舶进出港申报手续

船舶代理人在接到船舶靠港委托电后，须立即向港口有关当局进行船舶进港申报，即向港务局发出船舶到港通知单和向港务监督提交一式五份的船舶进港申报书,内容包括船名、国籍、船舶规范、委托方名称、来港任务、来自何港、吃水深度等。港务监督根据所申报的内容,依据有关规定,决定是否同意和接受船舶靠港。特殊船舶,如装卸危险品、超大型(超长、超宽、超吃水)及其他特种用途的船舶来港,港监部门还需按有关规定向上级汇报,得到许可后方可接受船舶来港。港监部门审批进港申报时,一般还需征求其他有关单位,如海关、卫生、边防等部门的意见。另外,港务局在接到船舶到港通知单后即需考虑安排船舶的停靠、泊位、装卸作业等工作。

船舶代理人在进行申报时,各项申报的内容都要准确无误。对危险品船舶,除进行正常申报外,还需提交危险品申报。否则一旦发生事故,因错误申报而造成的后果,船舶代理人要承担责任。

二、船舶进出港联检手续

在我国,负责船舶进出口岸的检查机关为中华人民共和国海关(以下简称海关)、中华人民共和国边防检查机关(以下简称边防检查机关)、国家质量监督检验检疫总局(以下简称质检总局)和中华人民共和国海事局(以下简称海事局)。根据国家规定,船舶在进出港口时,必须接受海关、海事局、边防检查机关和质检总局等部门组成的联合检查,简称"联检"。船舶代理人在船舶进出港联检时所需要做的主要是向各联检部门递交各种申请和证书,加强他们与船方之间的联系,向船长解释港口的有关规定等。

海关主要是对船舶所载货物和人员的行李物品进行监督检查。通常船方或船舶代理人在船舶抵达口岸24小时前,将抵达时间、靠泊移泊计划及船员、旅客等有关情况报告海关。如果航程不足24小时,须在驶离上一个口岸时将上述情况报告海关。船舶抵港后需及时向海关递交货物清单、自用物品清单等,供海关检查时参考。

船舶检验检疫主要是对出入境船舶的卫生、压舱水排放、生活垃圾和船舶员工携带物等进行监督和检查,防止传染病的传入。目前出入境检验检疫管理职责和队伍划入海关总署。入境船舶必须在最先抵达口岸的指定地点接受检疫,办理入境检验检疫手续。船方或者其代理人应当在船舶预计抵达口岸24小时前(航程不足24小时的,在驶离上一个口岸时),向检验检疫机构申报,填报入境检疫申报书,提交航海健康申报书、总申报单、货物申报单、船员名单、旅客名单、船用物品申报单、压舱水报告单及载货清单,并应检验检疫人员的要求提交除鼠/免予除鼠证书、交通工具卫生证书、预防接种证书、健康证书以及航海日志等有关资料。出境的船舶在离境口岸接受检验检疫,办理出境检验检疫手续。船方或者其代理人应当在船舶离境前4小时内向检验检疫机构申报,办理出境检验检疫手续,并向检验检疫机构提交航海健康申报书、总申报单、货物申报单、船员名单、旅客名单及载货清单等有关资料(入境时已提交且无变动的可免予提供)。接受入境检疫的船舶,必须按规定悬挂检疫信号。白天入境时,在船舶的明显处悬挂检疫信号旗;夜间入境时,在船舶的明显处垂直悬挂灯号。悬挂"Q"字旗和红灯三盏,表示本船没有染疫,请发给入境检疫证;悬挂"QQ"字旗和红红白红灯四盏,表示本船染疫或有染疫嫌疑,请即刻实施检疫。如果上一港是国内港口,不需办理检疫手续。

港方监督是对船舶航行和水域等全面负责的职能部门,联检时主要检查船舶的各种证书是否有效,对载运危险品货物的船舶进行安全措施检查等。

边防检查机关是对进出境人员进行检查的职能部门。船舶代理人应在船舶抵港前24小时将船舶的抵港时间、停靠地点、载运人员和货物情况告知边防检查机关。边检时主要检查船员的船员证或旅客的护照是否有效,是否有偷渡犯或违反规定的出入境人员。对船舶自用的武器弹药也应进行检查,在港期间实施查封。

三、船舶进出港代理业务

1.船舶进港前代理业务

为委托方及时安排泊位、节省船期是代理的一项重要工作,最能体现代理水平的高低。因此,代理接受委托后应及时联系船方、港方、货主和其他有关方,事先落实船舶抵港后的各项作业计划安排,落实船舶和出口货物的备妥情况或进口货物的接卸准备情况,充分利用自身的各种优势和关系,安排好泊位和船舶的装卸作业计划,必要时采取特殊措施来满足委托方的需要。

此外,根据船舶抵港预报,还应及时与船方取得联系,索要有关信息资料,了解情况并询问船方有无其他特殊需求,主动提供船方所需的航道、泊位安排等相关信息,提出需要船方配合的具体要求。

船舶抵港前要明确委托代理关系,索要备用金,了解来港船舶性质、来港任务、租约及有关货物买卖合同条款、运输契约等,向有关口岸查验单位办理船舶进港、检验、检疫等申报手续。

2.船舶在港期间代理业务

船舶抵港后,代理应及时向委托方发送船舶抵港报告,报告内容应包括:船舶抵达港口下锚(靠泊)时间,抵港时船舶的吃水和存油、存水数量,预计靠泊时间和泊位名称,预计装卸作业开始时间,预计装卸作业完毕时间,预计开航日期和时间等,暂时无法确定的要说明情况。此后,代理应该至少每天向委托方通报一次船舶在港动态,内容应包括:当日剩余货量,天气情况,装卸作业过程中发生的任何动态、问题和情况(如停工时间及原因,船损、货损、船员出现的问题、船方借支和邮件送船时间,船用备件转交时间,加油加水时间和数量等),船舶开装、开卸时间和当日作业工班数量,移泊时间和新泊位名称(如有),预计作业完毕时间,船舶开航日期和时间以及其他委托方关心的问题或信息等。临时发生的情况或已经通报的船舶动态发生了变化则应随时另报。

船舶在港期间,代理对船舶的现场服务主要由外勤来提供。在计划调度办理好船舶进口申报的基础上,外勤必须及时为自己所代理的船舶办理具体的船舶进出口岸补充申报、签证和查验等相关手续。进口船舶的相关手续,除卫生检疫由检疫官直接上船办理以外,其他要分别到海事局、边防检查机关和海关办理进口查验手续。代理实务中,外勤服务的内容会因代理委托的任务不同而不同。

3.船舶离港后的代理业务

船舶离港后,代理应及时向委托方发送开航报告,集装箱船还需另发离港报告(Terminal Departure Report,TDR)。离港报告的内容至少包括:船舶装卸作业完毕时间,实际装货或卸货数量,开航时间,开航时船舶存油、存水数量和前后吃水数,预计抵达下一挂港时间,船舶在港期间发生的各种问题及其解决情况,代理工作的简要总结和对委托代理再次表示感谢等。

船舶离港后应根据委托方的要求及时传送或寄送相关单证和文件。传送可以以普通传真方式,也可以进行电子扫描后以电子邮件附件的方式传送。如需要寄送,重要文件应该用可以查询的方式(如快递)寄送,寄出后应该通知委托方寄出单证文件的名称、寄出日期、寄送方式和查询号码。所寄出的重要单证文件无留底的,应复印一份存档,以防万一。

船舶开航并不意味着代理工作的结束,除上面提到的开航报告和单证寄送以外,代理在许多业务领域还需要继续为委托方及其客户提供相关服务,例如:货物查询、进口放货、出口签单、海事处理、留医船员的治疗和遣返、档案整理和保管、市场信息的收集提供等。

思考与练习

一、判断题

1. 出口载货运费清单(Export Freight Manifest)有两种功能,不列运费时作出口舱单使用,列明运费时作运费舱单使用。（　　）

2. 根据 UCP600,代理人在代表承运人或船长签发海运提单时,必须标明他的身份及所代表的委托人名称。（　　）

3. 绘制配载图是船方的职责,由于配载不当造成货损货差的,承运人负有赔偿责任。因此,无论是船方自行绘制的还是由外勤协助船方绘制的船图,外勤在分发船图前必须让船方在船图上签字确认(或加盖船章)并至少存档一份原件备查。（　　）

4. 舱单是收货人或其代理人据以向码头仓库或在船边提取货物的凭证。（　　）

5. 代理办理"选港货"放货手续时,只要货主/货代交出一份提单即可。（　　）

6. 危险货物在托运订舱时,必须考虑到不同特性的货物的隔离要求而分别缮制托运单。（　　）

7. 电放可使用信用证来进行结汇操作。（　　）

8. 承运人已指示代理不要放货,但考虑到收货人持有正本提单来提货,代理还是将货物放掉。（　　）

9. 在办理进口提货手续时,收货人或货代凭加盖海关放行章的提货单和船公司的交货记录,到船公司或船舶代理指定的进口部缴纳港杂费,再办理 EIR。（　　）

10. 提单签发的份数通常取决于托运人的要求,这主要是要跟信用证上的规定一致。如无要求,船舶代理也可以签发一份正本提单。（　　）

11. 某货物由上海出口釜山,安全起见,货主采用海运单而不采用电放。（　　）

12. 凭银行保函提货时,不要求收货人必须解除担保。（　　）

13. 电放单即为加盖了"Telex released/Surrendered"的提单。（　　）

14. 在船舶开航后,代理从托运人处收到的任何信息,均要求托运人必须以书面形式提出。（　　）

15. 代理在审核托运人提交的提单时,要注意散装货物的提单必须注明 IN BUL。（　　）

16. 舱单按卸港分别缮制,同一页出口舱单绝不容许出现两个卸港的货载。（　　）

17. 船舶代理在 S/O 上盖章后,托运人才可办理出口报关,盖海关放行章,才可要求作业区接受货物和要求船方将货物装船。（　　）

18.代理在审核冷藏货的托运单时,要注意是否有空箱、是否已标注温度、是否已标明通风口的出处。（　　）

19.凭银行保函签发 D/O 之前,代理应得到船公司的明确许可指示,避免因越权签发而承担责任。（　　）

20.货主或货代可以直接以正本提单办理报关,然后去船舶代理换取提货单,去码头或仓库提货。（　　）

21.根据舱单提示的内容,代理以书面/电话形式在船舶抵港前和船舶抵港后3天内向收货人/通知方发送到货通知。（　　）

22.在提单背书有效、费用已清、提单内容与舱单一致的情况下,才能向提货人签发提货单。（　　）

二、选择题

1.既是托运人办妥货物托运和出口手续的证明,又是船公司下达给船长接收货物装船承运的命令的单证是(　　)。
  A.托运单　　　　B.装货单　　　　C.载货清单　　　　D.提单

2.以图示形式来表示货物在船上和船舱内具体装载位置的单证被称为(　　)。
  A.装货单　　　　B.货物积载图　　C.载货清单　　　　D.装货清单

3.以下单证中,(　　)是外勤在办理船舶出口或进口报关手续时所必需的单证。
  A.托运单　　　　B.装货单　　　　C.载货清单　　　　D.收货单

4.货主为了表明其托运货物的意愿和提供所托运货物的详细资料,应向承运人或其代理人填报的单证是(　　)。
  A.托运单(出口订舱委托书)　　　B.装货清单
  C.载货清单　　　　　　　　　　D.收货单

5.下列货运单证中,必须随船携带并要求船长对它的正确性负责的单证是(　　)。
  A.托运单　　　　B.装货清单　　　C.载货清单　　　　D.收货单

6.有权签发提单的人可以是承运人本人、船长或(　　)。
  A.代理人　　　　　　　　　　　　B.经承运人授权的代理人
  C.货运代理人　　　　　　　　　　D.货物所有人

7.目前,港口操作危险品申报,具体含两方面申报,分别为(　　)。
  A.发货人申报、收货人申报　　　　B.海关申报、码头申报
  C.货申报、船申报　　　　　　　　D.海关申报、仓库申报

8.以下关于提单的标注,(　　)表示正本提单。
  A.Original　　　B.Duplicate　　　C.Triplicate　　　D.Copy

9.在使用提单的正常情况下,收货人要取得提货的权利,需(　　)。
  A.将全套提单交回承运人　　　　　B.将任一份提单交回承运人
  C.提单必须正确背书　　　　　　　D.付清应支付的费用
  E.出具保函

三、简答题

1.大副收据漏签怎么办?

2. 签发预借提单对承运人及其代理人来说风险都很大,签发时一般须具备哪些条件?

3. 船长签发正本提单时,外勤应注意检查核对提单的哪些内容?

4. 简述载货清单和装货清单的区别。

5. 国际船舶代理人在航次租船运输代理中从事哪些业务?

6. 班轮运输主要进出口单证有哪些? 简单描述这些单证在班轮运输进出口货运流程中的用途和船舶代理人所负责的工作内容及与其相关的单证。

实务操作

根据以下资料完成装卸时间事实记录的缮制。资料如下:

(1) M.V. "Brodie".

(2) Arrived 0600 Hrs Wednesday 9th June

N.O.R. Tendered 1100 Hrs Wednesday 9th June

Loading Commenced 0700 Hrs Thursday 10th June

Loading Completed 1200 Hrs Tuesday 15th June

Vessel sailed 2100 Hrs Tuesday 15th June

(3) Cargo loaded 20,000 metric Tonnes Grain in Bulk.

(4) Lay time to commence at 1300 Hrs if notice given before noon. At 0700 Hrs next working day if given after noon, notice to be given in ordinary working hours (0900~1700 Hrs Monday to Friday).

(5) Cargo to be loaded at the rate of 5,000 metric Tonnes per weather working day of 24 consecutive hours.

(6) Time from 1700 Hrs Friday or the day preceding a holiday to 0800 Hrs Monday, or next working day not to count unless used, but only actual time used to count, unless vessel already on demurrage.

(7) Demurrage rate $5,000 per day pro rata/despatch rate at half demurrage rate on lay time saved.

(8) Other salient notes: Normal port working hours 0700~1700 Monday to Friday. Working outside aforementioned normal hours is available on overtime basis.

(9) On Monday 14th June rain stopped work in the port from 0900~1000 Hrs.

(10) The vessels owners agreed an overtime shift from 0700~1600 Hrs on Saturday 12th June.

(11) The vessels sailing was delayed due to an engine problem on 15th June.

第五章 船舶抵港前相关业务

学习目标及要求

知识要求
- 掌握备用金项目。
- 熟悉备用金索汇步骤。
- 掌握备用金的使用与管理。
- 掌握代理业务中各种单证的缮制。
- 熟悉船舶抵港前各项准备工作。

技能要求
- 能正确估算备用金。
- 能熟练书写备用金索取函。
- 能准确缮制业务中各种单证,并能区分单证的功能和作用,如提单、海运单等。

第一节 备用金

一、备用金估算

在船舶代理业务中,船舶的港口使费备用金的索要和结算工作是十分重要的一环。船舶代理公司作为一个服务性单位,所有服务活动的最终目的是获取经济效益。因此,代理公司应该在接到代理委托后,根据委托方提供的船舶资料和来港任务,迅速地向委托方估算、报价并索取港口使费备用金,并应要求委托方在船舶离港前将足额备用金汇到代理公司指定的银行账户内。从事船舶代理业务的人员都应该熟悉了解。尤其是索要、控制、支付港口使费与计划外勤业务脱离的代理公司,现场发生预计以外的额外费用时,外勤必须及时通报港口使费控制部门,避免使费备用金不足及因追加索要不及时造成坏账的情况出现。

要成为称职的代理或成为专家型代理,在船舶港口使费控制方面必须有一套有效管理体系,相关业务人员必须具备足够的专业知识和为委托方控制使费的意识。只有每一位与使费使用开支有关的人员都认真站在委托方立场上,才能达到这一目的。港口使费备用金估算项目如表5-1所示。

备用金估算项目 表5-1

序号	项 目	序号	项 目
1	代理费	3	货物港务费
2	吨税	4	船舶港务费

续上表

序号	项　目	序号	项　目
5	**引航费、移泊引领费**	15	各种检验、计量、公估费
6	**拖轮费**	16	供油、供水费
7	**系解缆费**	17	伙食、物料供应费
8	**停泊费**	18	船员费用
9	开关舱费	19	污油回收、污水排岸处理费和围油栏使用费
10	装卸费	20	临时修理费或船用零备件转运费
11	理货费	21	船舶运输收入税
12	卫生检疫及卫生处理费	22	交通费
13	浮吊或其他岸上设备租用费	23	通信费
14	码头工人工时费和除杂作业费	24	其他可能发生的费用

注：加粗的为常发生费用。

1. 港口使费备用金包含项目

港口使费备用金一般包括以下各项费用：

1）代理费

代理费是船舶代理人在接受委托方委托后，为所委托的船舶办理相关手续并提供各类服务而索取的相应报酬。目前可以参考的标准为中国船舶代理及无船承运人协会制定并于2004年4月公布的《航行国际航线船舶代理费收项目和建议价格》。该标准中列明的代理收费项目有四项，全部用人民币标价，四种费用按委托方指定的服务内容兼收，具体如表5-2所示。

航行国际航线船舶代理费收项目和建议价格（2004年）　　表5-2

一、按船舶吨位或千瓦计收		
	吨位	费率（元）
船舶净吨	每净吨	0.60
拖轮	每千瓦	0.60
1. 按船舶每登记净吨（或拖轮每千瓦），进出口各收取一次。 2. 最低收费为每航次2000元。 3. 科研船、工程船（包括钻井平台）及辅助船舶，除进出口各收一次外，进口一个月后每月加收1000元。旅游船和不装卸货物、不上下旅客的船舶，进出口合并一次计收。 4. 船舶净吨代理费包括以下服务项目： ①办理船舶进出港和水域的联检、申报手续，联系安排引航、拖轮、泊位。 ②洽办船舶修理、检验、熏舱、洗舱、扫舱。 ③联系安排船用燃料、淡水、伙食、物料等的供应。 ④代缴船舶吨税，办理船员登记。 ⑤向委托方及其他有关方通报船舶动态。 ⑥转送船员文件等。 ⑦港口使费结算。		

续上表

	二、按装卸货物吨数或箱量计收	
1.a)件杂货	1~5000	3.00
	5001~10000 （超过5000吨部分）	2.80
	10001以上 （超过10000吨部分）	2.50
b)超大件等货物	每计费货吨	5.00
2.干散货	1~30000	1.20
	30001~60000 （超过30000吨部分）	0.80
	60001~100000 （超过60000吨部分）	0.50
	100001以上 （超过100000吨部分）	0.20
3.原油、成品油	1~30000	0.70
	30001~60000 （超过30000吨部分）	0.40
	60001~100000 （超过60000吨部分）	0.30
	100001以上 （超过100000吨部分）	0.10
4.液化气、散装液体化学品、沥青	1~10000	3.00
	10001~30000 （超过10000吨部分）	2.50
	30001以上 （超过30000吨部分）	2.00
5.客船、旅游船	按上下旅客、承载旅游 人数每人	16.00
6.集装箱	a)1000TEU以下	
	空箱	30.00
	重箱(20尺)	70.00
	重箱(40尺)	90.00
	b)1001TEU以上	
	空箱	25.00
	重箱(20尺)	60.00
	重箱(40尺)	80.00

续上表

1.货类(含旅客)代理费最低收费为每航次2000元。 2.货物代理费包括以下服务项目： ①办理进出口货物的申报手续、联系安排装卸、理货、公估、衡量、熏蒸、监装、监卸及货物与货舱检验。 ②办理货物报关、交接、仓储、中转。 ③缮制单证。 ④代办货物查询、理赔、短装短卸、溢装溢卸的处理。 ⑤代征代缴出口运费税。 ⑥危险品申报。 ⑦联系收发货人，做好交接货准备。 3.食用植物油参照原油、成品油类。 4.超大件等货物由港口认定
三、代算、代收运费
按运费总额的0.75%计收此项费收
四、其他费用
1.组织货载、洽订舱位。 2.办理集装箱管理及租、还箱交接、单证等。 3.洽办船舶买卖交接。 4.洽办租船及期租船交接。 5.洽办海事、海上事故处理。 6.签发提单。 7.通信费、交通费、单证费。 8.洽办船舶修理。 9.代购和转送船用备件。 10.代办国际航班、海运客票。 11.第二委托方代理费。 12.办理船舶滞期费、速遣费的计算与结算。 13.监护(保护)代理费。 14.办理船员调换、遣返、签证和陪同旅行、游览、就医等。 15.代办船舶通过琼州海峡申请手续。 16.舱单申报。 17.其他
其他费用所列项目由代理方和委托方按目前实际执行的收费水平，双方协商议定价格；各口岸船舶代理企业为共同利益拟商议变更本船舶代理费率的，应报中国船舶代理行业协会备案。

注：1.上述四种费用按委托方指定服务项目兼收。
    2.以上费率均以人民币为计算单位，按中国银行认收的外币及规定的正式比价进行结算。

2) 船舶吨税

船舶吨税是海关代交通运输部向国际航行船舶征收的一种税，征收对象是外籍船舶、外商租用的中国籍船舶、中外合营企业使用的中外籍船舶。《中华人民共和国船舶吨税暂行条例》规定：自中华人民共和国境外港口进入境内港口的船舶(以下称应税船舶)，应当依照本条例缴纳船舶吨税(以下简称吨税);吨税设置优惠税率和普通税率;中华人民共和国国籍的应税船舶,船籍国(地区)与中华人民共和国签订含有相互给予船舶税费最惠国待遇条款的条约或者协定的应税船舶,适用优惠税率;其他应税船舶,适用普通税率。目前世界上大部分航海国都与我国政府签订了海运协定或贸易协定,协定中规定双方给予对方国家船舶优惠吨税待遇的都适用优惠吨税税率。

(1)船舶免征吨税情形

①应纳税额在人民币50元以下的船舶。

②自境外以购买、受赠、继承等方式取得船舶所有权的初次进口到港的空载船舶。

③吨税执照期满后24小时内不上下客货的船舶。

④非机动船舶(不包括非机动驳船)。

⑤捕捞、养殖渔船。

⑥避难、防疫隔离、修理、终止运营或者拆解,并不上下客货的船舶。

⑦军队、武装警察部队专用或者征用的船舶。

⑧依照法律规定应当予以免税的外国驻华使领馆、国际组织驻华代表机构及其有关人员的船舶。

⑨国务院规定的其他船舶。

上述第五项至第八项,或在吨税执照期限内,应税船舶应当提供海事部门、渔业船舶管理部门或者卫生检疫部门等部门、机构出具的具有法律效力的证明文件或者使用关系证明文件,申明免税或者延长吨税执照期限的依据和理由。

(2)吨税收费依据

吨税按照船舶净吨位和吨税执照期限征收。应税船舶负责人在每次申报纳税时,可以按照表5-3所示的船舶吨税税目税率表选择申领一种期限的吨税执照。应税船舶负责人应当自海关填发吨税缴款凭证之日起15日内向指定银行缴清税款;未按期缴清税款的,自滞纳税款之日起,按日加收滞纳税款0.5‰的滞纳金。

船舶吨税税目税率表   表5-3

税目(按船舶净吨位划分)	税率(元/吨)						备注
	普通税率(按执照期限划分)			优惠税率(按执照期限划分)			
	1年	90日	30日	1年	90日	30日	
不超过2000净吨	12.6	4.2	2.1	9.0	3.0	1.5	拖船和非机动驳船分别按相同净吨位船舶税率的50%计征税款
超过2000净吨,但不超过10000净吨	24.0	8.0	4.0	17.4	5.8	2.9	
超过10000净吨,但不超过50000净吨	27.6	9.6	4.6	19.8	6.6	3.3	
超过50000净吨	31.8	10.6	5.3	22.8	7.6	3.8	

(3)吨税执照适用性

吨税执照在有效期内对所有中国港口均适用(除台湾),因此对定期航行于中国港口的外籍船舶(特别是定期班轮),委托方往往会选择三个月期的吨税(收费标准大约是一个月期的一倍)。代理在为船方办理吨税时应该向船方解释清楚,防止由于申请期限不当而额外多付费用而引起委托方不满。租家和租家/船东之间转让有效吨税的情况也时有出现。作为对台政策的一个组成部分,台湾有效吨税一般情况下在大陆是可以使用的(除非证书上有敏感的政治问题,有时海关会拒绝承认)。外勤在船开前必须把证书送交船方供其下一中国挂港继续使用,因未送交船方造成下港重新购买吨税的情况也曾发生过。

3) 货物港务费

货物港务费是交通运输部授权各港口港务管理部门(港务局)对经由港口吞吐的外贸进出口货物和集装箱征收的费用,进口和出口要分别计收一次,对凭客票托运的行李、船舶自用的燃物料和装货所用铺垫绑扎材料、随包装货物同行的包装备用品、随鱼鲜同行的防腐用冰和盐、随活畜活禽同行的必要饲料、使馆物品、联合国物品,赠送礼品、展品、样品、国际过境货物、集装箱空箱(商品空箱除外)等免征港务费。港务局所征的港务费主要用于港口防波堤、航道、锚地等港口公共基础设施的建设和维护,其中的50%返还码头所属单位(租用或使用单位),用于码头及其前沿水域的维护。港务费根据货物种类级别、按照不同费率收取,进口和出口分别收取,费率不同(出口是进口的50%)。具体费率详见附录六。

货物港务费一般均向收、发货人收取,由船东支付的情况很少见。在部分地区,该项收费项目已取消。

4) 船舶港务费

船舶港务费是交通运输部授权各级海事局对航行国际航线的船舶征收的费用,船舶每进港一次或出港一次,分别按船舶净吨(拖轮按马力)各征收一次船舶港务费。主要用于各级港航监督机构实施水上交通安全监督管理所需的船艇、码头、车辆、通信、监测等装备的建造、购置、维修、更新以及办公用房、装备、业务费用和港航监督人员的工资等支出。

避难船舶、非运载旅客或货物的船舶,免征出口船舶港务费;若进港船舶没有卸货、下客行为,免征进口船舶港务费;出港船舶没有装货、上客行为的,免征出口船舶港务费。对进出港口的旅游船需要照样征收船舶港务费。进口或出口船舶的客、货运费收入在船舶港务费两倍以下并持有证明者,免征船舶港务费。我国现已取消该项费用。在取消之前,针对海船船舶港务费的收费标准是:每净吨(马力)收0.71元/次,每次最低收费标准为500净吨/马力。国外一些港口为面对竞争,对定期来港或经常来港的船舶给予一定程度的优惠或折扣(按频率高低,折扣率不同)。

5) 引航费和移泊引领费

我国对外国籍船舶实行强制进出港引航和移泊引领,引航费根据相关港口的实际引航距离分类(以10海里为界),按船舶净吨位(拖轮按马力)计收;超出锚地以外的引领(国外也称深海引领,Deep Sea Pilot),其超出部分按标准加收30%;地方小港还可根据情况加收非基本港引航附加费,但最高不超过一定限额。引航费按第一次进港和最后一次出港分别计收,期间的港内引领作业都按照移泊费率收取。引领船舶过闸要按次加收过闸引领费。拖带船按拖轮马力和被拖船净吨相加计算,引航和移泊的最低计费吨为:航行国际航线船舶为2000计费吨,航行国内航线黑龙江水系为300计费吨,其他航行国内航线船舶为500计费吨。引航和移泊所需拖轮使用费由拖轮提供方另外收取。因船方原因造成引水员在船等候,另外收取引航员滞留费。截至2017年底,船舶引航引领费率详见附录六。

船舶靠离码头或移泊引领作业所使用的拖轮马力大小和数量一般都由引水员根据气象、

水面航道情况决定并直接联系安排,委托方和船东常常会要求引水员尽量为其节省拖轮费用。

6) 拖轮费

2017年7月,交通运输部会同国家发展改革委对《港口收费计费办法》进行了修订。该办法明确将拖轮费由按拖轮马力和使用时间计收,调整为按被拖船舶的大小和类型计收,并统一规定拖轮费艘次单价。详见附录六。

7) 系、解缆费

由港口工人进行船舶系、解缆,每系缆一次或解缆一次,各收取一次系解缆费。船舶在港口停泊期间,每加系一次缆绳,计收一次系缆费。例如,截至2017年底。费率如下:2000净吨及2000净吨以下船舶码头系解缆,107元/次;浮筒系解缆,159元/次。2000净吨以上船舶码头系解缆,213元/次;浮筒系解缆,318元/次。

8) 停泊费

停泊在港口码头、浮筒的船舶,由码头、浮筒的所属部门按规定费率征收停泊费;停泊在锚地的船舶,由港务管理部门按规定费率征收锚地停泊费。停泊以24小时为1日,不满24小时的按1日计算。停泊在港口码头的下列船舶,由码头的所属部门按非作业停泊费率征收停泊费:装卸或上、下旅客完毕4小时后,因船方原因继续留泊的船舶;非港方原因造成的等修、检修的船舶(等装、等卸和装卸过程中的等修、检修除外);加油、加水完毕继续留泊的船舶;非港口工人装卸的船舶;国际旅游船舶。由于港方原因造成船舶在港内留泊的,免征停泊费。系靠停泊在港口码头、浮筒的船舶上的船舶,视同停泊在码头、浮筒的船舶征收停泊费。船舶在同一航次内,多次挂靠我国港口,停泊费在第一港按实征收,以后的挂靠港给予30%的优惠。具体详见附录六。

码头非作业停泊的费率不是按天而是以小时计费的,停泊时间长会产生很高的费用,应尽量注意避免。

9) 开、关舱费

由港口工人开、关船舶舱口,不分层次和开、关次数,按规定相关标准,分别以卸船计收开、关舱费各一次,装船另外计收开、关舱费各一次。单独拆、装、移动舱口大梁,视同开、关舱作业,收取开、关舱费。大型舱口中间有纵、横梁的(不分固定或活动),按两个舱口计收开、关舱费。设在大舱口外的小舱口,按4折1计算,不足4个按1个大舱口计算。使用集装箱专用吊具进行全集装箱船开、关舱作业,不分开、关次数,按相关规定费率,分别以卸船计收开舱费一次,装船计收关舱费一次;只卸不装或只装不卸的,分别计收开、关舱费各一次。

10) 装卸费

装卸费的计算办法相对比较复杂,相关规定、说明、解释和细则的内容也很多,这里只做简单介绍。

根据货物的性质,费率表中将货物分成20个类别(计费级别)。对于船舱至船边或者是船边至船舱条件的卸货/装货作业,再根据货物装卸作业过程中是使用港方起货机械还是船方起货机械、是一般货舱还是冷藏舱或非货舱,再分成为四个类别,各自设定了不同的费率。对船边至库、场、车、船或者库、场、车、船至船边的卸货/装货作业,另外按照20个货物类别设定了相应的费率,计费单位也根据货物种类规定,有的以重量(吨)为单位,有的以重量或体积

(立方米)两者中取大的为单位。对超长货物根据长度另外加收一定百分比的附加费,对一些特种货物另设有特别费率和计费单位折算办法等。代理在估算装卸费时必须与委托方落实清楚装卸条款,即是 FOB 条款还是 LINER TERM 条款。在装卸作业开始前以书面方式通知装卸公司,防止出现纠纷和费用回收不上来的情况。集装箱货物另有相应费率。

非标准箱的装卸包干费需要面议,对汽车、火车、驳船的集装箱装卸及集装箱搬移、翻装另有规定费率。船东也可以通过与装卸公司谈判达成协议,另行商订适用的装卸包干费费率。

11) 理货费

2015 年以前我国对外贸进出口件杂货和集装箱货物仍然实行强制理货,收费标准是交通运输部公布的航行国际航线船舶理货费率表,计费项目包括基本理货费(又细分为件货理货费、集装箱理货费、集装箱拆/装箱理货费等 10 项费收)、计量费、交通费、附加费、超尺码理货费和其他。一般普通未列名件杂货的基本理货费率是 3.45 元/吨,标准集装箱的基本理货费率是 12 元/箱,具体收费标准和费率相对复杂。2017 年,交通运输部会同国家发展改革委对《港口收费计费办法》修订后,理货服务费实行市场调节价,由理货公司与委托方协商确定具体收费标准。总体来讲,理货费在港口总使费中占相当大的比例,加上夜间作业或节假日作业都要收取附加费。对代理来讲,做到事先正确预估理货费很重要。在日常工作中还不时发生理货公司临时收取挑票费的情况,船方常常不能认同理货公司判断的混票和混票数量。

12) 卫生检疫及卫生处理费

卫生检疫费用包括:检疫费,按船舶大小收取,进出口分别收取;检疫用的交通费;对来自疫区船舶所载压舱水进行消毒的消毒费;对部分船舶进行灭鼠、灭虫或熏蒸以及与此相关的船员上岸后的食宿费用;船舶各类卫生、除鼠或免予除鼠等证书的新办、更新或延期的费用;办理船舶卫生证以及与此相关的船员体检、打防疫针的费用等。船舶来自地是否属于疫区由卫检确定,因为油轮压舱水数量往往很大,压舱水少了又不符合港监和引水员的要求,故压舱水消毒总费用有时会达到几万元。一旦因船上有鼠害或蟑螂过多导致卫检决定在船进行熏蒸,船员往往需要下地住宿,会产生相当大的开支,加上卫检要收取熏蒸费,总费用将很高,而代理在船舶抵港前无法预先估计到这种情况,所以要特别小心并迅速应对和处理。

13) 浮吊或其他岸上设备租用费

船舶运载超重、超大件货物,有时需租用港口浮吊进行装卸作业。浮吊的相关费用是根据实际作业时间加上驶离基地和返回基地的时间之和乘以浮吊的有效安全负荷吨位再乘以费率得出的,夜间和节假日作业还要收取附加费,拖带浮吊所用拖轮另按拖轮收费标准收取,因此租用浮吊的费用往往是很大的。为控制总额,代理在代表委托方联系租用浮吊时,一般要尽量联系租用合适负荷吨位的浮吊,还应尽量以包干费的方式与出租方进行谈判。船方有时还必须租用港方相关设备(如起重机、吸扬机、岸梯、岸电、防雨设备、靠垫等)来进行装卸作业和满足其需要,港方根据设备租用费率标准收取相关设备租赁费。

14) 码头工人工时费和除杂作业费

装卸作业过程中港方派遣的装卸指导员是按人/工时收取费用的。船方有时需要雇佣码头工人进行扫舱、拆/装货物绑扎加固材料、铺垫货舱、搭/拆隔舱板或防动板、平舱、拆包和倒包、灌包和缝包、分票、挑票等工作,除杂项作业费率表列出的以外,按人/工时收费标准来收取工时费。

15) 各种检验、计量、公估费

本项包括对船舶的适航、损坏范围程度、设备安全等进行的各种定期和临时检验(检验单位是船检),对船舱适装情况、货物状态和残损(包括范围和程度)进行的检验和货物丈量与计量(包括公估),查验货舱内货物是否已经卸尽(油轮的验干舱),封舱,取样,化验等各项工作(查验单位是质量检验检疫局或其他合法检验机构),收费标准各不相同。船舶装运某些出口货物前,验舱是强制的。对已经不适航和部分重要设备故障受损的船舶,修理后的船舶/设备的适航/安全性检验和按照国际公约规定进行的定期检验也是不可避免的。港务监督根据国际公约对进港船舶进行港口国安全检查(PSC)时,发现缺陷(Deficiency)责令限期纠正(To Be Rectified)的,常常需要在当地安排修理和修理后检验。对有责任争议的船、货损检验,代理应尽量争取利益方同意安排联合检验(Joint Survey),即利益双方指定的检验师同时到场进行检验,以使双方检验师出具的报告内容尽量一致。

16) 供油、供水费

船舶经常需要在港口安排添加燃料油(柴油、燃油)、机油(润滑油)和淡水。一般有两种方式,一种是船东通过协议户安排,代理负责联系沟通并适时安排;另外一种方式就是船东通过代理询价、确认,委托代理在当地采购供应,代理再与船东结算。由于油价经常变动,加油款金额一般都很大,代理对加油款的安全回收必须给予充分的重视。对加油数量和质量产生争议的情况也时有发生,需要代理协调处理。在船舶加油前,一些港口的港监要求船方/代理/加油商需事前向其申请,获得批准后方可安排加油作业。加油作业前应提前提醒船方按照防污染公约和港规规定,提前采取防护措施,防止出现冒油污染海域的事故。一旦发生冒油事故要及时报告港监。

17) 伙食、物料供应费

船方在港口经常需要补充食品、烟酒和其他物料。供应数量大的话,涉及金额也会很高,代理对这类费用的安全回收也必须给予高度重视。代理必须对供应商的资信进行了解和跟踪,要使用经过评审的合法供应商,防止员工私自介绍非法供应商为船方提供各类供应服务。

18) 船员费用

船员费用包括船方借支(有时是船东需支付船员工资),船员遣返用的住宿、伙食、交通(有时包括船东代表来港口出差所发生的食宿、交通和借支)等开支,船员更换、就医、登陆所产生的各项费用等。代理在接到船东代表或船方提出的相关要求后,必须尽快与委托方取得联系并获得其确认,还要及时估算并追加索要相关费用。委托方有时不是船舶的船东,委托方对船东费用并不一定负责,需要另外向船东索要相关费用的备用金,对此决不能大意。由于国家对外汇管理逐步严格化,船方借支外汇时,从银行提取外汇现钞需要经过外汇管理局审批,批准的前提条件一般是有船东汇款凭证和银行进账凭证。所以,在船东汇款没有入账以前无法从银行提取外汇现钞,此点必须事前向委托方讲清楚,以免延误将借支送船。借支送船后必须由船长签收,收据作为结算凭证。此外,船长、船员、船东代表、委托方代表等来港办事人员发生费用需要通过船舶使费账结算的,必须事前取得委托方确认并核实备用金余额是否足够支付,避免出现欠账和坏账。

19）污油回收、污水排岸处理费和围油栏使用费

根据有关国际公约,货轮机舱污油和含油污水必须由主管当局指定的接收单位回收和处理,油轮在货舱内的压舱水必须排到指定的污水处理池进行处理。为防止跑冒滴漏和溢油而污染当地海域,油轮靠泊后还必须在其周围敷设围油栏。处理单位和提供设备并敷设的单位根据相应收费标准收取费用。污油回收的费用要根据实际情况面议。

20）临时修理费或船用零备件转运费

船舶临时发生故障或机械损坏影响开航时,需要在当地港口进行临时修理,修理的费用可能会比较高。有的船东会通过直接与修理厂家联系、协商价格并通过其他渠道直接结算费用。船东临时将船用备件空运来港让代理报关、提货并转送上船的情况也时常发生。及时转递备件上船是一项十分重要的工作,代理有时需要委托有报关权的分承包人来完成,要注意及时索要相关费用的备用金(这类费用有时与委托方无关)。

21）船舶运输收入税

外国公司以船舶从中国港口运载旅客、货物或者邮件出境,取得运输收入的承运人为纳税人,船舶代理人为代扣/代收/代缴义务人,税率是运输收入总额的4.65%,其中3%为营业税,1.65%为企业所得税。与我国缔结协定规定减税或者免税的,按照协议规定执行。协定是指所得(和财产)避免双重征税和防止偷漏税协定、互免海运企业运输业务收入税收协定、海运协定以及其他有关协定或换文。目前已有75个海运国家与我国签订了免税的相关协定。

22）交通费

包括代理和相关查验部门及船员使用交通工具(车、船)所发生的费用,一般情况下都是凭船长签字确认的发票实报实销,也有通过签订协议实行交通费包干的(主要是班轮和有长期代理协议关系的委托方或船东)。一些单位在报销车、船费用的时候问题较多,委托方颇有微词。代理人要维护委托方利益,必须严格审核和把关。

23）通信费

通信费包括代理与船方联系所使用的卫星通信和VHF(甚高频)费用,与委托方以及装卸港代理联系所用的电话、传真、电子邮件等费用,与口岸查验部门联网进行申报、传送相关单证的网络通信费用,船长使用代理电话或租用代理手机与国内外进行联系的国际国内长途电话费用。代理一般采用实报实销的办法(每次通信都填写计费单当作收费凭证),由于有的船东嫌麻烦或感到无法审核且收费过高,因此提出了包干的办法。

24）其他可能会发生的费用

除以上所列各项费用以外,还可能会有一些特殊的费用和临时发生的费用,如海事处理、抢潮、港监派船巡逻开道和对装有危险品的船实行监护船监护、非监管区监管、边检上船监护、速遣、违章违规的罚款和委托方临时委托办理的特殊事项所发生的相关费用等,代理应随时根据情况及时追加索要备用金。

25）船舶港口使费管理工作现状和需要注意的一些情况

代理公司接受委托方委托后,代表委托方或船方申请有关港口单位所进行的一切业务活动,对接受申请的港口相关单位来讲,委托人是代理公司,向代理公司索取报酬和报销费用是天经地义的事。因此,一旦委托方没有及时预付备用金或预付的备用金不足(包括代理公司估计不足),代理公司就有支付责任而要承担很大的经济损失风险。由于上述各项收费项目

中,很大一部分还要根据实际情况加收夜班和节假日作业附加费,是否夜间作业和是否在节假日内安排作业又不受委托方/船东或船舶代理的控制,常常会出现预估过高或过低的情况。而且,在目前竞争形势日趋激烈的情况下,代理公司一般不敢高估,还很难做到港口使费按时到位。唯一能做的保全措施是尽量掌握委托方的资信情况,在迫不得已的情况下采取延误办理船舶开航手续的办法来向委托方施加压力,直至采取法律留置船舶的手段。但这样一来,今后对这家公司船舶的代理权很可能会丧失。

2.有关港口使费的调整

近几年,为发挥市场对资源配置的决定性作用和更好地发挥政府作用,促进我国水运业持续健康发展,更好地保障国民经济和对外贸易平稳运行,切实减轻航运企业负担。国家相关部门已出台多项政策来规范航运市场,例如《关于放开港口竞争性服务收费有关问题的通知》(交水发〔2014〕253号)、《关于明确港口收费有关问题的通知》(交水发〔2014〕255号)、《关于调整港口船舶使费和港口设施保安费有关问题的通知》(交水发〔2015〕118号)、《关于取消有关水运涉企行政事业性收费项目的通知》(财税〔2015〕92号)、《交通运输部 国家发展改革委关于印发〈港口收费计费办法〉的通知》(交水发〔2017〕104号)、《交通运部 国家发展改革委关于进一步放开港口部分收费等有关事项的通知》(交水发〔2018〕77号)等。

因此,备用金包含的各项费用在索取时根据最新的法律法规或通知执行。

二、备用金索取

代理接受委托后,在复电确定接受代理的同时,向委托方(或租约规定的付款方)索汇备用金。如果船方或租船人委托代理人同港口签订滞期/速遣协议,或船东委托在港加油,或船长借支,需另索汇滞期/速遣费、燃油费、船长借支等,不能从备用金中支付(特别是船长借支,原则上不许垫付,只有收到汇款,方予借支)。

当委托方汇寄的备用金不足时,如属于委托方缺漏项目,可去电请示,如需要安排,则要求补汇;如声明不必安排的项目,就不予安排该项目;如果船长坚持安排,必须取得船长的签字,同时要求船长报告船东补汇,否则不予安排。如果代理人报出的备用金有错误或漏报,应及时电告委托方说明原因,要求补汇。

代理人一般不予垫付备用金。如委托方有较好的信誉,可考虑边安排作业边催汇。一般情况下,索汇备用金后,在船未达到港前,要随时了解汇款情况,如委托方未及时汇付,可提醒委托方"按照港口惯例,船舶将被移泊到锚地等待港口使费付清为止",以明确责任。在备用金没有汇付到账之前,不能给船舶办理出口手续。

备用金索取函样例如下。

To:
Atten:
Fm:
Re:
Thanks very much for your email we are very pleased to be your agent in all respects ready to render agency services to the captioned VSL full style.
Our A/C NR:XXX,bank of China XXX,branch

> Pls remitus ship's disbursement to taling USD XXX(say XXX only) ASAP M'time pls instruct master to cable us ship's position n 72 hrs 48 hrs Eta enabling us making prearrangement
> The disbursement with breakdown as follows:
> Port:
> Pilota durs ges:
> Tugs hire:
> Berthinn moring n unmoring:
> Tugboat:
> Quarantine:
> Agency fee:
> Communication fee
> Transportation fee:
> Sundries:
> Fresh water:
> Stevedorage:
> Tally fee:
> Ttl amount:
> Pls kindly cfm n remits it to our bank acct.
> B.RGDS

三、备用金使用

备用金是船舶代理人开展工作的基础,由于备用金的烦琐、专业、金额巨大等原因,极易在实际工作中出现差错,因而对其有效使用与管理显得尤为重要。一般而言,要注意以下方面:

1.预付备用金才能构成代理关系

在船舶代理人和委托方达成书面的代理意向后,委托方应将本船、本航次、本口岸的备用金在船舶抵港前汇付至代理人的账户,供代理人完成相关事宜。为了防止被欺骗或日后的纠纷,代理人在操作的时候应牢记预付原则,尤其是在租船情况下,涉及交还船时,如船舶进港手续的委托人是承租方,而出港手续的委托人是出租方时,若未及时收到备用金,可能会面临船已离港而无法索汇的后果。

2.代理人一般不予垫付备用金

由于预付备用金才能构成代理关系,因此代理人一般不予垫付备用金。在特殊情况下,比如代理人和委托方是长期代理关系,或者双方业务往来比较密切,熟悉对方资金信誉等情况,代理人可以垫付部分备用金。备用金一般数额较大,尤其在本港要缴纳船舶吨税时,金额可能达到几十万,若由代理垫付,对代理公司的资金周转影响较大。

3.一船一结,一港一清

同一艘船舶的备用金,不能用于同一委托方的其他船舶,每航次剩余的备用金应进行清算,并请示委托方处理意见。备用金所涉费用分项是本船在本航次挂靠本港口时发生的费用,不同的港口委托方不同的代理人,代理费和港口费等均是按照每船每航次进出某港收取,在船舶离港后代理制作的航次费用结账单中,均出现"Port""Vessel's Name"字样。同时,遵循"一船一结,一港一清"原则,可以清晰看出每艘船舶发生的费用,有效避免各方纠结不清的情况。

4.专人掌握备用金的使用

应指定专人掌握备用金的使用,随时注意支出情况,如发现可能超支较大时,及时向委托方说明情况,要求增补;若总数不超,项目之间可调剂使用。一般由计划、调度来估算、索要和控制备用金,财务负责收取、支付和结算。

5.滞期/速遣费、燃油费、船长借支原则上不能从备用金中支出

备用金是委托方支付予代理人的款项。滞期/速遣费支付的主体通常是出租人或承租人或港方;燃油费支付的对象是班轮公司或根据租约来分账;船长借支(Cash Advance to Master)主要是用来购买船员个人物资,主要由船员承担。这三项费用通常数额较大,不适于从备用金中支出。

各代理公司对船舶港口使费备用金的管理模式不完全一样。一般情况下,对建立有长期代理关系并签订了代理协议的委托方(通常是班轮公司),往往由委托方支付一定数额的备用金,船舶离港后凭代理公司制作的航次结账单来结算港口使费,定期核对往来账;账面余款不足时,通过双方协商后另外安排汇付一定数额的备用金。委托方一般要求代理在船开航后一个月内向委托方进行单船航次结算,但由于目前各单位向代理结算费用的时间长短不一(代理公司一般要求有关单位在7~10天内结算完毕,但一直很难做到),代理公司为防止过早与委托方结算并退还备用金余额,又有分包方或官方机构来结算费用而承担经济损失风险,一般在船开45天内与委托方结算。对不定期船舶来讲,备用金的索要和管理就显得尤其重要,索要数额过高,委托方就会认为这家代理不好而会转而委托其他报价低的代理公司,有的则会在自动扣除他们认为过高估计的数额后,将不足量的备用金汇来,要求一旦超支由代理先垫付,同时承诺如确有合理超额费用,他们见单审核通过后再补汇。遇到这种情况,或者代理本身预估不足或因遗漏测算而索要金额不足,或者临时发生未能预见到的开支,代理必须在船开前追加索要,一旦索要不成或船舶已经离港,追回代理公司垫付的港口使费就会十分困难,甚至还会发生坏账的情况。在备用金是否汇达的查询查核方面,代理也常常会遇到困难。往往委托方和船东来电通知某笔备用金已经于某日通过某银行汇出,但代理从自己的银行迟迟无法得到收妥入账的确认,再遇到节假日银行休息,判断委托方是否确实汇付了所告的港口使费备用金数额是一件十分困难的事情。目前大多数情况下是让对方将汇款行给汇款人的汇付凭证传真过来,以其作为参考和判断的依据,但这类凭证往往只是一张打印出来的普通单据;有的还将汇款申请传来,一般都没有银行印章,很难确定其真伪。代理对委托方信誉度的了解程度成为判断是否放船走的一个重要依据。

在备用金管理模式方面,国内外普遍由船舶代理业务操作部门的业务员(在国外小型代理公司,一般由外勤兼任,外代内部被称为计划调度),负责估算、索要和控制船舶港口使费备用金;财务部门负责港口使费备用金的收取、支付和结算。任何一笔港口使费的支出,财务部门要么是根据计划员提供的相关协议审核后支付,要么审核计划员审核签字后的合法单据后支付。备用金索要、控制和支付的责任在业务员(计划调度员)。另外一种管理模式则是由财务部门指定专人负责,常会发生控制过严、与营销策略脱节和协调困难的情况(业务部门安排

某项工作和发生特殊费用开支后,不一定能及时通知财务,直到对方来要钱时财务才得知,再向委托方追索就有很大困难)。采用这种管理模式的船舶代理公司目前已经减少了许多,但这一模式的优点是便于相互监督,可以有效防止权力过度集中造成的渎职。

港口使费备用金管理中还有一项比较重要的任务,就是抵制不合理收费和乱收费现象。目前国内部分存在不合理收费和乱收费现象,委托方或船东都对此深恶痛绝。作为代理,如果把关不严,就会失去委托方或船东的信任;而把关过严,就会得罪有关机构,甚至会因此受到报复而使船期延误,反过来受到委托方或船东的埋怨。如何做到既能守法守纪地把好关,又能灵活变通地处理一些不尽合理的收费,是港口使费备用金管理控制者需要钻研的一门大学问。

四、备用金结算

1.航次代理的船舶

①船舶离港后,在30天内做出航次结账单,连同应附的单据同委托方结算。
②结算原则应是"一船一结,一港一清"。
③船员遣返、调换的陪同费和船舶通过琼州海峡手续费等,如需向船舶挂港代理公司结算,应及时做出转账单,并附寄各种单据,不误航次结算。
④如果发生船员留宿住院治病的医疗费和病愈后的遣返费用,对外先结算港口使费部分,备用金剩余款项不退汇,留待最后结算。
⑤外汇备用金,对外一律按外币记账,内部按收到日银行价记入人民币账户航次结账,可选择付款期内对代理方有利的牌价。其外汇浮动差价,由代理公司负责损益。
⑥航次结算单的邮费,有长期往来账户的,向委托方实报实销。
⑦港口有关单位的费收单据,必须最迟于船舶离港后10天内全部送交代理公司。
⑧对外结算单据,要求清晰、无误,应有中英文对照。
⑨船舶速遣,原则上不从备用金的余款中扣除。

2.长期代理的船舶

①严格遵循"一船一结"的原则,船舶离港后及时做出航次结账单,附寄各种单据。
②按月抄送往来账,核清账目。如当月无船来港可免。
③委托方预付适当数目的备用金,对外一律按外币记账,内部按收到日银行牌价记入人民币账户,航次结账,可选择付款期内对已方有利的牌价,其外币浮动差价,由代理公司负责损益。
④委托方一段时间不来船,但代理公司尚有余款,应其退汇要求,核清账目后,应办理退汇。

第二节　业务单证缮制

一、提单缮制

1.提单的定义和功能

在对外贸易中,提单(Bill of Lading,B/L)是运输部门承运货物时签发给发货人的一种凭证,用以证明海上货物运输合同和货物已经由承运人接收或者装船以及承运人保证据以交付货物的单证。收货人凭提单向货运目的地的运输部门提货,提单需经承运人或船方签字后方能生效。

提单是海运货物向海关报关的有效单证之一,其法律核心内容主要包括以下三个方面:

(1) 货物收据

对于将货物交给承运人运输的托运人,提单具有货物收据的功能。承运人不仅对已装船货物负有签发提单的义务,而且根据托运人的要求,即使货物尚未装船,只要货物已在承运人掌管之下,承运人也有签发一种被称为"收货待运提单"的义务。所以,提单一经承运人签发,即表明承运人已将货物装上船舶或已确认接管。

(2) 物权凭证

对于合法取得提单的持有人,提单可作为物权凭证。提单的合法持有人有权在目的港以提单相交换来提取货物。承运人只要出于善意,凭提单发货,即使持有人不是真正的货主,承运人也无责任。除非在提单中指明,提单可以不经承运人的同意而转让给第三者,提单的转移就意味着物权的转移,连续背书可以连续转让。

提单的物权凭证属性在时间上受到两种限制。一是提单的转让只有在承运人交货前才有效。提单下面一般都有类似这样的文字:"本提单正本签发一式几份,其中一份生效(指提货)其余文本失效"。二是提单持有人必须在货物运抵目的港一定时间内把货物提走,过期则视为无主货物,承运人可对货物行使处置权。

(3) 海上货物运输合同成立的证明文件

提单上的条款规定了承运人与托运人之间的权利、义务,是法律承认处理有关货物运输的依据,提单常被人们当作运输合同。按照严格的法律概念,提单并不具备经济合同应具有的基本条件,与其说提单本身就是运输合同,不如说提单只是运输合同的证明。因为提单不是双方意思表示一致的产物,约束承托双方的提单条款是承运人单方拟定的;提单履行在前,而签发在后。早在签发提单之前,承运人就开始接受托运人托运的货物和将货物装船等有关货物运输的各项工作。

如果在提单签发之前,承托双方之间已存在运输合同,则不论提单条款如何规定,双方都应按原先签订的合同约定行事;但如果事先没有任何约定,托运人接受提单时又未提出任何异议,这时提单就被视为合同本身。由于海洋运输的特点,托运人并未在提单上签字,但提单不同于一般合同,不论提单持有人是否在提单上签字,提单条款对他们都具有约束力。

2. 提单的种类

根据货物是否装船,提单分为"已装船提单"(Shipped B/L)和"备运提单"(Received for Shipment B/L)。在"备运提单"上加注"已装船"注记后,即成为"已装船提单"。

根据提单上对货物外表状况有无不良批注,提单分为"清洁提单"(Clean B/L)和"不清洁提单"(Foul B/L)。国际贸易结算中,银行只接受"清洁提单",即承运人未在提单上批注货物外表状况有任何不良情况。

根据提单"收货人"栏内的书写内容,提单分为"记名提单"(Straight B/L)和"指示提单"(Order B/L)。

除有长期代理协议关系的委托方已经明确应该使用的提单格式以外,对来港装货的不定期船舶,代理公司在接受委托方委托后,应尽快联系委托方确定需要使用的提单格式,并索要足够数量的空白提单供发货人缮制提单(原则上讲,提单应由承运人或其代理缮制);没有固定提单格式的,可向船长索要;若船长未能提供相应格式的提单,可建议委托方或船长使用代理印制的无抬头空白提单格式,但必须将承运人名称另外印在提单抬头位置处。除班轮和长期代理关系的船舶外,代理应尽量预先将发货人缮制的提单传送给委托方审核,获委托方确认后再签发。

定期班轮的委托方大多是船东或船舶经营人,往往会在代理协议中规定全权授权代理来签发提单,代理则应按照委托方的指示和规定程序来签发提单。对不定期船,提单应该由船长签发;如船长委托代理来签发提单,代理必须取得船长授权签发提单的书面授权委托书,授权委托书内容中应争取包含"to sign and release clean on board original bill of lading"字样,以免出现问题和争议后船长坚持提单加批或只让签而不让放。

3.提单的签发

提单应由承运人、船长或其代理人签发。如为承运人或船长签署,必须标明其为承运人或船长,承运人自身签署的要注明"As Carrier";如果是代理人签署提单,则代理人必须注明被代理人的名称和身份,标明"As Agent For Carrier XXX"。代理缮制和签发的各种单证,与承运人自行办理具有同等效力和作用。

如果船方委托代理签发提单,需要有船东的书面委托书。船舶代理人在货物装船后,凭大副收据向发货人签发船公司的提单,提单内容必须与大副收据(或场站收据)记载的内容一致。

船舶代理人代签提单,要严格掌握不签预借提单或倒签提单。倒签提单是指承运人签发提单时倒签发日期的行为,即提单签发日期在实际装船时间之前。预借提单是指货物尚未全部装船或由承运接管但尚未开始装船时,托运人为了及时结汇,向承运人预先借到的提单。预借提单比倒签提单风险更大,因为它面临货物在装船前可能发生灭失、损坏或退关的风险。

签发提单还应注意签发清洁提单,因为承运人要对所承运货物的表面状况负责。在装船过程中,如发现货物包装不牢固、破损、残漏或标记不清等情况而发货人又不能换货或换包装时,大副要在大副收据上加以批注,船舶代理人只能根据大副收据在提单上相应加批注。这种有批注的提单,视为不清洁提单,银行不予接受,会影响发货人安全结汇。发生这种情况时,船舶代理人应协助发货人与船方协商解决,由发货人出具保函换取清洁提单,待取得船、货双方的同意后,按照船东指示,予以签发清洁提单。比如,当发货人根据信用证规定提出特别要求时、当船方对货物品质和重量有异议而坚持在大副收据或提单加批注时、当运费没有按照协议规定支付而委托方要求留置提单时,上述几种情况,代理一般以要求有关方出具担保函(包括银行担保)的方式来解决,担保一般必须是原件,要盖单位公章,并要取得另外一方对保函内容的书面确认。

代理在签发提单前必须对提单内容进行严格仔细的检查核对,一旦出现差错可能会造成很大的损失。签发方式分为手签和印签两种。

二、海运单缮制

1.海运单

海运单(Sea Waybill)是证明海上货物运输合同和承运人接收货物或者已将货物装船的不可转让的单证。海运单的正面内容与提单基本一致,但印有"不可转让"的字样。有的海运单在背面订有货方定义条款、承运人责任、义务与免责条款、装货、卸货与交货条款、运费及其费用条款、留置权条款、共同海损条款、双方有责碰撞条款、首要条款、法律适用条款等内容。

对短航程定期班轮来说，常常会遇到船到卸货港后因收货人没有取得正本提单而不能及时办理提货手续的问题。为提高海运效率，欧美国家首先开发和使用了海运单来部分替代提单的功能，并获得了很好的效果。

海运单作为一种不具备流通功能的"提货凭证"和"运输契约证明"（非有价证券），与提单的不同之处在于可在不提供正本的前提下交货。海运单仅涉及托运人、承运人、收货人三方，程序简单，操作简便，有利于货物的转移。使用海运单的优点是：

①它是一种安全凭证，不具备转让流通性，可避免单据遗失和伪造提单所产生的后果。

②提货便捷、及时、节省费用，收货人提货无须出示海运单，既解决了近途海运货到而提单未到的常见问题，又避免了延期提货所产生的滞期费、仓储费等。

③它不是物权凭证，扩大海运单的使用，可以为今后推行 EDI 电子提单提供实践的依据和可能。

2. 海运单与提单的区别与联系

提单是货物收据、运输合同的证明，也是物权凭证；海运单只具有货物收据和运输合同的证明这两种性质，它不是物权凭证。海运单和提单都可以做成"已装船"形式，也可以是"收妥备运"形式。

提单可以指示抬头形式，可以背书流通转让；海运单是一种非流动性单据，海运单上标明了确定的收货人，不能流通转让。海运单的正面各栏目和缮制方法与提单基本相同，只是海运单收货人栏不能做成指示性抬头，应缮制确定的具体收货人。提单的合法持有人和承运人凭提单提货和交货，海运单上的收货人并不出示海运单，仅凭提货通知或其身份证明提货，承运人凭收货人出示的适当身份证明交付货物。提单有全式提单和简式提单之分；而海运单是简式提单，背面不列详细货运条款，但载有一条可授用提单背面内容的条款。

海运单和记名提单（Straight B/L），虽然都具有收货人，不作背书转让（我国法律将记名提单视作提单）。但事实上，记名提单不具备物权凭证的性质。有些国家收货人须出具记名提单，但有些国家（如美国）只要能证明收货人身份也可以提货，此时记名提单在提货时与海运单无异。

3. 海运单的签发

首先要取得在卸货港准备办理提货手续的收货人的签名样本（或印章），然后在装货后签发海运单。船公司（或通过其代理）在船舶进港前，发到货通知（Arrival Notice）给收货人，收货人在到货通知副本上签名或盖印（预先登录过的）送交船公司或其代理，经船公司或其代理审核确认签名无误后签发到货通知书（D/O，即 Delivery Order，俗称"小提单"），收货人凭 D/O 到码头提货。如收货人签字委托他人前来提货，代理提货的人必须在到货通知书副本上签名并留下身份证复印件。

与提单相比，使用海运单更为方便。海运单往往在以下场合加以使用：

①跨国公司的总公司跟子公司的业务往来。

②在赊销或由买方付款作为转移货物所有权的前提条件下，提单已失去其使用意义。

③往来已久，充分信任，关系密切的伙伴贸易间的业务。

④无资金风险的家用私人物品，无商业价值的样品。

⑤在短途海运的情况下,往往货物先到而提单未到,宜采用海运单。

海运单在实践中也存在一些问题,主要体现在以下两方面:

①进口方作为收货人,不是运输契约的订约人,与承运人无契约关系。如果出口方发货收款后,向承运人书面提出变更收货人,则原收货人无诉讼权。

②对出口托运人来说,海运单据项下的货物往往是货到而单未到,而进口方却已先行提货。如果进口方借故拒付、拖欠货款,出口方就会有货、款两失的危险。为避免此类情况,可以考虑以银行作为收货人,使货权掌握在银行手中,直到进口方付清货款。

为此,国际海事委员会制定并通过了《海运单统一规则》。其第3条规定:"托运人订立运输合同,不仅代表自己,同时也代表收货人,并且向承运人保证他有此权限。"同时,第6条规定:"托运人具有将支配权转让收货人的选择权,但应在承运人收取货物之前行使,这一选择权的行使,应在海运单或类似的文件上注明。"此规定既明确了收货人与承运人之间也具有法律契约关系,又终止了托运人在原收货人提货前变更收货人的权利。

三、其他单证缮制

1. 托运单(Booking Note,B/N)

托运单俗称下货纸,是托运人根据贸易合同和信用证条款内容填制的,向承运人或其代理办理货物托运的单证。承运人根据托运单的内容,结合船舶的航线、挂靠港、船期和舱位等条件考虑,认为合适后,即接受托运。

托运单是托运人和运货人之间关于托运货物的合约,记载有关托运人与运货人相互间权利义务。运货人签收后,一份给托运人当收据,货物的责任从托运人转至运货人,直到收货人收到货物为止。如发生托运人向运货人索赔的情况,则托运单是必备的文件。运货人输入托运单上的数据正确与否,对后续作业影响甚大。托运单的缮制主要包括以下内容:

①目的港。名称须明确具体并与信用证描述一致,如有同名港时,须在港口名称后注明国家、地区或州、城市。如信用证规定目的港为选择港(Optional Ports)时,则目的港应是同一航线上的、同一航次挂靠的基本港。

②运输编号,即委托书的编号。每个具有进出口权的托运人都有一个托运代号(通常也是商业发票号),以便查核和财务结算。

③货物名称。应根据货物的实际名称,用中英文两种文字填写,并要与信用证所列货名相符。

④标记及号码,又称唛头(Shipping Mark),是为了便于识别货物、防止错发货,通常由符号、图形、收货单位简称、目的港、件数或批号等组成。

⑤重量、尺码。重量的单位为公斤,尺码的单位为立方米。

⑥托盘货。要分别注明托盘的重量、尺码和货物本身的重量、尺码,对超长、超重、超高货物,应提供每一件货物的详细体积(长、宽、高)以及每一件的重量,以便货运公司计算货物积载因素,安排特殊的装货设备。

⑦运费付款方式。一般有运费预付(Freight Prepaid)和运费到付(Freight Collect)。有的转运货物,一程运费预付,二程运费到付,要分别注明。

⑧可否转船、分批以及装期、有效期。须按信用证或合同要求一一注明。

⑨通知人和收货人。按需要决定是否填写。
⑩有关的运输条款、订舱和配载。根据信用证进行填写,客户有特殊要求的要一一列明。
托运单可以分为散装运输托运单和集装箱货物托运单。

1)散装运输托运单

散装运输托运单(件杂货物运输或大宗货物散装运输)是在托运散装货物所需的装货单和收货单的基础上发展而成的一种综合单据。一套完整的散装海运托运单共有十二联。

- 第一联,船舶代理留底。
- 第二、三联,运费通知单(1)(2)。
- 第四联,装货单,此联经船舶代理盖章后即确认货已配船,海关在此联上盖章放行,船方凭此联收受货物,又叫关单。
- 第五联,收货单,即大幅收据(Mate's Receipt, M/P),货物装上船后,大副在此联上签收,船公司或船舶代理凭此联签发全套正本海运提单。
- 第六联,货运代理留底。
- 第七、八联,配舱回单(1)(2)。
- 第九联,货主留底。
- 第十联,港物部留存,用于收取港物费。
- 第十一、十二联,备用联(为空白)。

2)集装箱货物托运单(Dock Receipt, D/R)

集装箱货物托运单,又称为场站收据,是指承运人委托集装箱堆场、集装箱货运站或内陆站在收到整箱货或拼箱货后签发的收据,是集装箱运输专用的出口单据。托运人或其代理人可凭场站收据,向船舶代理换取已装船或备运提单。不同的港口、货运站使用的场站收据也不一样,其联数有7联、10联、12联不等,以10联单较为常用。

- 第一联,货主留底。
- 第二联,集装箱货物托运单(船舶代理留底)。
- 第三、四联,运费通知单(1)(2)。
- 第五联,装货单场站收据副本(关单)。
- 第六联,场站收据副本(大副联)。
- 第七联,场站收据(正本)。
- 第八联,货代留底。
- 第九、十联,配舱回单(1)(2)。

2.载货清单(舱单)(Cargo Manifest)和运载清单(Freight Manifest)

载货清单和运费清单都由代理公司印刷并缮制。载货清单(也称舱单)和运费清单实际上常常使用同一种格式,即在舱单运费栏填上了运费数额的(包括预付和到付)就是运费清单,未填运费的就是舱单。现在越来越多的港口已经实现舱单电子化,但纸质舱单还仍然在继续使用。可将舱单和运费清单分为进口和出口两类。

一些港口集装箱出口流程还设定装货清单(Cargo List/Loading List,也称预配清单)的基本数据可由舱单数据中调取,这提高了数据的一致性。具体做法就是船舶代理从舱单数据中提取相关基本数据来编制装货清单,打印分发或传送给海关、码头、理货等各部门使用。待货物截载以后,代理根据码头反馈的实际进港集装箱数据对清单进行修改,在限定时间内,将修改好的清单做上标志(清洁清单)后重新传输给码头。清洁清单传输后即被码头锁定,代理无法再对其修改,只能通过书面申请方式由码头修改。码头根据清洁清单将集装箱装船后,根据实际装船情况修改清单并通报代理,船开后在海关限定的时间内由代理将经过最终核对修改好的清单作为舱单传送给海关。清洁清单传送后如要做修改则必须向海关写出书面修改申请,阐明需要修改的原因,由海关审查批准后才能修改,海关一般会给予代理罚款或扣分的处罚。

出口舱单必须按不同卸货港分别缮制,不能将两个不同卸货港的货物打在同一页舱单上。转船货物必须在目的港后面加上中转港的名称(如 Antwerp with transshipment at Hamburg)。舱单还应按提单号顺序缮制,不要出现顺序颠倒、跳号、重号等情况,各栏目内容应完整正确,与提单内容必须保持一致,不能随意简略或将部分内容合并。件货有不同包装的要按包装类别分列,不能用"件"(Package)来替代。散装货物必须注明"备用袋"(Spare Bags)及其数量,重量要统一以千克为单位(小数点后四舍五入)。收、发货人栏目应填写完整,不得私自截取或省略。集装箱运输中使用货主自由箱时,应在舱单上注明,以便卸货港交货时将箱子一起交货主。冷藏货要注明保温要求。危险品应注明国际危规编号并在该票货名栏内加盖红色"危险品"(Dangerous Cargo)印章。舱单缮制完成后必须进行仔细核对,防止因打字差错而引起严重后果。原则上舱单号应与提单号保持一致。

危险品还要另外单独缮制一份危险品清单(Dangerous Cargo List),超重、超尺码货物需要另外缮制一份超重、超尺寸货物清单(Heavy Lift/Over Gauge Cargo List),为船方和卸货港提供便利。

运费舱单要按到付或预付方式分栏正确填写,以尺码或其他特殊单位计费的必须打上货物尺码(委托方申请了公证机关丈量的要按丈量报告的数字计费和缮打)和计费单位,基本运费和各种附加费(如 BAF、CAY、YASTHC 等)应该分列清楚,特殊货物采用特殊费率的要求注明,如 Ad. Val.(从价)、Sample(样品)、Gift(礼品)、No Commercial Value(无商业价值)、Freight Free(免费)、Return Cargo(退运货)、Minimum Freight(起码运费)等。

舱单和运费清单上的件数、重量和运费数额(按预付和到付)应按卸货港分别打上各自栏目的汇总数(合计数)。已经缮制好的舱单,其内容临时发生变更又来不及重新制作时,可用笔做修改并在修改处加盖更正(校正)章。整票货物临时退关的,应将该票货物各栏目内容都用笔划掉并加盖"取消"章(Cancelled),部分退关,可在修改数字后批注"短装"(Short-Shipped 或 Shut-Out)。船开后发现需要更改已经交给船方或者已经寄出的舱单的部分内容,可以用电讯方式通知更改并缮制更正通知书(Correction Advice)寄送给有关方。重要内容的事后更正通知必须确保发送到位,不要遗漏,要落实对方是否收妥并争取得对方收妥的书面确认。

3.货物积载图(Stowage Plan)

货物积载图是按货物实际装舱情况编制的舱图,它是船方进行货物运输、保管和卸货工作的参考资料,也是卸货港据以理货、安排泊位、货物进舱的文件。货物积载图可分为计划积载图和实际积载图。

4.集装箱设备交接单(Equipment Interchange Receipt,EIR)

集装箱设备交接单是集装箱及其设备进出港区、场站时,用箱人、运箱人与箱管人之间交接集装箱及设备的凭证,兼有箱管人发放集装箱凭证的功能,是加强箱管、明确有关各方责任、权利和义务的集装箱运输管理单证。设备交接单分进场和出场两种,各有三联:第一联为箱管单位留底联,白色;第二联为码头、场站联,粉红色;第三联为用箱人、运箱人联,黄色。

出场设备交接单流程如下:用箱人、运箱人持箱管单位填制的设备交接单到发箱场站,经发箱场站核对无误后,双方共同查验箱体并在设备交接单上签字后提箱,用箱人、运箱人留下黄联,场站留下白联和粉红联,再在规定时间内及时将白联转交给箱管单位。

进场设备交接单流程如下:用箱人、运箱人持箱管单位填制的设备交接单将集装箱运至收箱场站,场站核对无误后,双方共同查验箱体并在设备交接单上签字后卸箱,用箱人、运箱人留下黄联,场站留下白联和粉红联,再在规定时间内及时将白联转交给箱管单位。

第三节　船舶抵港前其他准备工作

船舶抵港前要明确委托关系,索要备用金,了解来港船舶性质、来港任务、租约及有关货物买卖合同条款、运输契约等,向有关口岸查验单位办理船舶进港、检验等申报手续。

①确定委托关系后,列出委办事宜清单,并将船舶名称、船籍、所属公司、船舶呼号、船长、船宽、载重吨、装卸货名、货量、件数、吃水和预抵时间、下一挂靠港名称等资料输入电脑,制作成国际航行船舶进口岸申请书报送海事局审批。

②将海事局批准的国际航行船舶进口岸申请书打印五份,送海关、边防和检验检疫局各一份。

③对首次来港的船舶,向船长发送航道电,告知港口的一般概况、特殊规定等。

④对来港卸货的船舶,向委托方索取载货清单,分送单证部、外勤、理货、码头;如有危险货,则填写船舶载运危险货物申报单一式三份,在船舶到港 72 小时前(如遇周末要提前)送海事局后分送港口作业区、船方。

⑤了解掌握来港船舶动态,保持与委托方、船方的联系,并及时将船舶动态和变化情况通知港口调度,并在船舶抵港 48h 前制作船舶预报传真给港务管理局、港务集团和装卸作业区。

⑥向委托方索取船员名单、船舶的详细资料、证书情况、载货清单等内容。

⑦向委托方索取进口货运单证,包括载货清单、提单副本、货物积载图、集装箱箱位图,复印所需份数分送港口作业区、理货公司。航程短的,要求委托方预先电告,并随船带到。待收到单证后,连同收货人联系方式,提请单证部尽快联系收货人,安排好有关收货事宜。

⑧在船舶抵港前,与港方商定靠泊时间,将靠泊时间、指定锚泊地点通知船方、委托方,并通知引水员做好引航准备工作。

⑨抵港前 24 小时内填制国际航行船舶入/出境动态申请表传真至各联检单位。

⑩根据货物装卸条款,填写船舶费用分摊表送装卸公司等有关单位。

⑪根据委托方提供的租约要求,了解递交船舶准备就绪通知书要求、事实记录制作要求,将有关文件、函电复印,备登轮办理业务时使用。

⑫根据港口情况,按照委托方的授权,同港方商谈滞期/速遣事宜,签订滞期/速遣协议。最后按装卸货的实际情况计算滞期/速遣费。

⑬将来港船舶编入月度、季度计划,送港务局业务处和港口工作区等,参加港口定期的排船会,安排泊位,保证船舶抵港后尽快靠泊作业。

⑭通知并协助船方及委托方安排检疫、验舱、修理、补给计划。

思考与练习

一、判断题

1.一艘外国船进港,预计修船20天,船舶抵港后,外勤建议船长申请30天期的吨税。(　　)

2.船舶靠泊码头无论有无装卸货物都要向海事局缴纳船舶 HARBOUR DUES。(　　)

3.中国吨税执照只限在缴纳税款的港口有效,台湾地方当局签发的吨税执照在中国大陆无效。(　　)

4.除实行费用包干制的港口以外,拖船费通常是以拖船马力大小和使用时间长短来计算的。使用时间是按照实际作业时间加上固定的辅助作业时间来得出的。所以,作为一个合格的外勤,应提醒船长在签拖船作业票时核对作业时间,即完整、正确填写拖船抵达作业地方的时间和作业完毕的时间,不要只签字,将作业时间留空任拖船自由填写。(　　)

5.船长提出借支,代理可随时借给,再与委托方结算。(　　)

6.某外籍船舶自上一中国港口驶来本港卸货,抵港时发现该船所持吨税执照的有效期至抵港后的次日。该船次日上午靠泊并开始卸货,次日晚23:50时卸毕,为等一名船员,该船要等到第三天20:00时才能开航去国外港口。外勤提前为该轮新办了吨税执照并交给了船方,使船员到后船舶立即得以开航。(　　)

二、选择题

1.以下费用,原则上不能从备用金中支付的是(　　)。
　　A.港口使费　　　　B.船舶吨税　　　　C.代理费　　　　D.船长借支
　　E.速遣费

2.关于备用金的说法,正确的是(　　)。
　　A.结算备用金,不必"一船一清"
　　B.滞期/速遣费可以在备用金中列支
　　C.代理人一般不予以垫付备用金
　　D.船舶代理人不必指定专人掌握备用金的使用

3.进出中国港口的外籍船舶及挂外旗的中国船舶,应根据我国当局有关规定及其在中国境内作业需要,自行选择(　　)或90天吨照有效期,委托船舶代理人向海关申请办理吨税执照及纳税事宜。
　　A.30天　　　　B.50天　　　　C.60天　　　　D.1年

4.船舶港务费、船舶吨税费用收取是按照(　　)。
　　A.船舶总吨位　　B.船舶净吨位　　C.船舶载重吨　　D.其他

5.目前我国船舶代理费率执行的标准是(　　)。
　　A.1994年交通部颁布的《航行国际航线船舶代理费收项目和标准》

B.中国船舶代理协会2004年公布的《航行国际航线船舶代理费收项目和建议价格》

C.参照中国船舶代理协会公布的《航行国际航线船舶代理费收项目和建议价格》,双方协商定价

D.以上都对

6.船舶代理应要求委托方在(　　)提供港口使费备用金。

　A.船舶抵港前　　　B.船舶抵港后　　　C.船舶开航前　　　D.船舶开航后

7.下列费用中不属于船舶费用的是(　　)。

　A.船舶检验费　　　B.船舶港务费　　　C.海事签证费　　　D.理货费

8.根据我国船舶代理协会《航行国际航线船舶代理费收项目和建议价格》,代算、代收运费按运费总额的(　　)计收此项费收。

　A.0.6%　　　　　B.0.65%　　　　　C.0.7%　　　　　D.0.75%

9.根据我国船舶代理协会《航行国际航线船舶代理费收项目和建议价格》,船舶净吨代理费包括(　　)。

　A.办理船舶进出港口的联检

　B.洽办船舶维修、检验、熏舱、洗舱、扫舱

　C.联系安排船用燃料、淡水、伙食、物料等的供应

　D.代缴船舶吨税

10.根据我国船舶代理协会《航行国际航线船舶代理费收项目和建议价格》,货物代理费包括(　　)。

　A.办理进出口货物的申请手续

　B.缮制单证

　C.代办货物查询、理赔、短装短溢、溢装溢卸的代理

　D.代缴船舶吨税

三、简答题

1.备用金的含义和估算项目有哪些?

2.使用备用金应注意哪些问题?

3.请分析海运单与提单之间的区别。

实务操作

根据第三章实务操作提供的资料,完成备用金的估算。

第六章　船舶在港期间相关业务

> **学习目标及要求**
>
> **知识要求**
> - 了解船舶进出口相关单证及手续办理。
> - 熟悉装卸准备就通知书的递接。
> - 熟悉装卸时间事实记录的缮制须知。
> - 掌握船舶滞期/速遣费的计算内容。
> - 掌握船舶在港的其他业务。
>
> **技能要求**
> - 能准确向各口岸检查机关递交各种单证。
> - 能正确缮制装卸时间事实记录和计算滞期/速遣费。

第一节　船舶进出口手续办理

在计划调度办理好船舶进口申报的基础上,外勤还必须及时为自己所报船舶办理进出口岸补充申报、签证和查验等相关手续。对进口船,除卫生检疫由检疫官直接上船办理以外,外勤要分别到港监、边检和海关办理进口查验手续。目前各查验部门进出口申报需要提供和查验的报表和文件如表6-1所示。

各查验部门进出口申报需要提供和查验的报表和文件　　　表6-1

文件名称	海关		边防		海事局		检疫	
	进口	出口	进口	出口	进口	出口	进口	出口
总申报单	1	1	1	1	1	1		1
货物申报单	1	1			1	1		1
船员物品申报单	1	1						
船用物品申报单	1						1	1
船员名单	1	(1)*	2	2	1	(1)*	1	(1)*
上港结关单						1		
船舶概况报告单						1		
上一港口国监督检查报告						1		
安全管理体系符合证明复印件						1		
船舶安全管理证书复印件						1		

续上表

文件名称	海关		边防		海事局		检疫	
	进口	出口	进口	出口	进口	出口	进口	出口
航海健康申报单							1	1
船舶吨位证书	1							
货物舱单	1	1						

注:1. 如果船员名单在本港未发生变化,则不必提交。
 2. PSC=Port State Control,港口国管理(安全检查)。
 3. DOC=Document of Compliance,符合证书(对船舶)。
 4. SMC=Safety Management Certificate,安全管理证书(对船公司)。

除以上报表文件以外,边检需要查验海员证和护照,也可能上船进行查验或靠岸进行检查(查验有无偷渡者),港监需要查验相关船舶证书和进行港口国安全检查,卫检需要查验船员健康状况或检测船员体温,各地情况不同,需按照当地查验部门要求来办理。载有旅客的船要另外提供进出口旅客名单和旅客携带的需要申报的个人物品清单。

在查验部门已经实行电子申报的港口,外勤在将计划调度没有填报齐全的电子申报项目填报齐全后方可进行书面申报,查验部门往往要求电子申报数据必须与书面申报材料和文件完全一致。一旦出现差异,修改申报内容将十分复杂和困难,还常常招致罚款。对出口船舶,海关要求必须申报实装货物数量,而散装货的实际装船数量常常需要等候商检计算,如不能取得海关通融,无法在确定数量前提前办理出口申报核准手续,确定数量后再办手续,要多耽误时间,还可能会错过高潮时间或码头出港限制时间,从而进一步耽误船期。因此需要外勤努力协调,防止出现这类情况。代理在日常业务操作过程中,如发现货主有违法行为,必须及时举报揭发,千万不能为蝇头小利而配合他们做违法的事情。

第二节　船舶代理外勤业务

一、装卸准备就绪通知书的递接

通知书(Notice of Readiness)是承运人向被承运货物的相关利益方或协议对方证明自己已经按照相关协议履行了规定义务的一份书面文件记录,常常涉及滞期速遣、租船合同、买卖合同和其他协议的执行和费用计算,会牵涉到船、租、港、货等各方面的经济利益。即使没有这类协议的约束,船方为保护自己,也常常会向代理递交通知书。原则上讲,通知书应该是船方通过代理向协议对方递交,由协议对方签署确认后通过代理交回船方。例如,船方通过代理与港方签订了船舶滞期速遣协议,船方向港方递交通知书,代理经港方授权后代表港方接受并签署通知书。在国内实践中,这种情况已经越来越少。船方递交通知书后,代理往往无法向货方或租方转交(找不到接受方或对方不肯签署接受),因此只好由代理签署。在这种情况下,签署不是接受,只是证明船方试图递交过。代理在这种情况下只能代表委托方签字作一个证明,如"N/R to be accepted as per relevant C/P or agreement. As ship's agent ＿＿＿＿。"或

"As agent for ＿＿＿＿."目前,在大多数情况下,由代理签署的通知书即使没有得到协议对方的授权,协议对方往往也给予认可。还有部分情况是通知书完全没有用,船方只是为有备无患才向代理递交的。

如协议对方(港方、租方或货主)书面委托代理根据相关协议(必须向代理提供相关协议副本或相关条款摘要)接受并签署通知书,代理则应根据协议对方提供的协议或条款摘要规定的条件签署接受通知书。否则代理在代表船方或委托方签署证明通知书递交情况时,应该掌握以下基本原则:通知书只能在船舶抵达港内(公布的港界线内)后(一般是下锚后)递接;通知书一般情况下应该在船舶通过卫生检疫(包括电报检疫)后递接;通知书递接时,船舶必须处于适航和适装/适卸状态;通知书递交和接受时间应尽量保持一致,有受载期(LAYCAN)时间限定的应在受载期时间范围内递接,对协议有规定在办公时间内递接的,要在当地法定办公日和办公时间内递接。原则上讲,装货船舶应该在验舱通过后才可以递接,但由于验舱往往需要在船舶靠泊后进行,船舶在锚地等候时间怎么计算就会产生争议。通常的做法是通知书递接不考虑验舱是否已经通过,只在时间表上注明验舱时间和全部装货货舱验舱最后通过时间,在计算时将验舱开始至最后获得通过之间的时间扣除。

一般情况下,船方往往需要代理准备通知书格式供其使用。代理准备通知书格式时,要注意必须包括以下内容:递交对象、地点、日期、船名、抵达港口的名称日期、检疫通过时间和日期、船舶已经备妥装运/卸下的货物名称及数量、通知书递交的时间和日期、通知书接受的时间和日期、船长签字和接受方名称及签字。通知书应该一式多份(5 至 7 份),一般要交船方和委托方各 2 份,代理必须留 1 份,其余的交协议对方(如有)。

二、装卸时间事实记录的编制

凡船方递交通知书的船舶或委托方有要求的船舶都必须编制船舶装卸作业时间事实记录(简称时间表)。编制时间表有以下注意要点:记录必须实事求是、详细和正确;日期时间必须连贯,不能出现空当;天气影响的时间记录要有一定依据;使用文字应当精练、清楚、确切和尽量争取统一;提前经常与船方及有关方记录进行核对;船方加批影响到责任和时间表本身内容所记载的事实时不能接受加批;签署时要明确身份(As Agent)等。详细做法参照公司规定的相关工作程序和要求。

时间表一般需要编制一式 5 至 7 份,船方和委托方各需要 2 份,代理至少留 1 份,余下给协议对方(如有)。下表为装卸时间事实记录范文。具体缮制要求参考详见附录四。

装卸时间事实记录
LAYTIME STATENMNT OF FACTS

Dalian,23rd June,2006

M/V SUPER STAR Loading/Discharging 52520 Metric Tons of Maize in Bulk

MON/DATE	DAY	FROM	TO	DESCRIPTIONS
6/16	Fri.		0825	Vessel arrived at the port of Dalian and anchored at the pilot anchorage.
		0825	0930	Waiting for Quarantine Inspection.

续上表

MON/DATE	DAY	FROM	TO	DESCRIPTIONS
6/16	Fri.	0930	1000	Quarantine Inspection carried out and free pratique was granted. Notice of Readiness was tendered and accepted.
			1000	Waiting for berth.
		1000	2400	There was a shower from 1030 to 1125 hours. Inspection of cargo holds conducted from 1300 to 1400 hours. All cargo holds were passed by cargo surveyors.
6/17	Sat.	0000	2400	Waiting for berth.
6/18	Sun.	0000	2400	Waiting for berth. 0920~1620, raining.
6/19	Mon.	0000	1630	Waiting for berth.
		1630	1730	Pilot on board and prepare engine for berthing.
		1730	1830	Heaved up anchor and proceeding to the loading berth.
		1830	1920	Berthing alongside the No.4 berth of Beiliang Terminal.
		1920	2200	Preparation for loading.
		2200	2400	Loading commenced and then continued.
6/20	Tue.	0000	2400	Loading continued.
6/21	Wed.	0000	1000	Loading continued.
		1000	1500	Loading suspended due to loading machine trouble (shore belt conveyor broken down).
		1500	2400	Loading resumed and then continued.
6/22	Thu.	0000	2400	Loading continued.
6/23	Fri.	0000	1015	Loading continued and completed.
		1015	1130	Reading draft to determine loading. Quantity by cargo surveyors.

REMARKS:

1. Ship's G.R.T. 43260.

2. There are 6 hatches on board this ship.

3. Hatches worked in this port are No.1,2,3,4,5 and 6 only.

4. Other remarks: Fumigation was carried out on board the ship by placing medicine into cargo holds.

Master:_____   As Agent:_____

三、其他业务

1.船员医疗、遣返工作

船员调动(更换船员的上、下船手续和遣返)、船员日常就医和紧急伤病船员的抢救是外勤工作范围内的一部分。对规模较大的代理公司,往往设立一个专职部门来经办此项业务。在日本,船员遣返工作只能由移民局指定的船员服务公司 Japan Crew Service Company 独家经营。

从事这项工作的外勤或专职人员必须具备相应专业知识和外语能力,一般需要经过一定程度的培训。作为称职的代理,应预先考察并选择好当地几家合格的医院和旅馆(合格的分承包方)来为船员服务,防止出现经办人员临时选择医院和旅馆造成服务质量达不到委托方要求的情况。

船员调动往往会涉及船员的上船和下船、进境和出境,因此必须充分掌握有关的法规。要注意落实或办理入境外籍船员的签证手续,需要事先办理入境签证的,应按照总公司规定的程序报请总公司,由总公司向国外发出邀请函,来华船员本人凭邀请函到当地中国使领馆办理签证,对可以办理落地签证的,要事前与当地公安局外事部门沟通落实并通知对方办理落地签证的地点和办法。出境外籍船员要注意办理必要的离船及过境签证手续。船员上下船前要办理好边防查验手续和海关申报手续。当上船船员数少于下船船员数时,要注意符合船舶安全定员标准。船员变动后,在办理船舶出港手续时必须向口岸查验部门提交新的船员名单。中国籍船员更换后,要提醒相关船员到边防办理海员证出入境签章手续。

提出船员更换申请的一般是船长或船东,或者是船员配置管理公司,不一定是委托方。因此,接到船员更换申请时必须估算费用并落实由谁来支付,如得到委托方通过港口使费备用金结算的确认,则需及时与港口使费主管人员联系,以便及时增加及索要使费备用金;如委托方不予确认,则要及时向相关公司索要备用金,必要时可让船长以现金支付方式结算。如时间来不及,需要公司大额垫付费用(主要是机票和旅馆费)时,必须请示公司主管领导,得到批准后方可办理,防止出现呆账或坏账。

安排船员日常就医和紧急抢救伤病员是代理的一项重要义务,特别是抢救伤病员,必须争分夺秒地开展抢救工作。需要注意的是:船员发病后有传染病体征或船员死亡,应立即报告当地卫生检疫机构;安排船员就医或抢救时要取得船方书面签字的申请(当时来不及办的要尽快补办);船员需要做大手术,医院要求家属签字的,要尽快联系船东,取得家属或船东授权;发生外籍船员死亡事故要及时向总公司和当地公安部门汇报,一般必须接受强制的死亡原因法医鉴定;尸体处理方式或运送方式必须取得家属(或船东)书面同意,还要得到卫生检疫机构的批准;一些国籍的船员死亡还需要与该国驻华使领馆联系;死亡船员的处理还必须注意尊重与该船员国籍、民族相关的风俗习惯。

出现预料之外的船员医疗费用或死亡船员处理费用时,应及时估算费用并通报公司主管领导和船舶港口使费主管人员,及时向有关方索要或追加索要港口使费备用金,但原则上不应该影响对船员的救治工作。对欧美等发达国家国籍的船员,船东往往为船员在大型的国际性保险公司投了高额人身伤亡险,常常可以通过国际救援中心来处理,一旦国际救援中心接受委托,抢救安排和费用结算往往都可以由其直接安排处置。

2. 大副收据、提单和其他单证的现场处理(包括随船带证)

货物装船后,由大副签署大副收据后转发货人,发货人凭以找船长或代理公司换取正本提单。大副收据签署流程有以下两种情况:发货人在将货物送交港方时,将大副收据一起交给港方(一般是港方仓库理货接收),港方在装船时将大副收据交给外轮理货,外理在货物装船后让大副签收货物,再将大副签字过的大副收据交还仓库理货,仓库理货退还发货人,发货人凭以到代理公司换取正本提单,如由船长签发提单,货主则将大副收据交代理,外勤在开船前让船长签发提单(大副收据不交给船长);散装货物(包括油轮)不需要理货,一般由货主直接派人上船或通过代理找大副签署,签署后送交代理(也有的让外勤带回公司)换取正本提单,如由船长签发提单,则由外勤在开船前让船长签发正本提单(大副收据不交给船长)。

大副在货物装船时会对货物外表状况和实际装船数量进行检查和核对,一旦大副认为已装船的货物有品质或数量问题(或者担心有问题),往往会在大副收据上加批注。一旦加了批注,原则上正本提单也应加上同样内容的批注,而加了批注的提单就可能成为不清洁提单,从而将影响货主结汇。因此,货主一般不会同意大副加批,避免产生争议。外勤在代货主让大副签署大副收据时一定要十分小心,事前落实大副是否准备加批和加批的内容,及时通知货主,得到货主确认后方可让大副签署和加批。

外勤在协调处理加批争议时,应站在公正立场上做好对双方的说服工作。对货物品质数量确有比较严重问题的,应建议货主换货,对承运人在提单条款中已经明确免责的批注,应劝说大副不予加批(强调条款和批注内容重复,没有实际意义)。对非加不可的,则应协调批注内容,尽量采用双方都能接受的语句,与船长联系加批后凭保函签发清洁正本提单的安排或及时通过计划调度与委托方报告沟通,做出签发清洁正本提单的相应安排。要尽量把工作做在前面,防止完货后出现争议而影响船舶开航的情况出现。为防止风险,作为代理,原则上任何已加批的大副收据需要换取清洁正本提单(船长签发提单的除外),都需要得到承运人(委托方)对保函方式和内容的确认,防止发生因侵权行为成为被告的情况出现。对保函格式和内容审查,必须严格执行公司的规定,要认真审查担保人的地位、资格和资信,格式必须规范,用词要得当,必须加盖相应的公司正式公章,必须是正本原件。大副收据和正本提单的复印件以及相关的保函必须妥善保管,以备日后查询。船长签发提单时,应由外勤统一交船长签发并将签署好的正本提单全部带回代理公司,由计划调度或相应签单部门交给发货人,防止出现他人(货主)直接从外勤或船长那里取走正本提单的情况出现。

船长签发正本提单时(尤其是使用外代无抬头格式提单的),应让船长用钢笔签字并加盖正式船章。

如发货人需要委托船长随船带交文件的(随船带证),应提前做好准备工作,在送交船长前,核对文件名称和数量并索要带交文件清单和带交对象名称地址(包括联系方式),交给船长时应让船长当面核对并签署收据。

3. 各种检验

外勤应根据船舶装卸货物的种类,及时提醒船长安排各类检验。检验包括:货舱适装检验(验舱)、货舱货物卸尽检验(油轮干舱检验)、船舶水尺公估(计量)、货舱密封性能检验(水密检验)、货损检验(验残)、货物品质检验、船损检验、船舶适航检验、船用设备检验(包括临时和定期)、货物重量检验和尺码丈量等。船方负担费用的检验应取得船方书面申请,检验证书要及时送交船方或委托方。

4. 压舱水数量要求及其排放

对空驶来港的船舶,港监和引水为保证船舶具备安全操作性能,一般都要求这类船舶至少保有船舶载重吨位四分之一数量的压舱水。而国际公约和港规对压舱水排放都有明确规定,排放前必须向卫检和港监申请,批准后才能排放。对有专用分隔压载水舱的船舶,压舱水一般来说是干净的,只要压舱水不是来自疫区,往往在送交样品检验后可以获准直接排海。对未获批准的,有的可能采取消毒处理后直接排海,有的则需要排放到岸上污水处理设备中去。这两种处理方式都会产生费用,应取得船方排放压舱水的书面申请并及时通报给财务主管港口使费备用金的人员,以便及时索要相关费用。

5.船舶熏蒸和货物在船熏蒸

一些老旧船舶因卫生状况太差,鼠虫害严重,卫生检疫机构可能下令对船舶进行熏蒸或除鼠除虫作业。对船舶进行熏蒸往往会产生较高数额的费用,其中包括专业熏蒸队的人工费和药费,船员离船上岸的住宿和伙食费,船员离船、换班和返船的交通(拖轮)费用,安全值班用的监护拖轮费用等。因此必须尽快与委托方或船东联系落实使费备用金。为保护委托方利益,对可熏可不熏的,应尽量争取采取除鼠除虫作业来代替熏蒸。船舶在锚地熏蒸时,为确保港口和船舶安全,港监一般会要求留一定数量的船员在船值班监护,要配合熏蒸队向留守值班的船员进行安全措施的培训和说明,防止出现人员中毒事故。熏蒸结束后,要进行必要时间的散毒,外勤陪同船员返船时必须注意个人防护,防止出现安全问题。熏蒸结束后应及时将熏蒸证书交给船方并寄送给委托方。

船舶载运进出口粮食、木材等货物时,有时需要在船舶靠泊前或离港前,在船对货物进行熏蒸。这类熏蒸一般由货主安排并支付相关费用。这种情况下,往往需要得到船方的同意和配合,外勤应积极配合货主做好船方工作,包括思想工作和各种解释说明工作,必要时还需要由货主给船员一定的经济补偿。

6.船舶吨税的申请

船舶吨税是海关代交通运输部对进出中国港口的国际航行船舶征收的一种税,税款主要用于港口建设维护和海上干线公用航标的建设维护。征税对象、费率和办法参见《中华人民共和国船舶吨税暂行条例》。作为外勤,在第一次登船服务时,必须确认船方是否持有有效的吨税执照。如无,则让船方立即填写书面吨税申请书(确定所申办的吨税证书期限,是90天期或30天期),要在单船作业记录本上做好记录并在开船提醒事项栏内做相应提醒标记,申请应及时送交海关并取回缴税通知单转公司主管港口使费控制的人员,海关出具吨税证后要及时取回并在开船前送交船方。如船方持有有效吨税执照,则应在单船作业记录本上记录其有效期限,到期时船仍然在港作业,应及时提醒船方申请办理新的吨税执照。

船方持有我国台湾当局签发的有效期内吨税执照的,海关将予以认可,但一般不得在吨税执照上出现妨碍统一的政治性词语。租船的吨税一般由租家出钱交纳,租期结束时吨税执照仍然有效的,一般租家都要求代理替其收回。有时,船东或下一租家需要利用原有的有效吨税执照,双方往往会达成协议,以半价将有效吨税予以转让,外勤应给予配合。

7.船舶加油、加水和伙食物料供应安排

船舶需要加油、加水的,应该尽量提前安排。凡船东或委托方通过与供油商达成协议安排的加油(协议户加油),外勤要负责联系落实加油数量、地点、时间。通过代理付款的加油,因加油款往往金额很大,必须在款项落实后才能给予安排。

随着国民环保意识的加强和国家对环保工作的日益重视,港监对船舶加油的监管力度不断加强。因此,外勤需要注意提醒船方,船舶加油前必须向港监主管部门提交加油申请,加油前船方必须采取规定的防止跑冒滴漏油的措施,一旦发生溢漏油事故,要立即向港务监督报告并采取适当措施以防止或减轻对海域的环境污染。

外勤联系供油或伙食物料供应商时,必须联系公司确定的分包方,严禁私自联系没有合法经营权的个体户或私人关系户。需要通过公司结算的各项供应工作,必须事前与财务负责港口使费结算的人员联系,确认备用金到位情况和可使用供应费用的额度。

8.船方邮件和船用备件的转运和交付

尽管船方邮件已经越来越少,但外勤仍应给予高度重视。第一次上船和以后每天上船前都必须检查是否有船方邮件需要送船。船方如需要向外寄送邮件,应填写邮寄委托书,注明邮寄方式(快递、挂号或平信)。回公司后应及时办理并做好记录,便于日后查询。

国外向船方空运船用备件时,为防止不必要的延误,应提醒发送方需要注意的地方。备件交船时,要由船方书面签收并将送交情况及时通报给发送方。举例说明需要提请备件发送方注意的要点如下:

Key Points on Forwarding of Ship's Spare Parts to XXXXX

Dear Sirs,

If you need to send ship's spare parts to your vessel at XXXXX care of this company, you are kindly requested to note following key points to avoid any delay on the delivery of them:

1. Please make sure that the receiver's name and address should be fully and correctly written as "To: Master of M. V. XXX C/O China XXXXX Ocean Shipping Agency, Room 1111, 11th Floor, XXXX Building, No. X XXXXX Street, XXXXX, China 111111. Tel. 0086-111-111111, 111111 ext. 111, Mobile Phone 111111111, Fax. 111111." Please never omit Master of M. V. "XXX", otherwise, such spare parts will be treated as import cargo and it may fail to pass through custom declaration or to pay extra custom duty.

2. The destination should be XXXXX. Please never arrange any spare parts to other Chinese city such as XXXXX or XXXXX. Because of that we have no way to pick up spare parts in other Chinese city as per custom regulation.

3. If you failed to arrange your spare parts by direct flight or sea freight to XXXXX, please try your best to avoid in transit in a Chinese domestic airport. Spare parts in transit at Korea/Japan/Hongkong where have direct flight service to XXXXX, will be quicker than in transit at XXXXX. It is very often that the spare parts were seriously delayed at XXXXX and tracing is also very difficult.

4. When you send any spare parts to your vessel c/o us, please fax us immediately the air waybill or sea B/L, packing list, commercial invoice, non-wood packing materials declaration and the originals must be sent to us together with your spare parts. If they were packed by wooden material, the declaration of non-conifer wood packing material or official fumigation certificate must be available for plant quarantine.

5. Normally, after spare parts arriving XXXXX, we need two working days to finish all formalities (plant quarantine, custom declaration and delivery formality of the air port, etc.) before we send them to the vessel. The local officials are not working in Saturday, Sunday and Holidays. Please reserve sufficient time to allow us to finish relevant formalities.

6. If there is any dangerous cargo or heavy/over gauge cargo (over 80kg/piece, over 1 cubic meter/piece), please let us know before hand. There are few local connecting flight services can carry said cargo, it means they need longer transit time.

9. 船方借支

船方借支(Cash Advance To Master)是船舶抵港后,船员向船长申领部分薪金,船长通过代理借支一些当地货币,以供登陆后消费使用的款项。开船前船员将剩余的当地货币退还船长,船长再退还代理,差额部分就是船长借支数额,代理通过船舶港口使费账单与船东结算,船东再从各船员工资中将实际借支款扣除。

有时候船东通过汇款给代理转交船长向船员发放工资或在船员离船前结算工资,往往也按照船方借支方式处理。这类借支往往是外币借支。

目前外汇交易相对便利,因此,以当地货币支付的船长借支情况相比以前减少了很多。

各地外汇管理部门对以外币方式的船长借支控制得越来越严,一般需要代理在从银行提取外币现金前向外汇管理机构提供船东关于支付船长借支的书面指示和国外银行的汇款证明,还要有当地银行的外汇入账记录。因此需要提前落实船长借支的数量并让委托方提前安排汇款,外勤也要及时向财务了解情况并催促准备借支款,否则会发生船到后无法从银行提现,船开前不能将船方借支送交到船长手里的情况。

外勤在送交船方借支给船长时,应该准备一式四份的借据让船长签收。借据应该打上船名、日期、借款数额和货币种类,借款数额必须分别打上大、小写。用英文表示的大写数额要注意核对,不要写错。签收时应该让船长签字并加盖船章。签收后的借据给船长2份,交本公司财务1份以便据此与船东结算,另外一份借据要留在单船档案中备查。要注意及时将借据交回财务以核销自己从财务提款时所签的借条。

提取和送交大额船方借支时必须注意安全,一是要注意保密,二是提款和送款时要用车并有另外一人随行保护。

以当地货币支付的船长借支使用余额一般会在开船前退还代理,因此凡有船长借支的船舶,外勤应在单船记录上做好记录并在开船应办事项提醒栏内做提醒标记,在办理船舶出口手续时不忘办理退款手续。退款单一式四联(以前是五联,其中一联要报海关),外勤清点完退款数额后要仔细核对退款单上所列大小写退款数额,核对无误后外勤在退款单上签字,将签字后的2份退款单交给船方,剩下2份中的一份随退款一起交给公司财务(交款应由财务签收),另一份留在单船档案中备查。

外勤还应将送交船方借支和收回退款的日期、数额等情况在单船作业记录本上做好详细记录。

10. 需提请船方注意的其他事项

经营于国际航线上的中国籍船舶,如要承运国内运输业务必须有兼营证,要向海关申请并办理有关手续后方可临时脱离国际航线。船舶因修理等需临时驶往非海关监管区,应事前向海关、边防申请并办理有关手续。

代理还应提醒船方:杂货船承运散装货需要有适装证书;拖带作业必须要有拖带证书;装运危险品需要事前向港监申报;船舶在船动火、烧焊、放救生艇、加油、拆卸主机等作业前,应向港监申请,获准后才可以进行相关作业;非客运船舶临时搭客,必须向港务监督和边防提出申请,港监将根据船舶额定安全载员数核实该船符合载客条件后决定是否批准;从国外来的进口船舶,应在检疫通过和办理完边检、海关进口申报手续后方可允许人员上下船(包括装卸工人)和进行装卸作业;装运需要法定验舱的出口货物(如粮食等)的船舶,必须在验舱通过后才可以开始装货;外籍船员必须凭登陆证(Landing Permit)离船上岸并按规定时间返船,需要在岸上留宿的必须事前办妥留宿手续;船员家属上外籍船舶必须到边检办理登轮证,在船留宿的另要办理在船留宿证;中国籍船员离船或上船必须到相应边检和海关办理出入境签证手续和海关申报手续;外籍船舶要在港内挂满旗或鸣笛来庆祝本国节庆,事前需向港监申请。还有一些其他需要提醒船方注意的地方,在此不一一列举。

11. 出现货损、船具损坏、工伤等情况时的现场协调处理

船舶在装卸作业过程中,有时会出现事故,对船舶本身或所载货物造成损害,甚至对人员造成伤害。发生事故后船方往往需要外勤到现场进行协调处理。造成这类事故的原因可以分为船方人员疏忽、船方设备或装卸索具有缺陷或有潜在缺陷、岸上工人疏忽或操作不当、码头设备有缺陷或有潜在缺陷、货物本身缺陷或货主申报不实、人力不可抗拒的自然原因等。

外勤在协调处理上述情况时,应配合公司专职海事处理的人员或独立开展相关工作,详细了解事实经过并争取取得双方对事实经过描述的书面材料,协助双方取证,尽快报告上级领导并通知委托方,建议船方尽快安排损坏检验并采取适当措施防止损害的扩大,根据委托方或船方的申请通知相关的保险人或其代表机构。协调处理事故时应站在公正的立场上,尽量了解掌握第一手材料,认真听取双方陈述,开始阶段不要轻易表态,努力说服双方不要采取情绪化的现场争论,建议双方以收集证据为主要工作方向,将判定责任的工作留给专业人士去做。如有人员伤亡,应首先安排抢救伤员,发生死亡事故的要及时报告上级领导和相关单位(公安局和卫检)。船舶受损影响适航性的,要及时报告港监并安排修理,修理后要安排船检进行修复检验。

12. 期租船的交/还船和停/复租

委托方要求办理期租船交/还船手续时,应有书面委托并要求委托方提供相关租约或相关条款,至少要明确交/还船地点、日期(期限,包括消约期)、对货舱状况的要求、存油存水量规定、是否需要进行船况检验等。弄清情况和明确关系后,应认真妥善安排各项工作,按总公司规定格式准备交/还船证书,提前或在实际交/还船时代表委托方签署交/还船证书。续租时,因存油水量不变,一般可以将还船证书与交船证书合并做成一份。对DOP(Drop Outward Pilot)条件交/还船的,可以将交/还船时间和存油水量空置先签,与船方约定待出口引水离船后,由船方发报通告引水离船时间(即交/还船时间)和当时存油水量(根据存油水检验当时数量和时间及确定的日耗量折算),外勤核对无误后再将双方已签署的交/还船证明空缺项补填齐全。

因船方原因造成不能履行租约规定的船东义务时(影响装卸作业或船舶营运),租方一般会要求代理协助办理停租证明。遇到此类情况时代理必须向委托方及时如实报告(特别当委托方是租方时)。停租证明应使用公司规定格式,与船方协商停租起始时间,安排检验以确定停租时船舶存油水数量,准备好停租证明书后让船方签署,外勤则代表租方(委托方)签署。船舶恢复适装适卸和适航状态,船方或船东要求办理复租手续时,应在取得委托方(租方)书面指示后,使用公司规定格式准备复租证明,采用与停租相同的程序,由船方和外勤签署复租证明。短时间停租的,也可将停/复租证明合并。

交/还船证明和停/复租证明应尽快寄送给委托方,外勤应保留一套副本在船舶单船档案内。

13.买卖船的交接

买卖船一般分营运船买卖和废钢拆船买卖两种情况。代理接到卖方委托后,应要求委托方提供买卖合同或买卖/交接的主要条款、买家名称地址,掌握交船后船员遣返的人数和遣返目的地等情况,及时与买方取得联系,争取与买方建立第二委托方代理关系。

买卖船交接工作中需要注意的问题有:要了解买卖是否符合国家相关法律法规,落实买方是否已取得进口许可(包括拆船许可),船款支付方式和支付期限,落实进口船舶查验安排(一般由买方申请),落实港口使费备用金。买卖船舶交接前,买方要对船舶状况进行查验,船员离船时还要安排海关、边防、卫检等机构对船舶进行检查,卖方则需要等船款收到后才能向买方交船,而船方一旦接到交船令,就需要立即安排船员离船遣返,各项工作环环相扣,后项工作既不能早也不能晚。因此,代理与买卖双方的沟通是买卖船交接工作中一项十分重要的工作,沟通不畅或了解信息不全、不及时很可能会造成严重后果,甚至引起法律纠纷而把代理拖入官司中。

在买卖双方基本确定交/接日期、地点后,外勤应按照公司规定格式准备船舶交/接证书,安排好船员遣返工作,在约定的地点由买卖双方代表签署船舶交/接证书。在船签署交/接证书的一般还需要安排升、降旗仪式,需提前做好安排。外勤应留一份交/接证书副本存放在单船档案中。

14.过老铁山水道和琼州海峡报告

外籍船舶通过老铁山水道和琼州海峡必须向有关部门报告。

船舶在通过老铁山水道8小时前,应向大连港务监督报告。报告内容包括船名、呼号、国籍、出发港、目的港、时船体和烟囱颜色,以及预计通过老铁山灯塔与北城隍岛灯桩之间连线的准确时间等。以老铁山灯塔为基点十海里为半径和以北城隍岛灯桩为基点七海里为半径的区域内禁止通行。

船舶通过琼州海峡(包括过境通过)应通过海口外代向琼州海峡管理处申请,获批准后方可通过。具体要求是:进入管理区48小时前,需将船名、国籍、总吨、航速、船身颜色、烟囱标志及何日何时由何地开往何处等情况报告海峡管理处,获批准后,应在进入管理区24小时前确报进入管理区的时间。通过必须在白天进行,只准走中水道,不得使用雷达(必须使用时需要申报),军用船舶禁止通过。

有些船公司会让船长对每一挂港的代理做一个评估报告,评估结果直接报给公司负责指定代理的负责人,代理(特别是外勤)应该了解船方会从哪些方面来评估代理的工作。

思考与练习

一、判断题

1.除非事先得到批准,除引航员和检查人员外,船舶办完进口手续后方能装卸货物、上下人员。( )

2.在办理船舶的海关入境手续时,若该船在该口岸没有货物卸下时,不需要提供舱单。
( )

3.如果船舶来自于疫区,则入境时悬挂 QQ 旗,申请泊位检疫。 ( )

4.已办妥边检的预检手续船舶,靠泊后,船舶可以开始装卸作业,作业人员可以上船,但船员不得离开口岸限定区域。（   ）

5.船舶办理完边检手续24小时内未出境,需要重新办理手续,否则按非法入境处理。（   ）

6.《中华人民共和国出境入境边防检查条例》规定,交通运输工具在入境后到入境检查前、出境检查后到出境前,未经边防检查站许可,上下人员、装卸物品的,可对其负责人处以1000元以上3000元以下的罚款。（   ）

7.外籍商船停泊我国港口并遇上我国国庆等重大节日,港口当局要求船舶挂满旗共庆时,外轮应自行按有关通知要求行"挂满旗礼",其礼仪是将船上所有的信号旗按照方旗与尖旗间插的方式从船头到船尾悬挂起来,以示同庆。（   ）

8.停靠码头的船舶前后缆绳上必须放置挡鼠板的规定是中国检疫机关独特的规定。（   ）

9.船舶进港挂旗时,一般在主桅上挂船籍国国旗,船尾挂港口国国旗。（   ）

10.船舶在港内需要直接排放压舱水、洗舱水、舱底水入海,必须向当地海事局申请,获批准后才可以排放。船舶如来自疫区,还应先经过当地检验检疫局的处理和批准,对可能含有危害、有害或其他污染物质的,则需要先经过指定检验机构取样化验检查,确定合格的才可获准直接排放入海。（   ）

11.某外轮从中国北方一港口开航,手续按开往国外港口(公海)办理。开航后接船公司指示开中国南方港口装货,船到装货港靠泊后船长问外勤可否立即上下人员,外勤同意。（   ）

12.装卸准备就绪通知书、装卸实时记录、速遣费/滞期费计算单等单证主要用在非班轮货物运输中。（   ）

13.光船租购是光租中的一种,当租期结束时,船舶的所有权由船东转移给承租人。（   ）

14.NOR 的递交意味着装卸时间可以立即开始起算。（   ）

15.航次租船合同中通常对船舶完成一个航次或几个航次所需的时间做出规定,超出规定时间,承租人应支付滞期费。（   ）

16.交船时的船舶油水、表面状况等的检验费用由船舶出租人承担。（   ）

17.航次期租的特点、费用和风险的划分基本上与航次租船方式相同。（   ）

18.在 CQD 条款下,不存在滞期费和速遣费。（   ）

19.在期租中,对于承租人的提前换船,出租人可以拒绝接受该船。（   ）

20.当还船时,船舶未保持良好状况的,出租人可以待船舶修复完毕后接受船舶。（   ）

21.还船时,承租人一般只负责油水的测量,所以,船舶的检验费由承租人承担。（   ）

22.停租期间所产生的一切费用由出租人承担。（   ）

23.国际二手船买卖的标准合同范本为挪威格式。（   ）

24.依据《海员遣返公约》,海员在船上持续工作时间最长不超过12个月。（   ）

25.船舶需要添加燃油时,需要代理事先向海事局申报。（   ）

26.外国籍船舶在中国港口若进行拆修锅炉、主机、锚机、舵机、电台,救生演习,甲板上明火作业,悬挂彩灯等时,必须事先向海事局申报,批准后方可实施。（   ）

27.在同一港口进行卸货和装货的船舶,可以在卸货前递交一份 NOR 即可。（   ）

二、选择题

1.外籍船舶在中国港口未按规定悬挂中国国旗,应由( )部门来处理。
　A.边检　　　　　　　B.海事局　　　　　　C.外代　　　　　　　D.海关

2.入境船舶夜间为申请检疫并表示本船没有染疫,应在明显处垂直悬挂3盏( )。
　A.红灯　　　　　　　　　　　　　　　　B.黄灯
　C.红白红灯　　　　　　　　　　　　　　D.红红白灯

3.船舶卫生证书的有效期为( )。
　A.3个月　　　　　　　　　　　　　　　B.6个月
　C.12个月　　　　　　　　　　　　　　 D.24个月

4.需要向边检特别申报的是( )。
　A.载有危险货物的船舶
　B.来自与我国无外交关系国家港口的船舶
　C.携带有枪支武器弹药的船舶
　D.普通货船

5.根据我国船舶安全检查规定的规定,当船舶存在危及水上交通安全的缺陷时,执行检查的港监经批准后有权( )。
　A.令其离港　　　　　　　　　　　　　　B.令其加强安全措施
　C.禁止其进港　　　　　　　　　　　　　D.禁止其离港

6.负责签发海员证的机构是( )。
　A.边检　　　　　　　B.海事局　　　　　　C.海关　　　　　　　D.卫检

7.租船人与出租人达成协议,约定出租人在指定的时间段内派船在某一指定港口承运约定的货载,运至约定的港口卸货,货物卸毕后由租船人将船还给出租人,双方按照约定的费率按实际使用天数结算租金。这种方式被称为( )。
　A.期租　　　　　　　　　　　　　　　　B.程租
　C.光租　　　　　　　　　　　　　　　　D.航次期租

8.在下列交船地点中,对船舶出租人最有利的是( )。
　A.在租方指定的港口泊位交船
　B.在租方指定的港口,引航员上船时交船(TIP)
　C.在租方指定的港口引航站交船(APS)
　D.船过某一位置时交船

9.期租船的特点主要有( )。
　A.船东负责配备船员,并负担其工资和伙食
　B.承租人有对包括船长在内的船员的指挥权
　C.承租人负责船舶调度和船舶的航次费用
　D.租金按船舶的夏季满载重吨计算,每吨若干元由双方商定

10.NOR的递交时间是( )。
　A.预备航次的开始　　　　　　　　　　　B.船舶抵达合同的装港
　C.船舶离开装港　　　　　　　　　　　　D.船舶抵达卸港

11.在( )的情况下可以停租。
　　A.船上人员不足　　　　　　　　　B.船舶入干坞
　　C.卸货期间主机发生故障　　　　　D.海上航行期间主机发生故障
12.装卸准备就绪通知书,只有在( )的条件下才能生效。
　　A.船舶已抵达指定的港口或指定的泊位
　　B.船舶已在各方面做好装货或卸货的准备
　　C.船长已经宣载
　　D.船舶开始装卸货物

三、翻译题

1. Ship's particular
   Crew List
   Crew's Effects Declaration
   Ship's Stores Declaration
   ballast water
   General Declaration
   Cargo Declaration
   Maritime Declaration of Health
   PSC
   POB
   ROB
   停租
   起租
   交船
   还船
   装卸准备就绪通知书
   不管是否进港
   不管是否靠泊
   装卸时间事实记录
   SHIEXUU
   检疫通过
   商检人员正式通知熏蒸
   由 A 泊位移泊到 B 泊位

2. Due to port congestion, please drop anchor to wait for entry permission within the area of the circle with geogaphic point the position of 38°53′0″N, 122°02′00″E, as its center and 3 miles as its radius.

3. Please inform the chief tallyman to reserve 200 tons of cargo for hatches No.1 and No.5 with a view to adjusting the ship's drafts prior to completion of loading.

四、简答题

1.从事国际航线航行的船舶进口申报时需向我国港务监督机构提交哪些单证?

2.进口船舶白天在桅杆上悬挂一面 Q 字旗是什么意思?悬挂两面 Q 字旗又是什么意思?

3.在港口国监督(PSC)检查时,船舶应注意哪些事项?

4.外勤到边防办理船舶进口手续,需向其提供哪些主要表格和证书?

5.首次挂靠本港的船舶进口申报手续时,可能需要提供的表格和证书有哪些?

6.外勤到海关办理船舶进口手续,需向其提供哪些主要证书和表格?

7.外勤到检验检疫局办理船舶进口手续,需向其提供哪些表格和证书?

8.一艘满载的大型油船,平吃水为 20.50 米,在高潮后 1 小时靠上码头准备卸货,接管前发生断缆,船飘离码头。采取紧急救助措施后,在拖船的协助下移至锚地抛锚,该事件产生了150 万元的直接损失。事后船长要求港方提供该码头的水文资料及最新测深报告。你认为船长的要求是否合理,为什么?

9.某船装载的出口货物中有裸装重大件,作为一名外勤业务员,你认为船运重大件应注意哪些问题?

10.船舶代理在船员服务方面需做哪些工作?

11.船舶挂靠港口时,通常需要供应的物资有哪些?

实务操作

根据第四章实务操作给出的资料,缮制装卸时间事实记录,并计算滞期/速遣费。

滞期/速遣费计算单

单位名称_____ 编号_____

Messr _____ 日期 Date _____

船名 装/卸货种及吨数

M.V._____ Loading/Discharging _____ metric tons of _____

	时间	日期	日期
	Time	Date	Day

递交装卸准备就绪通知书时间
Notice of Readiness Tendered:_____

接受装卸准备就绪通知书时间
Notice of Readiness Accepted:_____

装卸时间起算时间
Laytime Commenced to Count:_____

开始装卸时间
Loading/Discharging Commenced:_____

装/卸货完毕时间
Loading/Discharging Completed:_____

货物装/卸率
Rate of Loading/Discharging:_____

日期 Date	星期 Day of the Week	时间 Hours		说明 Description	可用时间 Laytime allowed (D H M)	实用时间 Laytime used (D H M)	节省/滞期时间 Time saved/lost (D H M)
		From	To				
合计 Total							

速遣/滞期费率
Rate of Despatch/Demurrage:

速遣/滞期费总金额
Total Amount of
Despatch/Demurrage:

For and on behalf of the Shippers
As Agents

第七章　船舶离港相关业务

学习目标及要求

知识要求
- 熟悉办理船舶离港相关手续。
- 掌握船舶离港时相关单证的缮制。
- 掌握离港电文的书写。
- 掌握船舶离港后的相关工作。
- 掌握航次总结报告内容。

技能要求
- 能缮制船舶离港时相关单证。
- 能缮制船舶离港电文。
- 能缮制航次总结报告。

第一节　船舶离港前准备工作

一、离港手续办理

1.船舶出境(港)一关三检的手续办理
1)船舶出境(港)到边防检查站应办理的手续
(1)检查手续办理时间
代理人员可在船舶离港前4小时内到边检大厅办理船舶出港手续。
(2)应递交单证
持总申报单、船员名单2份、船员登陆证、有效的护照证件到边检大厅办理出港手续。出港检查正常后领取出港检查情况通知单及边封。
2)船舶出境(港)到海关应办理的手续
(1)申报的时限
《国际航行船舶进出中华人民共和国口岸检查办法》第十二条规定:"船方或其代理人应当在船舶驶离口岸前4小时内(船舶在口岸停泊时间不足4小时的,在抵达口岸时),到检查机关办理必要的出口岸手续。有关检查机关应当在船舶出口岸手续联系单上签注;船方或其代理人持船舶出口岸手续联系单和港务监督机构要求的其他证件、资料,到港务监督机构申请领取出口岸许可证。"规定中明确了船舶办理出境(港)手续必须在船舶驶离口岸的4小时内,如果船舶在港停留时间不足4小时的,进出手续可同时办理。

（2）应递交单证

船舶办理出境（港）手续，应向海关递交如下单证：船舶出境（港）申报单一份，总申报单一份，货物申报单一份，出口载货清单（出口舱单）二份，船员名单一份（无船员变更则免交），旅客名单一份（无旅客则免交），捎包单一份（无捎包则免交），国际航行船舶海关监管簿（限中国籍船舶），海关需要递交的其他单证等。

3）船舶出境（港）到检验检疫局应办理的手续

（1）办理时间

船舶代理应当在船舶驶离口岸前4小时内到检验检疫机关办理船舶出港手续。

（2）应递交的单证

出境检疫申请、总申报单、货物申报单、船舶物品申报单（伙食清单）、载货清单、更改后船员名单及其他所需单证。如果出境检疫的船舶来自国内港口，船舶代理在办理出境检疫时还应出示船舶除鼠证书或免予除鼠证书以及中国籍船员的健康证书。

4）船舶入出境（港）到海事局应办理的手续

（1）办理时间

船方或其代理人应当在船舶驶离口岸前4小时内（船舶在口岸停泊时间不足4小时的，在抵达口岸时）到检查机关办理必要的出口岸手续。船方或其代理人持船舶出口岸手续联系单和海事主管机关要求的其他证件、资料到海事主管机关申请领取出口岸许可证。

（2）应递交的单证

总申报单、货物申报单、船舶港务费签证单（本港无装货则免交）、船员名单（船员无变动则免交）、旅客名单（无旅客则免交）、船舶概况表（中国籍船舶）、船舶出口岸手续联系单以及海事主管机关管理需要的其他单证等。注意，船舶出口岸手续联系单必须先经其他检查机关全部签注同意。

2.船舶离港前代理工作要点

①根据港方的安排及时通知船方预计装卸完毕时间和开航时间，向委托方、船公司、下一挂靠港代理发出预离电。

②船舶离港前4小时提醒船员及时回船。

③对卸载进口货物的船舶，如有残损、溢短单，则应确定船方与理货方是否取得一致，船长是否已经签署。如有争议，应抓紧协商，以免影响开航时间。

④对装载出口货的船舶，应确认随船单证是否已交船长签收，大副收据、提单、事实记录是否已经船方签署，代签发提单有无船东的正式书面委托，各种费用单据，包括拖轮申请单、汽车费用单、修船费用确认单、船员就医申请单、遣返船员委托书等，是否都经船长签署。

⑤确认验船报告、更换证书、商检报告、海事签证等是否送交船方，停租或还船证书是否已经签字，存油存水是否准确。如还有争议，应迅速协商解决。

⑥无载货空放船舶，请船长向海关填报出口无载货舱单。

⑦通知并协助船长填写有关出口单证，准备所需各种表格，包括出口载货清单、船舶出境申报单、船舶出境卫生检疫申请、出境自查报告、危险品清单（如有危险品）、出口载货运费清单和其他需用的文件。

⑧记载船舶完成作业时间、开航时间、预计抵达下港时间、离港时船舶前后吃水存油存水

以及在本港装卸货物的件数和吨数。

⑨检查是否还有未了事宜,并向船长了解船舶离港后的转信地址。如有必要,可向船长了解离港时船舶剩余舱容情况。

⑩开船前应办理事项:
- 交船长签收各种表格、证书和随船货物单证。
- 请船长签署各种已产生的费用单据。
- 装载出口货物船舶,要将出口载货舱单交船长签字后交海关申报。
- 将装卸时间事实记录给船长签字确认。
- 记录船长离港后需要办理的事项。

3.船舶离港前船舶代理公司需注意的事项

(1)备用金的掌握

船舶代理公司外勤应协同调度和财务部门对未收妥备用金的船舶,应及时催汇备用金,主动向财务部门了解备用金收取的情况,随时与调度沟通。一般情况下,应在船舶到港前收妥备用金,最迟在完货前收妥。杜绝漏收现象,否则即使装卸完毕,亦不安排出口。特殊情况下,船务部经理根据委托方的信用等级向主管领导请示批准后,按船务部经理的书面指示安排船舶出口。

(2)各种单据的签收

在办妥出口手续后,备齐出口随船单证、资料和离港许可证、出境检疫证、关封、边封及海员证或护照登轮交给船长,由船长签收;签署备妥通知书和事实记录;向船长收取离港动态数据,告知引航员的登轮时间和其他注意事项。

二、离港相关单证缮制

1.出口载货清单(Export Manifest)

出口载货清单,全称为"国际航行船舶出口载货清单",又称为"出口舱单",是按海关有关规定,由船舶代理人根据装货单填制。用于海关进行验货放行及监督装卸工作的单证。货物全部装船后,由理货长核正,经船长签证后交海关一份,作为统计出口货运的依据。此外,还需将船长签证后的出口载货清单退交一份给船舶代理人,作为审查出口货运有无退关或其他变更之用。有时也作为随船单证,用于船方查对货运参考资料,或编制卸货港的进口载货清单等。该单主要内容包括:货物的明细情况、装货港和卸货港、提单号码、船名、托运人和收货人姓名等。

载货清单是海关对载货船舶进出国境进行监管的单证,它被用作:

①办理船舶出口报关手续的单证。经船长签字的载货清单送海关,作为办理船舶出口报关手续的依据,海关凭此验货放行。船舶离港时,还需随带若干份清单,以备船舶中途挂港或驶抵卸货港时办理进口报关手续之用。

②船舶载运所列货物的证明。载货清单所列货物必须与船舶实际载运货物一致。如果船舶未装货出口,也需填报无货出口的载货清单。

③业务联系的单证,载货清单的留底。常用作承运人在装货港的代理人拍发开航货载电报的依据,也是向船长和船公司或卸货港的代理发出更正通知的依据。当承运人在卸货港的

代理人尚未收到邮寄的货运资料时,可复制随船携带的载货清单,用作安排泊位、卸货和货物进出库场的依据。

出口舱单必须按卸货港分别缮制,不能将两个不同卸货港的货物打在同一页舱单上,转船货物必须在打上卸货港后加上中转港名称(如 Antwerp With Transhipment At Hamburg)。舱单必须按提单号顺序缮制,不能出现顺序颠倒、跳号、重号等情况。各栏目内容应完整正确,与提单内容保持一致,不能随意简略或将部分内容合并。件货有不同包装的要按包装类别分列,不能用"件(Package)"来替代,散装货物必须标注"In Bulk",有压舱包的要标明压舱包数量,袋装货随货带备用袋的要标明"备用袋"(Spare Bags)及其数量,重量要统一使用千克为单位(小数点后四舍五入)。收发货人栏目应填写完整,不得私自截取或省略。集装箱运输中使用货主自有箱(SOC, Shipper's Own Container)时,应在舱单上注明,以便卸港交货时将箱子一起交货主。危险品应注明国际危规编号并在该票货名栏位置加盖红色"危险品(Dangerous Cargo)"印章。舱单缮制完成后必须进行仔细核对,防止因手误产生差错造成严重后果。原则上舱单号应与提单号保持一致,从某些国外港口进口的货物,若托运单、舱单和提单号码不一致,会给卸港代理和装卸、理货公司造成很大麻烦。

2.出口载货运费清单(Export Freight Manifest)

出口载货运费清单和出口舱单实际上往往使用同一格式,运费栏填全了运费数额(包括预付和到付)的出口舱单,就成为出口载货运费清单。

出口载货运费清单要按到付或预付方式分别缮制,以尺码或其他特殊单位计费的必须打上货物尺码(委托方申请了公证机关丈量的要按丈量报告的数字计费和缮打)和计费单位,基本运费和各种附加费(如 BAF、CAF、YAS、THC 等)应该分列清楚,特殊货物采用特殊费率的要注明,如 AD. VAL.(按货值 XX 比例收运费), SAMPLE(样品)、GIFT(礼品)、NO COMMERCIAL VALUE(无商业价值)、FREIGHT FREE(免运费)、RETURNED CARGO(返运货物)、MINUMUM FREIGHT(最低运费)等。

出口舱单和运费清单上的件数、重量和运费数额(按预付和到付)应按卸港分别打上各自栏目的汇总数(合计数)。已经缮制好的舱单,其内容临时发生变更又来不及重新制作时,可用笔做修改并在修改处加盖更正(校正)章。整票货物临时退关的,应将该票货物各栏内容都用笔划掉并加盖"取消(CANCELLED)"章;部分退关,可在修改数字后批注"短装(SHORT SHIPPED/SHUT-OUT)"。船开后发现需要更改已经交给船方或者已经寄出的舱单的部分内容,可以用电讯方式通知更改内容并缮制更正通知书后寄送给有关方。重要内容的事后更正通知必须确保发送到位,不要遗漏,要落实对方是否收妥并争取取得对方收妥的书面确认。

3.危险品清单(Dangerous Cargo List)

危险品还要单独另外缮制一份危险品清单。

为了安排危险货物在堆场的堆存位置和装船的需要,托运人在将危险货物移入堆场和货运站时,都须提交危险品清单,由堆场经营人汇总交船方。危险货物的托运人在装运危险货物时,必须根据有关危险货物运输和保管的规章,如《国际海运危险货物规则》,事先向船公司或其代理人提交危险品清单。危险品清单一般须记载以下主要内容:船名、航次、船籍、装货港、卸货港、提单号、货名、国际危规类别、标志、页码、联合国编号、件数及包装、货重、集装箱号、铅封号、运输方式和装船位置等。

此外，所有危险货物都必须粘贴规定的危险品标志，内装危险货物的集装箱也必须有规定的危险品标志。有的港口还为超重、超尺码货物单独另外缮制一份超重、超尺码货物清单（Heavy Lift/Over Gauge Cargo List），为船方和港方提供了便利。

第二节　船舶离港后工作

一、离港电文缮制

船舶开航后应及时向委托方发送开航报（集装箱船另发 TDR，即 Terminal Departure Report）。开航报至少应包括：船舶装卸作业完毕时间、实际装货或卸货数量、开航时间、开航时船舶存油、存水数量和前后吃水数、预计抵达下一挂港时间、船舶在港期间发生的各种问题和解决情况、代理工作的简要总结和对委托代理再次表示感谢等。船舶航次代理开航报告参考样本举例如下：

To：XX Company
Cc：XX Company
From：Operation Department/Penavico xx
Date：XX/XX/ XXXX
Re：Departure Report of M.V. Golden Star

Thanks a lot for your kind agency appointment. We believe this Departure Report will give you some brief information about your good vessel.

A) Vessel's Movement
Please kindly be informed that M.V. Golden Star completed loading at 1430 hours and sailed at 1600 hours on 20th June for Inchon, Korea. Master gave ETA Inchon at 2000 hours on 21st. Cargo quantity actually loaded is 52, 150 metric tons and Master had signed "Full Loaded Certificate" to the shipper/charter.
At the time of sailing, there were remaining on board fuel oil 250 metric tons, diesel oil 45 metric tons and fresh water 120 metric tons. Vessel's sailing drafts are F12. 2 and A12. 6 meters.
Fumigation was carried out on board by means of placing medicine in cargo holds after completion of loading, so there was no time lost.

B) Documentation
Chief Mate had put following remarks on the Mate's Receipt: "Shipper's Weight", "A small amount of broken maize and mixture was found, ship is not responsible". Shipper urged us to issue clean bill of lading (copy of which have been faxed to you on 18th) as soon as possible with a simple LOI issued by they themselves. Please kindly confirm your agreement before tomorrow noon so that we can release it to the shipper before closing of the local bank (at 1500 hours Friday).
Attached herewith please find the copy of cargo manifest and the lay time of statement of fact. The

originals and other cargo documents will be dispatched to you next Monday by DHL. We have also placed on board one set export cargo manifest and two sets of copy bill of lading.

C) Special Recommends

As per time sheet, your vessel stayed in this port for 5 days 6 hours and 15 minutes within which there were 8 hours stoppage by raining (intermediate shower). The average loading rate is about 11,000 metric tons per 24 hours. We are really lucky that we had changed loading berth from Beiliang terminal to Dayaowan terminal because of that we saved 2 days for berth waiting and another vessel on that berth experienced more than one day delay by the breakdown of the loading machinery.

Please also be kindly noted that through our effort and by your agreement, we have saved one tug each for berthing/un-berthing operation by special arrangement and agreement with the pilots.

D) Other Service

The ship's spare parts sent by air from Hong Kong have been received and delivered on board this morning before vessel's departure.

E) Market Information

For your reference, as per shipper, the maize price is going up and the traders are rushing to catch tonnages for their next shipments. Probably there will be temporary port congestion for export maize loading vessels in the end of this month.

Thank you once again for your kind agency appointment and hoping to have your good suggestion and comment to improve our service.

Best Regards.

Attachment

A. Notice of Readiness

B. Lay Time Statement of Facts

C. Cargo Holds Survey Report

D. Draft Survey Report

E. Mate's Receipt with Remarks

对长期委托方,最好还能提供月度/年度报告,或者提供特别报告,以显示专业水平,增加服务内容和服务深度。接到委托方投诉后,必须开展调查并给予书面答复。

二、单证文件寄送

船舶开航后应根据委托方的要求及时传送或寄送装/卸货备妥通知书、事实记录、理货单证等委托方需要的相关单证和文件(集装箱船一般由单证部门负责寄送,散杂货船有的由单证部门来寄送)。船上交寄的邮件,尽可能在当天寄出。工作时间外交寄的邮件,在下一个工作日内寄出,做好邮寄记录。传送可以用电子文件传送方式,也可以使用传真方式(包括通过扫描后用电子邮件方式传送)。如需要寄送,重要文件应该用可以查询的方式(如快递)寄送,寄出后应该通知委托方寄出单证文件的名称、寄出日期、寄送方式和查询号码。所寄出的重要单证文件无留底的,应复印一份存档,以防万一。

三、离港后续工作

船舶开航并不意味着代理工作的结束,除上面提到的开航报告和单证寄送以外,代理在许多业务领域还需要继续为委托方及其客户提供相关服务,例如货物查询、进口放货、出口签单、海事处理、留医船员的治疗和遣返、档案整理和保管、市场信息的收集和提供等,其中一些主要业务在第八章中介绍。

第三节 航次总结

从船舶进港至安全驶离本港,除船方尚有交办的未了事项在船离港后继续办理外,本航次的代理任务,基本圆满完成。航次总结报告样式如表7-1所示。

航次总结报告　　　　　　　　　　　　　　　表7-1

编号：

项　目		内　容	备　注
装货港			
卸货港			
靠泊时间			
离泊时间			
货物品名			
装载货物总量			
分舱货物数量	1舱		
	2舱		
	3舱		
收货单位			
联系人			
是否申请过拖轮			
是否申请过引航			
是否申请过加油			
是否申请过加水			
存油数量			
存水数量			
建议和要求			

船名：_____　　航次：_____　　航线：_____
制表/日期：_____　　船长/日期：_____
注：本表一式二份,一份报公司业务部,一份由船舶留存,保存期限二年。

在航次代理业务完成后,要提醒财务部门迅速做出航次结算账单。必要时可以召集本航次有关人员进行讨论,总结本航次工作中遇到的问题。航次结束后应收集管理好有关资料。

①客户资料。将委托方的名称、通信地址、电话、电报电传等联络方式,以及本航次委托方特殊要求,反映的意见和建议等情况作扼要记载,交市场部按委托人名单存入档案。

②船舶档案。根据船名和日期将委托函、货运资料、船舶资料、事实记录、申报单据、账单复印件等有关代理资料归档。

思考与练习

一、判断题

1. 一般情况下,在船舶驶离口岸前4小时办理船舶的离港手续。（　　）
2. 载货清单是海关对载货船舶进出国境进行监管的单证。（　　）
3. 出口舱单必须按卸货港分别缮制,不能将两个不同卸港的货物打在同一页舱单上。（　　）
4. 舱单可以不按提单号顺序缮制。（　　）
5. 传送可以用电子文件传送方式,也可以使用传真方式(包括通过电子扫描后用电子邮件方式传送)。（　　）

二、选择题

1. 船舶出境(港)到边防检查站不需要提交的单证是(　　)。
   A. 总申报单　　　　　　　　　　B. 船员名单
   C. 船员登陆证　　　　　　　　　D. 货物申报单
2. 载货清单是海关对载货船舶进出国境进行监管的单证,它被用作(　　)。
   A. 办理船舶出口报关手续的单证
   B. 船舶载运所列货物的证明
   C. 拍发开航货载电报的依据
   D. 更正通知的依据

三、简答题

1. 分别列出办理离港手续时需要向各口岸检查机关提供的单证。
2. 船舶离港后单证寄送注意事项有哪些?

实务操作

根据第三章实务操作的内容以及教师提供的素材完成船舶离港的函电撰写。

Terminal Departure Report

VSL:＿＿＿＿＿＿＿＿＿＿＿＿＿＿　VOY:＿＿＿＿＿＿＿＿＿＿＿＿＿＿

Stopped Loading/Discharging:＿＿＿＿＿＿＿＿＿＿＿＿＿＿

Loading/Discharging:＿＿＿＿＿＿＿＿＿＿＿＿＿＿mt

Pilot Board:_____,_____
Sailing Time(Cast Off)_____
Sailing Draft:FWD _____ m, AFT _____ m.
Remain On Board:
 F.O _____ t, D.O _____ t, F.W _____ t.
ETA Next Port:_____
Best regards.

第八章　相关国际船舶代理业务

学习目标及要求

知识要求
- 了解关于海事签证最新法律法规。
- 熟悉海事事故处理。
- 熟悉共同海损的处理。
- 掌握进口放货业务中的单证以及审核要求。
- 掌握货物在理赔中各种处理。

技能要求
- 能合理处理海事事故。
- 能准确区分共同海损和单独海损。
- 能准确缮制和审核进口放货业务中相关单证。
- 能合理处理货物理赔等业务。

第一节　海事签证和海事事故处理

一、海事签证

1. 海事签证的概述

海事签证实际上是一种特殊性质的公证。我国船舶海事签证的主管机关是海事局,各地海事局是海事签证的承办机关。海事签证的范围包括:海事声明(Note of Sea Protest)、延伸海事声明和与船舶有关的其他海事文书。海事签证是指签证机关在应船方申请办理海事签证时,对以上所列文书的内容进行初步核查,签注"准予备查"以证明船方确曾向签证机关申报过有关海事的公证性行为。船籍国驻当地领事机构也可以接受海事签证申请,为该国国籍的船舶办理海事签证。

2. 海事签证的法律规定

2016年,中国海事局取消船舶进出港签证,转变海事监管模式,出台了《船舶海事声明签注服务管理规定》,大大便利了船舶进出港口,加快了船舶周转,也提高了海事服务和监管能力水平,促进了由静态监管向动态监管、由事前监管向事中事后监管的转变,引导航运业界回归安全本源,传递"自觉守法、高效便民"的理念,实现科学的海事监管。

《船舶海事声明签注服务管理规定》明确:"海事声明"是在船舶遭遇恶劣天气或意外事件引起或者可能引起的船舶、货物损坏、环境损害、人员伤亡等情况,以及船舶发生其他意外情况,船方在抵港后向海事管理机构递交的声明;"海事声明签注"是指海事管理机构应当事船舶申请办理海事声明签注时,对海事声明的内容进行书面审查,签注"准予备查"以表明船方向海事管理机构申报过有关海事声明事项的行为;"延伸海事声明"是指在获得海事声明签注后7日内,船方递交的更为具体、详细的补充声明。

船舶应在事发后抵达第一港24小时内向当地海事管理机构递交海事声明(在港停留时间不足24小时的,应在船舶抵港后立即递交);船舶抵港前已发生或可能引起货舱货物受到损害的,应在开舱前向海事管理机构递交海事声明材料。递交海事声明时,必须用中文或中英文书写,海事声明文书可一式多份,必须同时随文附送一份证明材料的复印件,包括船长证书、船舶国籍(或登记)证书、船员名单、天气报告(如相关)及其他相关材料,以证明申报的内容。海事声明签注申请人应为船长,必须在海事声明上签字和加盖船章,并应有不少于两名见证人的签字及其身份证件的复印件。提交时,也可由其他相关人员代为提交,在提交申请时,提交人应出示证明其身份的身份证件(海员证等国家规定的证件)原件校验。

海事声明的主要内容应包括:

①船舶基本概况。船舶名称、国籍、船籍港、船舶识别号或IMO编号、所有人、经营人和管理人(如有)名称。

②船舶装载货物情况。出发港、目的港、客货情况。

③海事声明事项相关的情况。时间、地点、气象、海况、事件主要过程、所采取的措施及损坏或可能损坏等。

海事声明提出后,申请人可以在7日内递交更为具体、详细的延伸海事声明。海事声明受理后,若再次发生非本次海事声明签注的意外情况,应当重新递交海事声明申请。

海事管理机构收到海事声明及所附材料后,仅做书面审查。符合要求的,当场应加盖"准予备查"章和编写流水号。如发现材料和信息不齐全,应当一次性告知其须补充的材料和信息,并受理其更新材料和信息后的申请。

海事管理机构的海事声明签注工作不影响相关方对船舶申请的海事声明事项进行调查。

二、海事事故处理

海损事故主要包括:触礁、触岸或搁浅;碰撞或浪损;失火或爆炸;影响船舶适航性的机件或重要属具的损坏或灭失;遭遇自然灾害;造成水上或水下建筑物或者设备的损害;沉没或失踪;由于船舶设备不良或船方过失造成人员伤亡及其他事故等。

船舶在我国港口和沿海水域造成人命、财产损害事故或船员死亡事故时,应尽速用电报或无线电话向海事局提出扼要报告。在港外发生的海损事故,船长应在船舶进入中国第一港口48小时内,向海事局递交海损事故报告书;在港内发生的海损事故,船长应在24小时内向海事局递交海损事故报告书,接受海事局的调查处理。船舶在港内因船方或港方人员过失,造成对方损害或伤亡事故等,应保留现场,双方都应及时向海事局报告并接受调查处理。如果把船舶比作车辆,海事局就相当于交警大队,船舶发生海损事故,必须报告海事局并接受其调查和处理。书面报告内容应包括:事故发生时间、地点、原因、损害范围和现场船员证明(一般需两至三人证明),报告书还应附上相关材料,如航海日志、机舱日志摘要,相关设备运转记录,原始海图,受损部位简图和检验报告等。

船舶发生海损事故往往会涉及人员生命和财产的抢救,需要代理快速反应,协助船方向有关部门报告并进行紧急救助的联系和安排。接到海损事故报告的人员必须迅速报告公司主管领导,并立即按照工作程序联系有关部门开展救助工作。

代理应指定专人负责海损事故处理,应预先制订完善的工作程序,包含海难救助、委托处理、保全措施、检验和修理、共同海损处理等工作程序。外勤应给予紧密配合,为船方提供协助并向委托方及时提供信息,按照委托方要求开展相关工作。

三、共同海损的宣布和处理

1. 共同海损概述

共同海损(General Average)是指在同一海上航程中,船舶、货物和其他财产遭受共同危险,为了共同安全,有意、合理地采取措施所直接造成的特殊牺牲和支付的特殊费用,由所有受益方来分摊的一种法律制度。

也就是说,在海上运输过程中,船舶和货物等遭遇自然灾害、意外事故或其他特殊情况,为了解除共同危险、采取合理措施所引起的下列特殊损失和合理的额外费用,属于共同海损,可以由所有受益方来分摊:

①为了抢救船舶和货物等而造成的船、货等合理损失。

②船舶驶入避难港的额外费用,在避难港额外停留期间的港口费用,以及事后载有原货物驶出的额外费用。

③船舶由于驶往避难港而延长航程和在避难港额外停留期间支付的船员工资和给养,以及消耗的燃料和物料的费用。

④救助费用,抢卸和重装货物等项费用以及其他额外费用。

为了节省原应列入共同海损的费用而支付的费用,可以作为替代费用列入共同海损,但这些费用除经船、货双方同意的以外,不得超过被节省的费用。

共同海损应具备以下四个条件:

①船舶、货物和其他财产必须遭受共同危险。

②采取的措施必须是为了共同安全而且是有意和合理的。

③牺牲必须是特殊的,费用必须是额外和合理的。

④措施必须是有效果的。

2. 共同海损表现形式

共同海损的表现形式为共同海损牺牲和共同海损费用。

①共同海损牺牲指由共同海损措施所直接造成的船舶或者货物或其他财产在形态上的灭失或损坏。

主要包括抛弃货物、为扑灭船上火灾而造成的货损船损、割弃残损物造成的损失、机器和锅炉的损害、作为燃料而使用的货物、船用材料和物料、在卸货的过程中造成的损害等。因采取共同海损措施致使承运人无法收取的运费牺牲,专指"到付运费"。依航运惯例,预收运费不列入共同海损。在承运过程中,承运人预收了运费,即使采取共同海损措施致使货物灭失,也不必退还"预付运费",因此不存在预付运费牺牲。

②共同海损费用是指采取共同海损措施额外支付的金钱。

主要包括救助报酬、搁浅船舶减载费用以及因此而受的损害、避难港费用、驶往和在避难港等地支付给船员的工资及其他开支、修理费用、代替费用、垫付手续费和保险费、共同海损损失的利息等。

3.共同海损理算

共同海损理算是指具有一定专业水平的机构和人员,按照理算规则,对共同海损损失的费用和金额进行确定,对各受益方应分摊的价值以及各受益方应分摊的共同海损金额进行的审核和计算工作。

1)共同海损理算程序

进行共同海损理算,先由申请人提出委托,然后由理算人进行调查研究,确定哪些项目属于共同海损,哪些属于单独海损。在此基础上,确定共同海损损失的项目和金额,计算出各受益方应分摊的价值和分摊的金额,制定各受益方应收付的金额和结算办法,最后由理算人编制出共同海损理算书。

2)共同海损理算方法

(1)共同海损牺牲金额的确定

共同海损牺牲金额是按照采取共同海损措施给船舶、货物或其他财产所直接造成的特殊牺牲和支付的特殊费用的总和来确定的。《中华人民共和国海商法》详细规定了船舶、货物和运费的共同海损牺牲金额的确定方法。

①船舶共同海损牺牲金额的确定。船舶受损后进行修理的,按照实际支付的修理费,减除合理的以新换旧的扣减额计算(所谓实际支付的修理费,应是实际合理的修理和更新的费用。所谓以新换旧,是指在修理时,用新材料、新部件或新设备更换了船舶因共同海损牺牲或受损的旧材料、旧部件、旧设备。以新换旧的准则是以合理为原则,否则将构成不当得利)。船舶受损后尚未进行修理的,按照船舶牺牲造成的合理贬值计算,但不得超过估计的修理费(所谓估计修理费,应和实际支付的修理费一样,按标准进行确定)。船舶发生实际全损或者修理费用超过修复后的价值的,共同海损的损失金额按该船在完好状态下的估计价值,减除不属于共同海损的估计的修理费和该船受损后的价值余额进行计算。

②货物共同海损牺牲金额的确定。货物灭失的,按照货物在装船时的价值加保险费加运费,减除由于损失而无须支付的运费进行计算。货物损坏的,在就货物损坏程度达成协议前出售的,按货物在装船时的价值加保险费和运费,与出售货物净得的差额计算。出售受损货物的净值为出售货物的货价减去为出售该货物所支付的费用。

③运费共同海损牺牲金额的确定。在采取共同海损措施,货物被抛弃或在驳卸过程中部分落入水中,而运费又是到付的情况下,承运人自然收不到运费。这种运费的牺牲应确定为共同海损。运费损失金额的确定应按照货物遭受牺牲造成的运费的损失金额,减去为取得此运费本应支付但由于牺牲而无须支付的营运费用来计算。

(2)共同海损的分摊价值

船舶、货物和运费的共同海损分摊价值,是指船舶、货物和运费的所有人,因共同海损措施而分别受益的价值与因遭受共同海损而获得补偿的财产金额的总和。共同海损的分摊价值应以全部受益财产抵达目的港或航程终止港时的实际价值为基础,再加上共同海损的补偿额。凡因共同海损而受益的财产,都必须参加损失分摊。某些财产因共同海损措施而牺牲,但其中有一部分将从其他受益方得到补偿,这种补偿也应计算在分摊价值中。

①船舶共同海损分摊价值。船舶共同海损分摊价值,按照船舶在航程终止时的完好价值,减除不属于共同海损的损失金额计算,或者按照船舶在航程终止时的实际价值,加上共同海损牺牲的金额计算。

②货物共同海损分摊价值。货物分摊价值按照货物在装船时的价值加保险费加运费,减除不属于共同海损的损失金额和承运人承担风险的运费计算。如果货物在抵达目的港之前出售,应按出售净得的数额,加上作为共同海损应得到的补偿数额参加分摊。

③运费共同海损分摊价值。运费分摊价值,按照承运人承担风险并于航程终止时有权收取的运费,减除为取得该项运费而在共同海损事故发生后为完成本航程所支付的营运费用,加上共同海损牺牲的金额计算。

(3)共同海损分摊金额

共同海损分摊金额,系指因共同海损而受益的船舶、货物、运费等,按其各自分摊价值的大小,应承担的共同海损损失的数额。在理算时,首先以共同海损损失总额除以共同海损分摊价值的总额,再乘以百分之百,得出共同海损百分率,然后以船舶、货物、运费的分摊价值分别乘以共同海损百分率,即可得出每一项财产的分摊金额。简言之,各受益方应分摊的共同海损金额可按下列公式计算:

$$共同海损百分率(损失率) = \frac{共同海损损失总金额}{共同海损分摊价值总额}$$

船舶共同海损分摊金额 = 船舶共同海损分摊价值 × 共同海损百分比(%)

货物共同海损分摊金额 = 货物共同海损分摊价值 × 共同海损百分比(%)

运费共同海损分摊金额 = 运费共同海损分摊价值 × 共同海损百分比(%)

4. 共同海损宣布和处理

进口卸货船抵港前发生海损事故,船方宣布共同海损,代理应协助船方以书面方式通知相关利益方(主要是收货人、货物保险人)并要求他们提供相关货物的价值申报单和共同海损分摊担保。

由哪个机构按照什么规则来处理共同海损的依据是提单条款和运输契约相关条款的约定。目前,主要按照《中国国际贸易促进委员会共同海损理算暂行规则》(北京理算规则)或《1974年约克·安特卫普规则》处理。根据共同海损理算的规定,租约与提单有矛盾时,一般以提单为准;但提单上加注有"一切条款及例外以租船合约为准"印章或批注的,则以租约为准。

由于相关利益方对共同海损是否成立的审查需要时间,而船方在宣布共同海损的同时,会要求收货人立即提供货物价值申报单和共同海损分摊担保,否则就会行使货物留置权而不同意卸货。因此,通常情况下有关利益方(收货人或货物保险公司)会在书面声明保留进一步审议的权利的基础上,先提供货物价值单和共同海损分摊担保函,在卸货过程中继续审查,发现相关事实并认为共同海损不成立时,再提出书面通知,通过代理转交船方。

如船方行使货物留置权,应由船长以书面方式向收货人宣布,一旦经过审理裁定共同海损不成立,船方需要承担因留置货物对收货人所造成损失的赔偿责任。

共同海损处理的有关注意事项:

①如船舶在航程中途绕航驶往避难港进行了修理，宣布了共同海损，又不报请卸货港海事局调查处理，收货人或其保险人则有权登轮进行调查并查询有关资料，必要时也可以申请对船、货检验，以确定是否构成共同海损。

②投保货物的共同海损担保由货物保险公司提供，未投保的货物，可由收货人委托保险公司出具担保，非贸易物资由收货人出具担保。

③收货人必须提供货物价值单，在国外理算的还需要提供海损协议书。

④在安排船、货检验时，应在申请时要求检验师把共同海损和单独海损项目分列清楚。

⑤船舶发生共同海损时，某提单项下的货物已有部分被卸岸或只有部分货物装船，则离船或未装船货物不承担共同海损分摊，不必提供共同海损担保。

⑥因船舶需要修理，货物由其他船转运去目的港，利益方要求提供不可分割的协议书，代理应转告并协助办理。

第二节　进口放货业务处理

一、进口单证整理与核对

对载运进口货物的船舶，委托方一般会直接或由装港代理将卸货单证寄送给卸港代理，有时因确定卸港或指定代理较晚，来不及寄送，则采用传真方式传送，或从船上取下卸货单证。卸货单证包括进口载货清单（也称进口舱单，是装港代理编制的出口舱单或出口运费舱单）、提单副本（或正本复印件）、货物积载图（船图，集装箱船则称为箱位图）、危险品清单、超长超重超尺码货物清单、托送物品清单等。没有收到或收到单证不全，应由计划调度员在接到代理委托后尽快向委托方索要、补齐相关卸货单证。

专职进口放货工作的人员在收到各方面转来的单证后，要及时跟踪船舶动态，认真审查核对收到的单证，落实本港卸货总数量和这些货物的装港数，分装港逐港核实所收到的单证所显示数量是否与来港任务计划中所列数量一致，确保无遗漏。还要核对舱单、提单副本和船图所表示的数量是否一致。发现单证不齐全或有互不相符的，要通过计划调度员或直接与委托方或装港代理联系核对和补齐。

单证收齐后，重点检查有无到付运费或其他费用的货物，如有，应在放货用的舱单上用红笔重点标注。此外，要检查各种单据的份数是否够用，不足的要复印补齐，然后分发（或由外勤转交）给外理、装卸公司、海关、外勤和其他相关单位，自己至少留一套完整的卸货单证。经办人员要注意在重要单证上标注收到日期及方式，由船方提供的单证最好让船方签字或盖上船章。

在当地海关已经实行电子舱单申报制度的港口，应在规定期限内向海关进行进口舱单电子数据通信申报（电子舱单），再进行书面舱单申报。电子申报一般都必须在船舶抵港前进行，书面申报时再要更改往往会遇到很多困难甚至遭到海关处罚，因此必须十分认真小心。计划、外勤办理船舶电子和书面申报的数据应该与进口放货业务人员所掌握的单证数据一致，最好能建立联动核对体系。一旦电子申报与书面申报不一致，更改书面申报会遇到诸多困难。

二、发送到货通知

一般情况下,收货人会从发货人发送的装船通知获悉货物预期到港信息。即使如此,船东一般还是有义务(通过代理)向货主发送到货通知。目前班轮都由船东或代理在相关航运杂志上定期发表船期公告,散杂货由代理在相关杂志上公布船期,这些都可以被认作一种到货通知形式。到货通知可以是书面的(传真、电报、信函、电子邮件等),也可以是口头的(单一品种的大宗散货往往可以用电话通知),口头通知应做好记录,书面通知应该有留底和发送记录(收据)。

船舶开始卸货后仍未办理提货手续的,要发催提通知。在实务中,一般在船舶抵港2个工作日内向收货人发送到货通知,船舶抵港后7天内未发现收货人提货的,应主动报告给船公司;船舶抵港后15天内未发现收货人提货的,应主动报告给委托方,并按其指示办理;船舶抵港后30天内未发现收货人提货的,报告给委托方,并告知可能造成的后果,按其指示办理。

进口散装货物或其他需要直取的货物(冷藏、易腐、活牲畜和活动物、一级易燃易爆物、特种货等)更需要尽早通知收货人,以便收货人安排接卸直取准备工作。

三、正本提单审核

货主持正本提单前来办理提货手续时,必须严格按照规定的工作程序对货主所呈交的提单进行审核。审核的内容应该包括:提单的真伪和是否是正本提单(参照委托方或装港代理寄来的提单副本或正本复印件,有无"正本"或"ORIGINAL"字样),提单的签章或签字是否属实;船名、航次、装/卸港、提单号、货物名称、数量和重量等记载是否与收到的舱单、提单副本和船图记载内容一致;指示提单是否有合格的背书,指示人和受让人以及提货人是否都已背书等;是否为到付运费提单,有无批注(包括需要收取其他费用的批注)等。无法判断或有疑问时,应请示委托方。

对需要收取运费的应在货主付清费用后方可办理提货手续。集装箱货提货时,要核查是否已产生滞箱费;如有,须交清费用后方可办理。除此之外,还应办理还箱和超期留置费担保手续(SOC箱除外),有的港口采取让货主使用与代理签订协议并提供担保金的拖卡车队提取集装箱的办法来解决超期留置担保问题。

与无船承运人签订代理协议后代其放货时,需要先凭海运提单向无船承运人放货,再凭无船承运人签发的货代提单(HOUSE B/L)向指定的收货人放货。以海运单(SEA WAYBILL)方式交货的必须有委托方(承运人)的书面指示、相关书面协议和预留指定收货人的印鉴签字式样,经核对无误后方可签发提货单(D/O),指定收货人盖印签字后委托他人前来办理提货手续时,代办人也必须签字并提供身份证复印件。

四、签发提货单

审核无误并收取应收费用后,收回提单正本,在正本提单上加盖"已放货"(ACCOMPLISHED)印章和放货当日的日期章,然后向货主签发提货单("小提单",D/O);D/O的内容应填写完整无误,必须与正本提单记载内容一致;重要内容(提单号、船名、航次、装港、货物名称、包装件数和重量、箱号)等不能遗漏,货主自有箱(SOC)必须注明,以便码头放箱给货主;

填写签发日期并加盖专用放货印章后交货主。要注意索要前来提货的经办人员的姓名和联系电话,记录在舱单显著的位置上,便于日后查询和联系。必要时留下经办人身份证复印件。

签发提货单的工作必须由进口放货的专职人员负责,除经上级主管领导授权批准,其他任何人不得越权指挥或办理。

五、核对放货情况及资料归档

(1) 核对放货情况

货物在船舶进口载货申报后3个月仍无货主申报纳税和领取时,海关根据规定有权将货物进行罚没处理。同时,作为代理人,受托负责代表委托人向收货人交付货物,必须认真完成交付任务,无法交付时有义务及时通知委托方。因此,必须对进口货物的提货情况进行严格的跟踪管理。

进口货物的提货手续办理情况必须在进口舱单上给予记录标注。船舶靠泊开始卸货时仍没有来办理提货手续的,要及时向收货人发出催提通知书,发出后仍不来提货的要继续定期发送催提通知书,直至全船货物全部办完提货手续后才能关档和归档。船舶卸货结束1个月仍未办理提货手续的货物,应该及时将情况通报给委托方,根据委托方指示采取相应措施。要与各码头装卸公司建立沟通渠道或签订相关协议,规定码头有义务将卸岸1个月后仍未被提走的货物明细主动向代理通报。

(2) 资料存档

船舶代理人对所有原始进口单据均应妥善保管,放货结束后应将单据整理登记后存入单船档案袋内,保管期至少三年。归档后任何人调用船舶单船档案都必须做好借调记录,并应在本公司人员监控下查阅资料,防止资料被抽走、调换或更改。

回收的正本提单尤其应妥善保管,如委托方指示要求回收正本提单,必须复印一份正本留底(正反面都要复印),以可查询的方式寄送并留好收据;交给船长或他人转送的,要由转交人书面签收(也可在正本复印件上签收)。

第三节　货物查询、理赔和客票处理

一、货物查询

在实务中,货物在装卸过程中出现差错是很难避免的。当船舶抵达卸货港卸货发现货物有溢、短时,卸货港的船舶代理必须先查明货物溢、短原因。货物短少,代理无法代表承运人根据提单显示数量向收货人交付货物,收货人或货物保险人必然会通过船舶代理向承运人提赔。有溢卸货物时,代理需要查清溢卸原因并找到真正的收货人。承运人在向收货人赔偿以前,需要进行调查核实和收集相关证据,而货物查询是调查核实和证据收集的必要一环。因此,货物查询(Cargo Trace)业务成为船舶代理的一项日常业务工作。

1. 卸货港代理货物查询步骤

①取得卸港理货公司出具并经船方确认的货物溢/短卸报告书(Over/Short Landed Cargo Report),向委托方报告。如有溢卸也有短卸,首先必须核实溢、短货物之间是否存在内在的联

系,是否属于同类、同规格货物,有无货物标记出错的可能。

②如确系溢卸货物,向委托方报告,按委托方指示办理,包括经海关批准后将溢卸货物转运至正确的目的港或退还原发货人,或将溢卸货物作价来抵补短卸货物收货人的损失,或者将溢卸货物通过合法程序拍卖,收入归承运人(委托方)。

③如确系货物短卸,在向委托方报告的同时需要调查核实船舶本航次的挂靠港顺序(Port Rotation)。

④向有关装货港和船舶所有卸货港(包括还未挂靠的卸货港)发出货物查询单。

⑤对收到的查询回复进行整理和处理。

⑥将查询结果向委托方报告,按委托方指示办理或进入进口理赔程序。

2.其他货物查询业务处理步骤

对于委托方或其他港口代理寄送来的货物查询单进行调查处理可分为以下步骤:

①接到委托方或其他港口的船舶代理寄来的货物查询单后,查核所查询货物的承运船舶航次是否由本公司代理,如是,查清该轮该航次在本港曾经靠泊的装卸货泊位。

②将收到的货物查询单进行编号登记,调查本公司相关船舶航次的档案和记录。如未有发现,则根据查询内容填写本公司查询单,发给该轮曾经靠泊装卸货物的码头仓库及理货公司进行查询;如是本港出口货,还要另外发给发货人一份进行查询。

③根据收到的对本公司查询的答复情况,给原始查询单发送人回复,也可以在原始查询单上加盖"NO TRACE(未发现)"印章并寄回发送人。

④一旦货物被查到,在答复查询人的同时应报告委托方,再根据委托方指示处理。

二、货物理赔

在实务中,货物短少或在运输过程中遭受损坏是经常发生的,收货人或其保险人会通过代理向承运人提出索赔。因此,船东往往会委托代理来处理货物理赔(Cargo Claim)业务。船舶代理在接受委托方关于货物理赔的委托后,应指定专人负责理赔业务。货物理赔工作的程序一般可以分成以下步骤:

①对收货人或其保险人提出的索赔要求进行审验,收集索赔所需各种原始单证和凭证,如是保险人提赔,还要有收货人出具的权益转让书,对超过索赔期限的应拒绝受理。索赔期限一般自船舶在本港卸货结束之日起一年之内。

②认真审查索赔所涉及的船名、航次和抵港日期,是否由本公司代理,当时的委托方是否已经委托授权本公司理赔,正本提单上有无关于货物数量或品质的批注,船长所签字确认的溢/短单和残损单上有无批注。如有复查或复理批注的,应找到复查/复理报告。

③查核溢/短抵补记录。查核所提赔的货物有无进行过溢/短抵补。

④货物短少数量较大的,应与理货/仓库联系,进行认真查核,同时应向装货港和中途挂靠港发出查询,要等查询回复后再提赔,索赔期限不足的应要求延展索赔期限。

⑤审阅提单条款,查核货损是否属于船方免责范围,查核所涉及的船舶航次船方是否递交过海事声明以及获签证的情况。

⑥审核各种证据之间有无问题、矛盾或较大的差异,如货物残损报告与商检验残报告之间对数量、程度及责任有无不同表述或批注,验残报告的日期与卸货日期是否相隔时间太长,

有无损害扩大或被故意扩大的可能等,索赔不应包括任何间接损失。

⑦审核货物索赔的价值。对从价货,要查核是否在正本提单上注明了货价并已经按照从价支付了运费,否则只能按照提单条款规定的普通货物赔偿限额提赔。对残损货物的索赔额不得超过货物全损的价值。

⑧通过审核后,如无溢/短抵补可能且委托方有限额赔付授权委托的,则可在授权限额范围内对索赔进行赔偿并将结果报告委托方。对超过限额的,则呈交委托方处理。

⑨对委托方没有理赔授权委托的,代理应将通过审核的索赔案提交给委托方来处理。对已经提交但一直未获解决的案件,代理应定期催促,争取早日解决。

三、客票处理

代理公司在代理一般的货船时有可能遇到临时搭客的情况,这时就需要代理为临时搭乘货船的乘客办理客票(Passenger Ticket)及其他相关乘船手续,下面只对载客程序做简单介绍。

①货船临时搭客,首先必须取得委托方(承运人)的批准和船长同意。由承运人提供空白客票格式和客票票价。

②船方向海事局递交临时载客申请,海事局核查船舶安全设备定员符合要求后予以核准。

③查验乘客的相关证件(身份证、护照、有效签证等),收取客票票价和其他费用后向乘客签发客票。

④缮制旅客名单交外勤转船方签字确认后,向口岸查验部门办理旅客出口申报。乘客凭客票到边检办理出境预审,审验通过后预约出境查验时间地点。

⑤乘客凭客票到外汇管理局申请外汇(此程序也可提前,以出介绍信方式先申请外汇)。

⑥根据船舶开航计划,由外勤与船方商定乘客上船时间,通知乘客按照预定上船时间提前办理边检、海关和卫检的出境检查手续,商定上船办法,上船后一般不再允许下船。

⑦将乘客目的港、人数、国籍、年龄等信息报告委托方并通知乘客目的港的代理。

⑧将销售客票的收入交财务,由财务扣除相关代理手续费后与委托方结算。

思考与练习

一、判断题

1. "延伸海事声明"是指在获得海事声明签注后14日内,船方递交的更为具体、详细的补充声明。 (   )

2. 海事管理机构收到海事声明及所附材料后,仅做书面审查。符合要求的,当场应给予加盖"准予备查"章和编写流水号。 (   )

3. 在港外发生的海损事故,船长应在船舶进入中国第一港口48小时内,向海事局递交海损事故报告书。 (   )

4. 凡因共同海损而受益的财产,都必须参加损失分摊。 (   )

5. 由船舶搁浅本身造成的船舶和货物损失,属于共同海损。 (   )

6.在审核货物索赔的价值。对从价货,只能按照提单条款规定的普通货物赔偿限额提赔,对残损货物的索赔额不得超过货物全损的价值。( )

二、选择题

1.船舶应在事发后抵达第一港( )内向当地海事管理机构递交海事声明。
  A.12h   B.24h   C.48h   D.6h

2.在港内发生的海损事故,船长应在( )内向海事局递交海损事故报告书,接受海事局的调查处理。
  A.12h   B.24h   C.48h   D.6h

三、简答题

1.海事签证的性质是什么?其内容有哪些?
2.2016年出台的关于海事签注管理规定做了哪些调整?
3.哪些情形下需要发布海事声明?海事声明的主要内容有哪些?
4.什么是共同海损?共同海损如何宣布与处理?
5.进口放货业务处理的程序和内容有哪些?
6.货物理赔有哪些注意事项?

实务操作

结合本章内容,依据第九章相关内容和教师给出的相关数据,利用船舶代理系统完成进口业务操作流程。

第九章　船舶代理信息化管理

> **学习目标及要求**
>
> **知识要求**
> - 了解船舶代理信息化发展现状。
> - 熟悉电子商务在船舶代理信息化应用中的作用。
> - 掌握 EDI 实现的过程以及在船舶代理信息系统中的作用。
> - 熟悉常见船舶代理软件功能模块。
>
> **技能要求**
> - 能进行 EDI 信息的接受和传递。
> - 能熟练操作常见船舶代理软件。

第一节　船舶代理信息化发展现状

随着国内外市场竞争环境的变化及电子商务时代的到来,船舶代理企业面临着前所未有的挑战。一方面,信息技术的不断进步导致长期以来的"提包与电话"模式遇到了技术瓶颈,传统服务模式已经逐渐跟不上现代科技的发展步伐。另一方面,中国加入 WTO 后,船舶代理行业内的竞争更加激烈,客户对服务多元化及服务高效化也提出更高的要求。同时,船舶代理企业也逐渐认识到信息技术的重要性,各船舶代理公司已开始信息化建设工作。先进的船舶代理管理信息系统已不仅仅作为企业发展的工具,而且已经成为推动企业发展的核心竞争力。信息化技术的应用大大节省了时间,实现了运输信息的高效流转,能极大地提高船舶代理企业的服务质量。即便是在日常工作中,也需要和船公司、码头、货代、国检、海关、海事等口岸单位进行数据交换以获取业务信息。

在我国,主要大型航运企业拥有管理信息系统,为公司创造了巨大的经济效益,大大提高了市场的竞争力。如中远集团从 1997 年初正式开通总公司网站,并相继建成中远集团北美公司、欧洲公司、中远集运、中远散运以及集团各所属单位的网站,并在网站上推出网上船期公告和订舱业务,并在此基础上,推出了中转查询、信息公告、货物跟踪、电子提箱、网上托单、网上对单、电子邮件通知、到货通知、滞期费查询、客户报表以及 EDI 服务等多项业务,使全球用户均可通过互联网直接与中远集团公司开展商务活动。

从我国开放船舶代理市场以来,传统船舶代理公司的市场份额不断地被新兴船舶代理公司和船公司自营代理所蚕食,经营压力越来越大。在新的市场经济体制下,为了应对市场竞争,传统船舶代理公司为了提供更好的服务,逐渐向信息化迈进,通过资源整合,开发船舶代理公司的企业管理信息系统,以提高市场竞争力。1997 年 10 月,中国外轮代理有限公司开发了"中小港口船舶代理信息系统",为我国船舶代理行业推广计算机信息系统应用提供示范,弥补了我国船舶代理行业计算机信息系统应用软件的不足。"中小港口船舶代理信息系统"主要包括集装箱管理系统、散杂货管理系统、船务管理系统、航次结算系统、费用结算系统、基础资料系统等子系统。

第二节 常用信息技术的应用

一、电子商务的应用

1.电子商务概述

1)电子商务的定义

随着信息技术的进步,电子商务在世界范围内迅速发展,并正在改变着人们生活的方方面面。截至目前,人们对于电子商务的认识有很多方面,下面从不同角度出发介绍:

①从通信角度看,它在互联网上传递信息、产品、服务或进行交易活动。

②从服务角度看,它能满足企业、消费者、管理者的愿望,可以提高产品质量、加快交易交付,同时还能降低服务成本。

③从网络的角度看,它通过网联网提供销售信息、产品、服务。

④从企业业务的角度看,它是通过网络交易来支持企业的活动。

⑤从企业管理角度看,它通过互联网进行活动,以支持业务的自动化生产、供应、市场营销、人事和财务等。

以上观点是从不同的角度看待电子商务。综上所述,可以从两个角度来理解电子商务。广义的电子商务是指以整个市场为基础的电子商务,一切与数字化处理有关的商务活动都属于该范畴。狭义的电子商务仅仅指互联网上在线销售式的电子商务。从这个意义上说,电子商务就是通过互联网上的"店铺"所从事的网络产品和服务的商业活动。

2)电子商务模式

电子商务模式是指企业运用互联网开展经营取得营业收入的基本方式。按照电子商务交易对象来分类,目前,主要有如下几种模式:企业与消费者之间的电子商务(Business to Consumer,B2C)、企业与企业之间的电子商务(Business to Business,B2B)、消费者与企业之间的电子商务(Consumer to Business,C2B)、消费者与消费者之间的电子商务(Consumer to Consumer,C2C)等。

3)电子商务系统结构

基于互联网的电子商务平台系统在结构上分为两种方式,一种是C/S结构,一种是B/S结构。

(1)两种结构及特点

C/S(Client/Server)即客户机和服务器结构,它是软件系统体系结构。客户端安装专用的软件后,通过互联网直接访问服务器。此种结构下,将任务合理分配给客户端和服务器端来实现,降低了系统的通信开销。

B/S(Browser/Server)即浏览器和服务器结构,它是随着互联网技术的发展而产生的,是对 C/S 的改进。在这种结构下,用户工作界面通过 WWW 浏览器来实现,主要事务逻辑在服务器端实现,少部分事务逻辑在前端实现。客户端没有特殊的设置,客户端计算机系统维护与升级的成本和工作量大大降低。

B/S 主要是建立在广域网基础上的,C/S 主要建立在局域网基础上,它们的结构特点对比如表 9-1 所示。

C/S 和 B/S 结构对比表　　　　　　　　　　　　　表 9-1

对比内容	C/S 结构	B/S 结构
硬件环境	局域网	广域网
安全要求	服务器和客户端都要考虑	仅考虑服务器端
用户接口	平台需统一	基于浏览器,可跨平台
信息流	中央集权机械处理,交互性低	信息流方向可变化
客户端需求	安装专用软件	仅需浏览器

(2)B/S 结构的优势

B/S 结构优势主要有以下方面:首先,其在分布性方面的优势体现在能够随时随地地进行浏览、查询等业务;其次,可以增加网页来增加服务器的功能,促进业务扩展;维护简单方便,可同步更新,开发简单,信息共享性好。B/S 结构的优点也正是 C/S 结构所缺乏的。通过表 9-1 对于两者的比较,可以看到 B/S 结构优于 C/S 结构,因此 B/S 结构现已成为网络应用的主流结构方式。

2.船舶代理电子商务系统

1)船舶代理电子商务系统总体结构设计

船舶代理电子商务系统采用 B/S 结构。在这种结构下,用户通过浏览器进入港口船舶代理电子商务系统工作界面。比如,浏览器进入系统登录前台,后台管理系统运行维护,大量的数据存储到了数据库软件中,方便系统维护与升级,节省成本,减少工作量。这样就形成了船舶代理电子商务系统的三层结构数据,也可以说是将系统分为三层结构。它可实现不同的人从不同的地点、用不同的接入方式来操作共同的数据库。它能有效地保护数据平台和管理访问权限,其服务器和数据库也很安全。

2)船舶代理电子商务系统功能结构划分

船舶代理电子商务系统可分为前台和后台两部分,分别实现前台功能和后台功能。前台功能是用户注册和登录、港口信息查询、客户信息管理、船舶信息管理、船舶报备管理、船舶代理作业管理、船舶代理计费管理等。

后台功能主要是管理员对指泊计划、应收账款、应付账款、报表和用户权限等进行管理。

从总体业务出发,船舶代理电子商务系统可划分为四个基本模块,图 9-1 为船舶代理电子商务系统模块结构图。

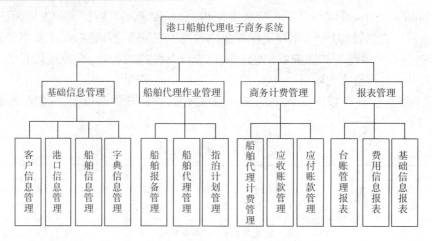

图 9-1 船舶代理电子商务系统模块结构图

3）船舶代理企业电子商务系统的基本功能

根据业务分析，港口船舶代理电子商务系统分为基础信息管理、船舶代理作业管理、商务计费、报表管理四个基本模块。

①基础信息管理模块包括客户信息管理、港口信息管理、船舶信息管理、字典信息管理等模块。其中，客户信息管理模块实现对客户信息的管理功能，船舶代理操作人员可以查看、修改、添加和删除客户的相关信息；船舶信息管理模块实现对船舶信息的管理功能，船舶代理操作人员可以查看、修改、添加和删除船舶的相关信息；字典信息管理模块实现对字典信息的管理功能，船舶代理商务部门操作人员可以查看、修改、添加和删除字典的相关信息。

②船舶代理作业管理模块主要实现船舶代理操作人员组织现场作业、管理客户在港货物，选择相关服务，提供相关作业单据和凭证给船舶代理商务部门进行计费等功能。

③商务计费模块实现商务部门操作员根据船舶代理做的代理服务事项进行船舶代理计费审核、管理应收账款、应付账款的对外结算等。根据代理服务信息，生成相应的发票信息、财务报表，为业务统计提供基础数据。

④报表管理模块包括基础信息报表、费用信息报表、台账管理报表。

3.电子商务对船舶代理业的作用

船舶代理业将电子商务应用于行业之中，这为船舶代理在船公司、港口、政府部门之间的业务往来带来了明显的变化，降低了成本，使交易和通信更加方便快捷。其具体的影响有以下方面：面向船公司电子商务应用，通过电子商务平台实现了数据共享、数据审核和数据交换，避免了数据重复，实现了作业无纸化；面向各个协作单位的电子商务应用，与港口、堆场、理货之间的数据交换使用电子数据交换的方式，实现各协作单位之间数据共享，提高了工作效率；面向政府部门的电子商务应用，与海关、检疫局之间实现了数据交换，向商检等的申报也使用了网上申报的方式。

可以说，电子商务成为船舶代理服务业提高工作效率、提高服务质量、整合信息资源的一种行之有效的手段。电子商务的应用给船舶代理服务业带来了天翻地覆的变化，节省了企业人工成本，提高了客户满意度，提升了企业竞争力。

二、电子数据交换(EDI)的应用

1. 电子数据交换概述

1) EDI 的定义

电子数据交换(Electronic Data Interchange,EDI),指的是通过标准化的格式,利用计算机网络进行结构化数据的传输和交换。

EDI 按照统一规定和一套通用标准格式,将标准的信息通过通信网络传输,在贸易伙伴的电子计算机系统之间进行数据交换和自动处理,俗称"无纸贸易"。

2) EDI 的特点

(1) EDI 是企业之间传输商业文件数据的一种形式,EDI 的使用对象是有经常性业务联系的单位。

(2) EDI 所传送的资料是业务资料,如发票、订单等,而不是一般的通知。

(3) 传输的文件数据采用共同的标准并具有固定格式,例如联合国 EDIFACT 标准,这也是与一般电子邮件的区别。

(4) 通过数据通信网络(一般是增值网和专用网)来传输,由收送双方的计算机系统直接传送、交换文件,尽量避免人工的介入操作。

(5) 与传真或电子邮件的区别是:传真与电子邮件需要人工阅读和处理,需要人工将资料重复输入计算机系统中,浪费人力,也容易发生错误。

3) EDI 的构成要素

EDI 数据标准、EDI 软件及硬件和通信网络是构成 EDI 系统的三要素。

(1) 数据标准

数据标准是由各企业、各地区代表共同讨论制定的电子数据交换通用标准,可以使各组织之间通过共同的标准,达到彼此交换文件的目的。

(2) EDI 软件及硬件

实现 EDI,需要配备相应的 EDI 软件和硬件。EDI 软件具有将用户数据库系统中的信息译成 EDI 的标准格式以供传输和交换的能力。EDI 标准具有足够的灵活性,可以适应不同行业的众多需求。然而,每个公司有其自己规定的信息格式,因此,当需要发送 EDI 电文时,必须用某些方法从公司的专有数据库中提取信息,并把它翻译成 EDI 标准格式,进行传输,这就需要 EDI 软件的帮助。EDI 软件可分为转换软件、翻译软件和通信软件三大类。

① 转换文件(Mapper)。转换软件可以帮助用户将原有计算机系统的文件或数据库中的数据,转换成翻译软件能够理解的平面文件,或是将从翻译软件接收来的平面文件,转换成原计算机系统中的文件。

② 翻译软件。将平面文件翻译成 EDI 标准格式,或将接收的 EDI 标准格式翻译成平面文件。

③ 通信软件。将 EDI 标准格式的文件外层加上通信信封,再发送到 EDI 系统交换中心的邮箱,或由 EDI 系统交换中心,将接收到的文件取回。

EDI 所需要的硬件设备大致有:计算机、调制解调器及通信线路。

①计算机。无论是 PC、工作站、小型机还是主机等,均可使用。

②调制解调器。由于使用 EDI 进行电子数据交换需要通过通信网络,目前普遍采用电话网络进行通信,因此调制解调器是必备硬件设备,其功能与传输速度应根据实际需求来选择。

③通信线路。一般最常用的是电话线路,如果在传输时效及资料传输量上有较高要求,可以考虑租用专线。

4) 通信网络

通信网络是实现 EDI 的手段。EDI 通信方式有多种:第一种方式是点对点,这种方式只有在贸易伙伴数量较少的情况下使用,随着贸易伙伴数目的增多,多家企业直接电脑通信时,会由于计算机厂家不同、通信协议相异以及工作时间不易配合等问题,造成相当大的困难。为了克服这些问题,许多应用 EDI 的公司逐渐采用第三方网络与贸易伙伴进行通信,即增值网络(VAN)方式。它类似于邮局,为发送者与接收者维护邮箱,并提供存储转送、记忆保管、通信协议转换、格式转换、安全管制等功能。通过增值网络传送 EDI 文件,可以大幅降低相互传送资料的复杂度和困难度,大大提高 EDI 的效率。

2. EDI 的实现过程

为了理解 EDI 的实现过程,以马士基集装箱船向厦门联合国际船舶代理有限公司(以下称"厦门联代")、中国海关进行集装箱原始舱单 EDI 传输为例进行说明。

马士基在海外装货港进行装运的 24 小时前,按中国海关定义的原始舱单 XML 报文格式向厦门联代提交原始舱单信息,原始舱单包括主要数据和其他数据。我们把马士基第一次向厦门联代提交的原始舱单称为马士基新增报文。主要数据 EDI 传输流程如图 9-2 所示。

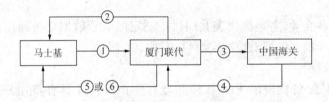

图 9-2 主要数据申报电子流程图

①-马士基新增报文;②-ACKⅡ回执报文;③-海关主要数据申报报文;④-海关回执报文;⑤-船代海关回执报文;⑥-虚拟回执

步骤一:马士基从自身系统打包马士基新增报文,发送至厦门联代 EDI 中心指定的马士基 EDI 报文接收目录。

步骤二:厦门联代 EDI 中心定时从指定的马士基 EDI 报文接收目录中接收马士基原始舱单 EDI 报文。收取报文后,厦门联代 EDI 中心自动回复 ACKⅡ回执报文,向马士基报告已经收到报文,同时把马士基新增报文转发至马士基 EDI 报文解报目录,并生成 EDI 文件接收目录。

步骤三:马士基新增报文转发至马士基 EDI 报文解报目录后,厦门联代 EDI 中心马上从马士基 EDI 报文解报目录解报马士基新增报文至厦门联代单证处理系统,然后厦门联代 EDI 中心生成海关主要数据申报报文发送到海关指定的原始舱单 EDI 接收目录,并生成发送海关主要数据申报报文的发送记录。

步骤四:海关接收报文并审核,然后发送海关回执报文到厦门联代海关回执接收目录。

步骤五:厦门联代 EDI 中心定时从海关回执接收目录中自动接收并解报海关回执报文,同时把海关回执报文转化为船舶代理海关回执报文,然后把船舶代理海关回执报文转发到厦门联代 EDI 中心指定的马士基海关回执接收目录,马士基定时从马士基海关回执接收目录中读取回执报文并解报到自身信息系统。厦门联代提交舱单 1 小时后中国海关未发送反馈回执的,厦门联代 EDI 中心自动生成虚拟回执给马士基。

该电子传输中涉及以下几种 EDI 交换报文:

(1) 马士基新增报文

马士基新增报文采用中国海关定义的原始舱单 XML 报文格式,包括主要数据和其他数据,报文数据项有:舱单传输人名称、运输工具离境地海关代码、承运人代码、运输方式代码、运输工具代码、运输工具名称、货物装载运输工具时间、总提运单号、卸货地代码、集装箱编号、托运货物序号等。

(2) ACKII 回执报文

ACKII 回执报文是厦门联代向马士基报告厦门联代已经收到马士基原始舱单的回执报文。ACKII 回执采用中国海关定义的海关回执报文格式,报文数据有:航班航次号、运输工具代码、总提单号、分单号、回执类型代码、回执类型详细描述。

(3) 海关主要数据申报报文

报文数据有:舱单传输人名称、运输工具离境地海关代码、承运人代码、运输方式代码、运输工具代码、运输工具名称、货物装载运输工具时间、总提运单号、卸货地代码、集装箱编号、托运货物序号等。

(4) 海关回执报文

海关回执报文是海关向厦门联代报告报文收取情况及后续的原始舱单审核情况的报文,报文数据项有:航班航次号、运输工具代码、总提单号、分单号、回执类型代码、回执类型详细描述。

(5) 船舶代理海关回执报文

船舶代理海关回执报文是厦门联代向马士基报告海关回执信息的报文,采用中国海关定义的海关回执报文格式,报文数据有:航班航次号、运输工具代码、总提单号、分单号、回执类型代码、回执类型详细描述。

(6) 虚拟回执

如果厦门联代在提交舱单 1 小时后中国海关未发送回执,厦门联代创建并发送虚拟回执给马士基,向马士基报告该提单未收到海关回执。虚拟回执采用中国海关定义的海关回执报文格式。

EDI 的实现过程就是用户将相关数据从自己的计算机信息系统传送到有关交易方的计算机信息系统的过程,该过程因用户应用系统以及外部通信环境的差异而不同。在有 EDI 增值服务的条件下,这个过程分为以下几个步骤:

①发送方将要发送的数据从信息系统数据库提出,转换成平面文件(亦称中间文件)。
②将平面文件翻译成 EDI 报文,并组成 EDI 信件。接收方从 EDI 信箱收取信件。
③将 EDI 信件拆开并翻译成平面文件。

④将平面文件转换并送到接收方信息系统中进行处理。

由于EDI服务方式不同,平面转换和EDI翻译可在不同位置(用户端、EDI增值中心或其他网络服务点)进行,但基本步骤是相同的,可用图9-3描述EDI系统的工作原理。

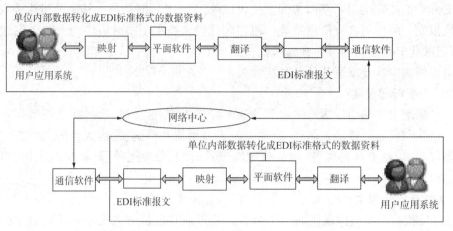

图9-3　EDI系统工作原理

3.EDI船舶代理信息系统的作用

1)EDI应用的优点

(1)迅速准确、标准规范

在国际、国内贸易活动中使用EDI业务,电子文件交换取代了传统的纸面贸易文件,双方使用统一的国际标准格式编制文件资料,利用电子方式将贸易资料迅速准确地由一方传递到另一方,是"无纸贸易手段"。

(2)方便高效、自动处理

采用EDI业务可以将原材料采购与生产制造、订货与库存、市场需求与销售,以及金融、保险、运输、海关等业务有机地结合起来,集先进技术与科学管理为一体,极大提高了工作效率。为保证EDI系统中每个环节的安全可靠,每个环节上信息的出入都有明确的签收、证实的要求,以便为责任的审计、跟踪、检测提供可靠的保证。在EDI的安全保密系统中广泛应用了密码加密技术,以提供防止流量分析、防假冒、防否认等安全服务。

(3)降低成本

EDI系统规范了信息处理程序,信息传递过程中无须人工干预,在提高信息可靠性的同时,也大大降低了成本。香港对EDI的效益做过统计,使用EDI,商业文件传送速度可提高81%,文件成本降低44%,错漏造成的商业损失减少41%,文件处理成本降低38%。

2)EDI在船舶代理的作用

船舶代理与委托人、港口、海关、海事局、检验检疫局等相关部门之间的信息传递使用EDI,提高信息流通效率,降低流转成本,减少误差率。EDI意味着更准确的数据,实现了数据标准化及计算机自动识别和处理,消除了人工干预和错误,减少人工和纸张浪费。传输数据量非常大,各相关方基于标准化的信息格式和处理方法通过EDI共同分享。

EDI也是一种改善对客户服务的手段,它巩固了船舶代理企业和委托人、海关、港口等相关方的合作关系,提高了办事效率,加快了对客户需求的响应。

第三节　船舶代理系统相关软件介绍

一、船舶代理软件模块分析

我国船舶代理公司主要为往来于我国港口的集装箱班轮、散杂货船、旅游船等各类国际船舶办理订舱配载、提单签发、单证制作、EDI传输、进口放货、运费收取、海事处理等服务，为国内外商贸客户办理租船和租船经济等业务。

根据相关业务开发相关系统以满足公司运营需要，不同船舶代理公司有各自的操作系统。一般船舶代理公司业务操作系统模块包含船务、单证、箱管、EDI、使费结算、运费结算、滞箱费结算、基础资料、系统管理等内容，系统架构一般采用C/S+B/S架构，分为基础运维平台、数据服务平台、业务操作平台等运作平台。实现的功能为：①数据协同处理，满足数据一处采集，充分共享，实现各业务板块间无缝集成；②业务板块定制化，根据业务，系统划分最小的业务模块，用户可以选择自己所需的业务模块，实现EDI数据交换的自动收发处理，自定义收发对象、方式、频率等；③计费规则自定义，设定计费要素、计算方式，由用户自定义某项费目的计费规则，快速实现费用的自动计算处理。一般船舶代理系统架构如图9-4所示。

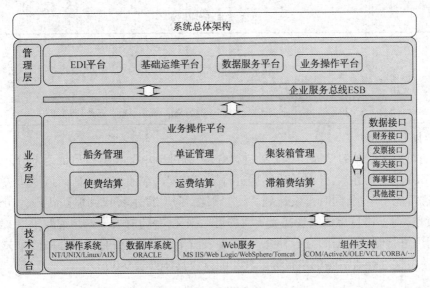

图9-4　船舶代理系统架构

整个系统平台分为三部分——基础运维平台、数据服务平台、业务操作平台，其核心为业务操作平台。

(1) 基础运维平台

该平台包括组织机构设置、用户管理、角色管理、授权管理等。

(2) 数据服务平台

该平台包括EDI交换平台，实现EDI格式定义、格式转换、路径设置、报文发送、接收等。还包括各种数据接口，如财务接口、发票接口、海关接口、海事接口等。

（3）业务操作平台

该平台包括船务管理、单证管理、集装箱管理、使费结算、运费计算和滞箱费结算等。船务管理包括航次信息维护、船舶动态管理等。单证管理分进口单证和出口单证，进口单证包括舱单维护、发到货通知、审签提单、舱单报表制作等。出口单证包括托单录入、拆并单维护、转船、舱单报表制作等。集装箱管理主要对箱动态信息进行管理，包括进口卸船、进口提箱、返空、出口提箱、进港区、出口装船等。使费结算包括备用金、港口使费录入、代理费计算、打印航次账单等。运费结算包括进出口运费计算、审核、运费清单制作等。滞箱费结算包括进出口超期费计算、箱管杂费维护。

二、船舶软件模块具体功能介绍

根据上述船舶代理系统平台内容，接下来具体介绍各模块功能。

1. 业务操作平台

（1）船务管理

接收船舶委托方的航次委托信息，包括船舶规范、船期、装载货物等信息，进行船舶规范维护、航次信息维护，实现船舶的预报登记。当船舶抵港后对船舶的动态进行维护，包括抵港、靠泊、修船、离港等。船务管理功能模块如表9-2所示。

船务管理功能模块　　　　　　　　　　　　　　　　　　　表9-2

序号	菜单	功能描述
1	航次信息维护	航次船舶信息建立，航次委托信息（委托方、委托货、船员/旅客）、委办事项等
2	船舶动态维护	实现船舶状态（预报、锚地、在泊、修理、离港）转换维护

（2）单证管理

主要是对航次船舶的单证操作业务进行管理，分进口单证和出口单证两部分。进口单证实现舱单EDI数据的导入，并对舱单数据进行核实、修改，在船舶抵港前向口岸海关发送海关舱单报文进行舱单申报，同时可发送到货通知书给客户，提示客户到船舶代理公司进行换单（签发提货单）等。出口单证实现接受货代的订舱报文，并向海关发送预配舱单报文进行预配申报，期间可进行舱单数据的完善补充、相关报表清单的制作，在船舶离港后向海关发送最终的清洁舱单报文进行清洁舱单申报等。其功能模块具体如表9-3所示。

单证管理功能模块　　　　　　　　　　　　　　　　　　　表9-3

序号	菜单	功能描述
		进口单证
1	集装箱进口舱单维护	对进口集装箱舱单数据信息的录入、维护等
2	散货进口舱单维护	对进口散货舱单数据信息的录入、维护等
3	舱单批量修改	对多票舱单数据进行批量修改处理
4	换单信息维护	对放货方式等数据进行维护
5	发送到货通知	产生并打印到货通知书

续上表

序号	菜单	功能描述
6	审签提单	打印提货单,并对提单数据进行签发处理
7	打印进口舱单	打印口岸要求格式的舱单报表,包括海关舱单、船公司舱单等
8	打印清单	打印集装箱清单等报表
9	进口舱单查询	根据提单号来查询对应的舱单信息
出口单证		
10	集装箱出口托单维护	对出口集装箱托单数据信息的录入、维护等
11	散货出口托单维护	对出口散货托单数据信息的录入、维护等
12	舱单批量修改	对多票舱单数据进行批量修改处理
13	打印托运单	可调用不同格式的托单模板来打印对应的托单
14	打印出口提单	可调用不同格式的提单模板来打印对应的提单
15	打印出口舱单	打印口岸要求格式的舱单报表,包括海关舱单、船公司舱单等
16	打印清单	打印集装箱清单等报表
17	出口舱单查询	主要根据提单号来查询对应的出口舱单信息

(3) 集装箱管理

主要对集装箱动态信息进行管理,包括进口卸船、进口提箱、返空、出口提箱、进港区、出口装船等。其功能模块如表9-4所示。

集装箱管理功能模块 表9-4

序号	菜单	功能描述
1	箱动态维护	对箱动态数据进行维护
2	进口卸船	对进口航次箱进行卸船处理
3	进口放箱	对进口卸船箱进行放箱处理,产生 EIR
4	进口提箱	对进口箱进行提箱处理
5	返回空箱	对进口已提箱进行返空处理
6	出口放箱	根据出口预配数据进行放箱处理,产生 EIR
7	出口提箱	对出口进口提箱处理
8	接收装船数据	接收出口装船数据,舱单箱与动态箱信息比对处理
9	装船确认	对出口装船集装箱进行确认,并转历史库
10	退租/恢复	对集装箱进行退租/恢复处理
11	单箱动态查询	查询单箱的集装箱动态信息

(4) 使费结算

把船舶抵港后在口岸相关单位产生的费用及时录入系统,同时根据船舶的载货、船舶规范等信息依据代理费费率标准进行代理费自动计算,在船舶离港1个月内及时制作航次结账单,与委托方进行账单确认,结算处理等。其功能模块如表9-5所示。

使费结算功能模块 表 9-5

序号	菜单	功能描述
1	备用金估算	备用金估算数据维护
2	备用金确认	备用金估算数据审核
3	航次使费录入	对航次使费信息进行维护
4	代理费计算	计算船舶航次的代理费数据
5	航次费用审核	对航次费用进行审核确认
6	航次费用结账	对航次的使费数据进行结账处理,产生航次结账单
7	航次结账单修改	对产生的航次结账单数据进行修改
8	航次账单送单确认	维护航次账单送单信息
9	打印航次结账单	打印航次结账单报表
10	航次费用查询	查询航次费用数据信息

(5)运费计算

实现进出口运费的计算、审核、开票、核销、账单制作等一系列相关业务的处理,包括进口运费和出口运费两部分。进口运费部分实现换单费、码头相关费等依据费率标准的自动计算,到付运费的登记,费用维护后提交相关岗位进行审核确认,确认后的费用可进行开票、核销处理等。出口运费部分实现码头相关费、船公司相关费等依据费率标准的自动计算,提交相关岗位进行审核确认,确认后的费用可进行开票、核销处理等。其功能模块如表9-6所示。

运费计算功能模块 表 9-6

序号	菜单	功能描述
	进口运费	
1	进口运费维护	对进口运费数据进行维护
2	进口运费审核	对进口上报的费用数据进行审核处理
3	产生进口运费发票	根据进口运费费用数据进行开票处理
4	作废进口运费发票	作废产生的进口运费发票数据
5	发票核销	对收款发票数据进行核销处理
6	进口费用清单	查询进口费用数据信息
	出口运费	
7	出口运费计算	对出口集装箱运费数据进行维护
8	出口运费审核	对出口上报的费用数据进行审核处理
9	产生出口运费发票	根据计算的出口运费费用数据进行开票处理
10	作废出口运费发票	作废产生的出口运费发票数据
11	发票核销	对收款发票数据进行核销处理
12	出口费用清单	查询出口运费费用数据清单

(6)滞箱费结算

本模块主要实现滞箱费的计算、开票、核销、制作清单等操作。其功能模块如表9-7所示。

滞期费结算功能模块　　　　　　　　　　　　　　　表9-7

序号	菜单	功能描述
1	进口滞箱费结算	计算进口提单的滞箱费数据
2	出口滞箱费结算	计算出口提单的滞箱费数据
3	箱管杂费维护	维护箱管杂费费用信息
4	滞箱费开票	根据进出口滞箱费数据进行开票处理
5	杂费开票	根据杂费数据进行开票处理
6	发票核销	对产生的滞箱费和杂费发票进行收款核销处理
7	滞箱费清单查询	查询滞箱费费用数据

2.数据服务平台

(1)EDI平台

主要包括EDI格式定义、路径设置、报文数据接收/生成等。其功能模块如表9-8所示。

EDI平台功能模块　　　　　　　　　　　　　　　表9-8

序号	菜单	功能描述
报文管理		
1	报文定义	定义报文标准格式,包括订舱报文、向各干线船公司的订舱报文、报关报文、转关报文、海关报文、危险品船申报、危险品货申报等
2	代码对应关系维护	建立不同标准的代码对应关系
3	路径设置	报文默认路径设置等
报文应用		
4	接收进口舱单报文	接收进口舱单EDI报文数据
5	生成进口舱单报文	生成进口舱单EDI报文数据
6	生成进口海关舱单报文	生成进口舱单海关舱单EDI报文数据
7	接收出口舱单报文	接收出口舱单EDI报文数据
8	生成出口舱单报文	生成出口舱单EDI报文数据
9	生成出口海关预配舱单报文	生成出口海关预配舱单EDI报文数据
10	生成出口海关舱单报文	生成出口海关舱单EDI报文数据
11	接收船图报文	接收船图EDI报文数据
12	生成船图报文	生成船图EDI报文数据
13	生成预配报文	生成海关预配数据报文

(2)数据接口平台

主要包括EDI格式定义、路径设置、报文数据接收/生成等。其功能模块如表9-9所示。

数据接口平台功能模块　　　　　　　　　　　　　　表 9-9

序号	菜　　单	功 能 描 述
1	财务接口	与财务系统进行数据交换的接口
2	发票接口	与发票系统进行数据交换的接口
3	海关接口	与海关系统进行数据交换的接口
4	海事接口	与海事系统进行数据交换的接口

3.基础运维平台

（1）业务基础平台

实现整个系统中涉及的业务基础数据维护，包括船舶规范、客户档案、港口代码、国籍代码、作业区代码等。具体内容如表9-10所示。

船务管理功能模块　　　　　　　　　　　　　　表 9-10

序号	菜　　单	功 能 描 述
1	船舶规范	对船舶基础资料信息进行维护
2	客户档案	对客户基本信息进行维护
3	港口代码	对港口代码进行维护
4	国籍代码	对国籍代码进行维护
5	作业区代码	对作业区代码进行维护
6	箱型代码	对箱型代码进行维护
7	尺寸代码	对尺寸代码进行维护
8	……	……

（2）系统管理平台

该平台主要实现组织架构、岗位角色、用户账户、操作权限和报表模板管理等。具体内容如表9-11所示。

系统管理平台功能模块　　　　　　　　　　　　　　表 9-11

序号	菜　　单	功 能 描 述
1	组织机构管理	对公司组织架构信息进行维护
2	操作岗位设置	对岗位角色信息进行维护
3	用户管理	对登录账户信息进行维护，包括所属岗位角色信息
4	用户权限设置	设置用户操作权限

思考与练习

一、判断题

1.船舶代理信息化主要是由于市场竞争环境的变化而逐步发展起来的。　（　　）

2.船舶代理信息化已成为现代船舶代理企业提升其核心竞争力的主要手段。　（　　）

3.电子商务逐渐取代了船舶代理的业务,因此船舶代理行业也将随之消失。( )
4.电子商务系统中,C/S 结构是目前网络应用的主流结构方式。( )
5.目前,港口船舶代理电子商务系统主要包括基础信息管理、船舶代理作业管理、商务计费管理和报表管理等四个基本模块。( )
6.通过电子商务平台实现了数据共享、数据审核和数据交换,避免了数据重复,实现了作业无纸化。( )
7.EDI 是企业间传输商业文件数据的一种形式,和 E-mail 是没有区别的。( )
8.EDI 数据标准、EDI 软件和通信网络是构成 EDI 系统的三要素。( )
9.EDI 不利于数据的安全,易于被盗用、泄露商业机密。( )
10.EDI 是改善顾客服务的一种手段,有利于巩固各方之间的合作关系。( )

二、选择题
1.下列有关船舶代理信息化说法错误的是( )。
　A.船舶代理信息化建设是随着信息化技术的不断进步而不断发展的
　B.船舶代理信息化是由于国内外市场竞争环境变化而发展起来的
　C.信息化的建设,大大提高了船舶代理业的业务、服务水平
　D.船舶代理信息化建设是投入大、见效慢的事,因此不宜关注信息化的建设
2.下列有关电子商务说法不正确的是( )。
　A.电子商务实现了在互联网上传递信息、产品、服务或交易活动
　B.电子商务能满足企业、消费者、管理者的愿望,提高产品质量、加快交易支付等
　C.电子商务仅是将线下业务搬到线上,并没有改变其业务流程,对企业生产效率影响甚微
　D.电子商务就是通过互联网上的"店铺"从事的网络产品和服务的商业活动
3.下列不属于电子商务模式的是( )。
　A.B2C　　　　　　B.B2B　　　　　　C.C2C　　　　　　D.RO/RO
4.根据业务分析,下列不属于船舶代理电子商务系统基本模块的是( )。
　A.基础信息管理　　　　　　　　　B.港口设备信息管理
　C.商务计费　　　　　　　　　　　D.船舶代理作业管理
5.电子数据交换的简写是( )。
　A.EDI　　　　　　B.MOD　　　　　　C.RFID　　　　　　D.ESP
6.下列不属于 EDI 软件的是( )。
　A.转换软件　　　　B.翻译软件　　　　C.通信软件　　　　D.手机 APP
7.下列不属于 EDI 所需要的硬件设备有( )。
　A.计算机　　　　　B.调制解调器　　　C.通信线路　　　　D.路由器
8.下列有关电子数据交换说法不正确的是( )。
　A.电子数据交换增加了船舶代理企业员工的业务操作量,从而降低船舶代理企业的办事、服务效率
　B.EDI 实现过程就是用户将相关数据从自己的计算机信息系统传送到有关交易方的计算机信息系统的过程

C. EDI 系统规范了信息处理程序,信息传递过程中无须人工干预,在提高了信息可靠性的同时,大大降低了成本

D. EDI 技术的应用,有利于船舶代理与委托人、港口、海关、海事局、检验检疫局等相关部门之间的信息共享,提高信息流通效率

三、简答题

1. 船舶代理信息化发展的背景是什么?
2. 电子商务对船舶代理行业的影响是怎样的?请加以简单描述。
3. 船舶代理电子商务系统主要包括哪些组成部分?
4. EDI 数据文件的传输是如何实现的?请举例说明。
5. EDI 的应用对船舶代理业的影响有哪些?
6. 船舶代理软件一般包含的功能模块有哪些?

实务操作

根据教师课堂提供的案例素材,结合船舶代理软件,完成国际航行船舶进口岸申请书、船舶载运危险货物申报表、船舶费用分摊表等单证的缮制操作。

第十章　船舶代理市场营销

学习目标及要求

知识要求
- 了解船舶代理市场营销含义及特征。
- 熟悉船舶代理市场营销外部环境。
- 掌握船舶代理市场细分。
- 掌握船舶代理企业市场定位。
- 掌握船舶代理企业市场营销策略。

技能要求
- 能合理分析船舶代理市场环境。
- 能设置船舶代理企业市场营销方案。

第一节　船舶代理市场营销概述

一、船舶代理市场营销定义及特征

1. 船舶代理市场营销的定义

市场营销(Marketing)是指市场中的参与者(包括个人或企业)通过产品或价值的交换以获取自身所需商品,从而实现自身或双方利益的过程。"市场营销"一词可以作两种词义解释:一种是将其作为动词来理解,是指个人或企业的具体活动或行为,我们可以称此时的市场营销为"市场营销"或"市场经营";另一种是将其作为名词来理解,此时是指研究个人或企业的市场营销活动或行为的学科,我们可以称此时的市场营销为"市场营销学"或"营销学"等。营销是以消费者或使用者为对象的一种产品或服务的转移活动。

船舶代理市场营销是指在水运领域内的代理服务业的市场营销。市场中的供给方是指能为船东和货主等委托方提供代理服务的代理人,市场中的需求方是需要代理服务的船舶所有人或船舶经营人或货主等委托方,其中的营销者是市场中提供代理服务的代理人,顾客是船东或货主等委托方。

2. 船舶代理市场营销的特征

船舶代理市场营销是服务营销的一种,其具有一定的特殊性,除了具有实体商品营销和服务商品营销的一般特点外,还具有一些不同于其他行业企业的特点。与一般市场营销相比,船舶代理市场营销有两个主要的特点:

①船舶代理市场营销的营销者提供的是服务产品,营销市场主要由船舶所有者、船舶经

营者或者货主组成。船舶代理企业为客户提供代理服务,这种代理服务具有无形性、不可分割性、不稳定性及不能被储存等特点。由于服务业的产品是无形的,所以顾客往往凭借自身的主观感受对服务的质量做出评价,正是因为主观因素的存在,船舶代理企业难以对服务产品的质量标准做出明确的规定,从而很难去营销自己无形的服务产品;再者,由于服务产品的不可分割性,服务产品只能在服务者与被服务者的直接接触中才能生产出来,所以,一线服务人员的服务水平将直接决定服务产品的质量。

因此,船舶代理企业必须重视一线服务人员的综合素质,加强对一线人员的培训,提高服务产品质量。另外,一线的服务人员在提供服务时可能受到自身生理心理状况和外部环境的影响,从而会使其所提供的服务存在不稳定性。对此,船舶代理企业和一线的服务人员要提前做好准备,同时一线的服务人员应加强自身的应变能力和环境适应能力。最后,由于服务不能被储存,所以服务产品的生产与消费是同时进行的。

②船舶代理市场营销是跨越国界的营销,船舶代理人不仅可以接受国内船舶所有者、船舶经营者或者货主的委托,也可以接受别国船舶所有者、船舶经营者或者货主的委托,为其办理船舶靠港的相关业务。船舶代理企业的竞争者既有本国的,也有国外的,其营销的服务产品是在全球范围内生产的。由于船舶代理市场营销的国际性特点,国际市场环境的复杂性会约束船舶代理企业制定与执行营销方案。

二、船舶代理市场营销环境分析

1.船舶代理市场主体分析

船舶代理行业从最初的一家垄断,到后来由交通运输部审批获得从业资格,再到现在的仅需向中国船舶代理及无船承运人协会备案,船舶代理市场的准入标准逐步放开,从业者众多,竞争十分激烈。目前,市场上船舶代理企业主要有以下几个类型。

①中国外轮代理有限公司。作为中国最早的船舶代理企业,独家垄断市场近半个世纪,其行业地位早已根深蒂固。

②依托大型船公司的船舶代理。这一类船舶代理企业的业务主要来自其所依托的大型船公司。

③依托大货主的船舶代理。这一类船舶代理企业的业务量主要来自其依靠的大型货主企业(大型钢铁企业、大型修造船厂等)。

④依托港口当局的船舶代理。例如,港口当局投资或者参股成立的船舶代理企业。虽然现在港口当局不能向船舶所有人指派代理,但仍可以安排自己的船舶代理企业所代理的船舶优先靠离泊作业。

⑤公关能力强,跟口岸联检单位关系熟络的船舶代理。

⑥营销能力强、服务意识强的船舶代理。

2.船舶代理市场外部环境机会分析

1)国家对航运业的重视和支持

航运业的发展与我国国民经济的发展息息相关,同时,航运业也是我国海上贸易与海上安全的关键。中国历来重视发展航运业。交通运输部于2015年1月出台了《关于加快现代航运服务业发展的意见》(以下简称《意见》),该《意见》提出了几项任务,包括促进传统航运服务业转型升级、提升航运交易服务能力、创新航运金融保险服务等。该《意见》指出,到2020年,我国将基本形成功能齐备、服务优质、高效便捷、竞争有序的现代航运服务业。交通运输部及其他相关部门,在财政税收、节能减排、收费规范等方面出台了相关措施,以支持航运业的发展。

2)"一带一路"为航运经济和船舶代理业带来机会。

2015年初中国发布《推动共建丝绸之路经济带和21世纪海上丝绸之路的愿景与行动》,"一带一路"倡议进入了全面实施阶段,为如今低迷的航运经济市场带来了新的机遇。

3)"互联网+航运"为船舶代理业带来机会

"互联网+航运"是一种新的航运理念,也是一种新的运作方式。该理念改变了传统的航运作业方式。借助互联网,货主企业、船公司、港口、货代之间的协同效率大大提高,并使得传统的航运物流过程发生进化。在互联网大数据方法论的引导下,传统航运物流数据的价值得到了高度重视,基于数据的航运物流附加延伸服务正蓬勃发展;借助大数据进一步推动航运企业和港口的深化合作,共同打造立体化航运服务。基于港航大数据,可实现商品流向的优化,提升商品流通效率,供应链金融业务将具备坚实的基础。

船舶代理企业可以借助这一新的作业方式,改革企业内部运行机制,扩展业务范围,通过互联网与客户进行交流沟通,进一步加强与客户之间的合作,大大提高作业效率。近年来,航运领域涌现了许多电商平台,借助互联网的力量,推动传统航运业向新业态转型发展。比如,中海与阿里巴巴合作,成立"一海通",希望通过互联网电商平台打造航运物流生态圈,构建覆盖全球的供应链服务能力,突破船公司以航线经营为核心的传统"港—港"服务的局限。目前,"一海通"平台已经与多家船公司深入合作,实现了与港口、电子口岸的全面对接,平台合作的货代、物流企业遍布全球,基本具备全球物流服务能力。

4)国际船舶代理免征增值税带来的机会

2014年,国家税务总局发布公告,公告称通过代理人进行的各种业务操作可以免征增值税。这一公告的发布为船舶代理企业节约了运营成本,推动了船舶代理业的发展,为船舶代理企业的发展提供了良好的外部机遇。

3. 船舶代理市场外部环境威胁分析

1)来自目前全球航运业BDI指数下滑的威胁

BDI指数是波罗的海干散货运价指数的英文简称,是衡量全球干散货运输平均价格的一种指数,是反映全球航运业景气的重要风向标,同时也是反映大宗商品行情以及全球经济运行状况的领先指标。BDI指数是通过计算多条主要航线的即期运费而得到的,该指数衡量的是大宗干散货(如铁矿石、水泥、谷物、煤炭和化肥等)的运输费用。当前,BDI指数一再下跌,原因有很多,例如中国经济放缓、对于大宗散货的需求下降、大宗干散货船舶供应严重过剩,都使得航运市场面临严峻的问题。中国的船公司、港口企业和航运服务企业的景气指数值均处于不景气区间,整体经营情况恶化,行业进入深度调整期。

2)来自国内外班轮公司"自船自代"的威胁

航运业是世界经济贸易的派生产业,而船舶代理业又随着航运业的产生而产生,即航运业发展到一定水平之后催生了船舶代理行业的产生。因此,船舶代理业从属并且依附于航运业,航运业发展的好坏也决定了船舶代理业的兴衰。随着大型航运企业业务的多样化,"自船自代"业务在船舶代理市场中悄然兴起。随着船舶代理市场"自船自代"的逐步发展,船舶公共代理市场,尤其是班轮公共代理市场正遭受巨大的打击,市场中的公共代理人企业大量减少。随着越来越多的国内外的班轮公司逐步开展"自船自代"业务,不仅加大了从事公共代理的企业承受的压力,也进一步加剧了市场的竞争。国内经济及各方面实力较强的航运公司正在向业务多样化方向发展,纷纷组建企业自己的船舶代理公司。这对航运企业本身来说是件好事,既能节约成本,又有从事代理业务获利的可能性。但这对国内的船舶公共代理人来说却是充满危机。船舶代理公共市场的市场份额由于航运企业自营船舶代理公司的出现而减少,并且有可能对船舶代理市场形成垄断,船舶代理企业在未来面临的竞争压力进一步加大。

第二节　船舶代理市场细分

一、船舶代理服务市场细分的定义

市场细分是指企业根据消费者明显不同的需求特征将整个市场化分成若干消费者群体的过程,每个消费者群体是一个具有基本相同需求的细分子市场。

所谓船舶代理服务市场细分就是按照一定的依据,将船舶代理服务的客户市场划分多个较大的互有差别的顾客群,而每个顾客群的顾客都具有类似或近似的需求特点。

同一细分市场中的顾客有共同的特点,而不同细分市场消费者的需求则存在相对显著的差别。由此可见,消费者对船舶代理服务需求的差异性是船舶代理市场细分的内在依据,而细分是否恰当则主要取决于对船舶代理服务需求的关键差异性的分析。细分是否恰当将在船舶代理企业的市场营销实践中得以验证,按其是否有效和是否有益于企业目标的实现来加以判断。

二、船舶代理服务市场细分

1. 传统的船舶代理服务市场细分

传统的船舶代理市场细分有两种方法:

①按照船舶类型,将目标市场分为集装箱船、散杂货船、油船、化工品船、液化气船、冷藏船和旅游船等,还可以将散杂货船再分为矿砂船、豆粕和化肥船等市场。这种市场划分方法较为简单明了,将顾客按照所从事的专业船舶领域分离开来,但是并没有涉及顾客的需求特点差异。

②按照顾客的种类,可分为船东(船舶所有人)、船舶经营人(承运人)、提名代理的租船人、特定委托内容要求的关系人、船舶管理人、总代理(中间商)等。这种按照顾客的性质和在国际贸易和运输中担当的角色来进行划分的方法同样也没有涉及顾客的具体需求差别。

2. 市场导向的船舶代理服务市场细分

从船舶代理企业的角度出发,针对顾客选择船舶代理服务的决定性因素,即顾客对船舶代理服务的需求、用途以及与其关联程度来细分船舶代理服务顾客市场,可分为:

①战略定位型顾客。所谓战略定位型顾客是指顾客自身一般已经历较充分的发展,具有明确的国际贸易和物流发展战略,对船舶代理服务有较为成熟的认识和界定,并对船舶代理服务具有决定性选择权或支配权的企业。主要包括实力强大的船舶营运人(例如 MAERSK、CMA-CGM 和其他件杂货班轮、旅游船和特种船等大型船东)、综合实力强大的大宗散货贸易商(例如 BHP、RIOTINTO、CVRD、GLENCORE 等国外贸易企业,SINOCHEM、SINOPEC、CHINAOIL、宝钢、鞍钢和中煤等大型国有生产、贸易和运输企业,GEARBULK、NYK、STAR CRUSIER 等大型国外船东或专业化运输船东等)。

②利害关系型顾客。所谓利害关系型顾客是指在自身所处产业中具有一定的实力和地位,对国际贸易和运输的参与和控制在逐步增强,对船舶代理服务有一定的了解并为了保证自身利益对船舶代理服务的选择有支配权或建议权的企业。主要包括中小型散杂货进出口贸易商和生产型企业(包括各地方钢铁企业、民营重工业企业等)、各种船厂和大中型物流服务商(例如大型货代和无船承运人、保税堆存和运输服务商等)。

③功能服务型顾客。所谓功能服务型顾客是指自身对船舶代理服务有着功能性不可或缺需求,需要船舶代理企业完成一定任务的中小型船舶运输和管理企业,主要包括中小型船东、船舶营运人、船舶管理人、总代理等。

按照上述分类方法,这三个类别的顾客的划分是相对的。也就是说,同一个企业在不同船型、不同港口、不同货种、不同合同方式下可能构成不同类型的顾客。另一方面来说,即使上述条件都相同,在不同时期,同一顾客的类型可能会相对变化,这和该企业的发展战略、实力和发展程度紧密相关。只有深入分析这三种顾客需求的特征,才能够把真正把握顾客需求,从而更好地为船舶代理企业做好市场营销和实现自身发展目标服务。

3.船舶代理服务市场细分下顾客需求的特征

根据经济学需求法则和消费者行为理论,顾客对船舶代理服务的选择主要取决于服务产品的价格、服务的质量水平、船舶代理服务企业的综合实力(包括企业的人员、财务状况、品牌、声誉和社会关系资源状况以及满足相关服务需求的能力)和顾客的自身因素(包括企业顾客的消费动机、企业顾客对船舶代理服务的认识和感知程度、企业顾客的消费倾向和企业内部人员的认知和情感偏好等)。

1)战略定位型顾客需求特征

(1)顾客自身因素方面

①对船舶代理服务在其主营业务中有相对明确的定位。这种定位要求船舶代理服务的各个方面要为其主营业务服务,实现其内部效益最大化。例如,以马士基航运为代表的大型集装箱班轮船东,将国内港口的船舶代理定位于做好船公司与当地港口具体法规、操作习惯和文化沟通互动的媒介,而其他方面,诸如销售订舱、物流延伸服务、客户关系维护和收取运费等业务由其在本国内的公司牢牢掌控。因而其在代理选择上,一家大型网络化的、服务质量稳定的、价格水平相对合理或偏低的、财务状况良好并且愿意承担一定期限港口费用垫款的代理公司是其首选。

②对各个船舶代理企业状况及服务水平有着较为成熟的判断。这些顾客的综合实力非凡,对各地港口的船舶代理企业的综合实力状况和服务水平都有着较为全面的了解,因而他们对船舶代理服务的选择,在其对船舶代理服务定位的基础上有着比较成熟的判断,而这恰

恰构成了一道无形的服务准入门槛。

③内部具体人员的认知和情感偏好在短期内对船舶代理选择的影响相对较小,但从长远角度来说,内部核心人物的认知和情感偏好往往是对船舶代理选择变化的决定性影响因素。企业型顾客对船舶代理服务的定位、认知、判断和评价都是由企业内部人员集体完成的。即使是发达国家的先进企业,无论其管理是多么透明、多么法制化,但是只要涉及局部利益,企业决策就不可避免地受到某些关键人物的认知和情感偏好的影响。而在服务性行业,特别是船舶代理服务的选择方面,受顾客内部关键人物的认知和情感偏好的影响就更为巨大。此外,某些国有大型企业的核心人物经常会出现定期的轮回变动,不同的核心人物对船舶代理企业及其服务的认知和情感偏好会有所差异,尽管这对企业自身已经给船舶代理服务的战略定位影响不大,但是仍然会表现在对船舶代理服务选择的变化中,进而使其也会呈现出一定的周期性。

(2)对船舶代理及其服务的要求方面

①服务的价格。战略定位型顾客在与船舶代理服务企业的价格谈判博弈中,一般具有绝对的和压倒性优势,基本上具有最终的定价权。其对船舶代理服务的最终定价,相对于市场行情、其自身的战略利益和船舶代理企业的运作绩效保障来说应该是合理的,更多情况下是略微偏低的,但可以被船舶代理企业接受和认可。

②船舶代理服务产品。船舶代理服务应该能够满足战略定位型顾客对其定位的基本要求,主要表现在:船舶代理服务服务内容与顾客要求相一致,充分保障顾客的战略利益;在服务操作的程序上实现标准化,与顾客内部的控制程序实现啮合和对接;维持服务内容、程序和操作人员的相对稳定性。

③船舶代理企业的综合实力。战略定位型顾客对船舶代理企业综合实力的要求包括:船舶代理企业的财务状况良好,并能够承担一定的资金垫付能力;船舶代理企业具有较好的品牌和声誉,能够对顾客某些方面的发展提供便利条件;船舶代理企业人员的专业知识、经验、阅历、人际沟通交往能力、社会关系维护和发展能力等综合能力和处理问题的悟性及变通;船舶代理企业对其所属海运服务行业的纵向整合控制能力,例如能否提供货代、报关报检、堆存和内陆运输等服务。

④船舶代理企业及其内部人员的社会关系资源。这是满足战略定位型顾客的解决突发问题和复杂困难问题的需求以及满足内部人员情感偏好需求的关键因素。企业社会资源主要包括与港口单位的关系状况和与地方政府管理机构、公众机构和传媒机构的关系状况等。内部人员的社会关系资源主要指船舶代理企业内部人员的个人社会交往和关系资源,主要包括其与医疗、教育、文体机构、银行保险等单位内部人员的社会交往状况。

2)利害关系型顾客需求特征

利害关系型顾客与战略定位型顾客需求的差别主要在于其对船舶代理服务的需求主要是为了满足自身的一定的经济利益,而非包含其自身和船舶代理企业一并在内的系统化的战略利益。这主要是由客户企业自身的实力、规模和发展阶段,以及其在整个行业和在国际贸易和运输中的地位所决定的。

利害关系型顾客对船舶代理服务的需求特点概括起来就是,要求船舶代理企业在提供较高水平功能性船舶代理服务的基础上,必须具备使得其一定范围内和程度上的经济利益得以满足的能力。以各地的中小钢厂为例，他们在国际贸易合同中一般不承担运输责任，因而没有绝对的实力和能力决定船舶代理服务的选择，但是其对船舶代理服务选择一般有非常大的建议权或支配权，主要是为了保证其自身在国际贸易合同中所承担的在相关港口装卸货物的责任得以顺利完成和风险得以控制，即：要求船舶代理协调船方和港方按照规定的装卸时间完成装卸作业，保护客户与贸易合同方结算船舶滞期速遣利益；要求船舶代理协调船方和港方，保证货物保质保量地完成港口装卸作业，一旦出现任何货损货差或者船损风险，能够及时反馈并帮助协调解决。

另以修造船厂为例，由于其具有船坞、平台的独特性资源，因而在修造船合同签署后，船东在修造船船舶代理的选择上，一般会听取船厂经营者的建议选择代理。船厂推荐船舶代理，除了一定的经济利益以外，还包括配合船厂进行各种修造船申报和审批以及其他特种作业程序的申报和审批等，从而为保证修造计划顺利进行创造外部条件。因而各个大型修造船厂一般都固定有2至3家服务较好、机制灵活和服务人员专业的修造船舶代理理，向船东进行推荐。

3）功能服务型顾客需求特征

功能服务型客户的需求与上述两种类型顾客的不同之处在于其离不开船舶代理服务的某些内容，必须依赖其实现自身的某种功能。由于其自身的综合实力和对市场和运输行业的驾驭能力较弱，因而对船舶代理服务的选择权受到一定的限制或者完全失去控制，致使其对船舶代理服务的需求呈现如下特点：

①在船舶代理服务的质量和价格之间取得平衡，要求性价比合理；但并不排除某些极端顾客要求超低的代理收费价格。

②一般对船舶代理企业有相当的了解，要求其有一定的规模和实力。如果受市场不景气等因素的影响，也不得不接受与其合约相对应一方对船舶代理服务选择的安排。

③注重船舶代理服务企业能够满足其功能性需求，能够降低顾客运营成本，特别是帮助其解决实际的突发事件和困难问题。

第三节　船舶代理企业市场定位

一、船舶代理企业市场定位的概念

所谓船舶代理企业市场定位，从狭义上讲，就是指对船舶代理企业所提供的服务产品和形象进行构思和设计，通过一定的营销方式，使其能在船舶代理服务目标顾客的心目中能够占有一个独特位置的行动。船舶代理企业市场定位的最终目标是通过企业品牌将自身的优势聚集起来形成合力，并在客户的心理上产生超值或可信的价值判断，进而影响客户的需求意愿和选择。

二、船舶代理企业市场定位的层次

船舶代理企业的定位主要包括以下几个层次：行业定位，公司定位，服务部门定位，服务产品定位。

行业定位是指船舶代理企业把本身所处的服务行业作为整体定位。船舶代理行业具有其特殊性,尽管其属于海运服务服务行业,受制于海运业之外,还受到国际贸易和生产性行业的影响。具体船舶代理企业的行业定位应综合考虑到其在相关行业中的整体实力和优势。例如,有些船舶代理企业依托货代业,逐步向整体运输物流业发展;而有些船舶代理企业系由航运企业衍生发展而来,而定位为贸易运输提供整体服务;又有些是由货主贸易企业增设演变而来,目标就是服务贸易、方便贸易执行。

公司定位是指把本企业作为整体来定位。船舶代理企业综合考虑自身的整体优势以及在所属行业中的地位,而给企业找到一个合适的位置。例如,在市场竞争中企业是充当市场领先者,还是市场跟随者或是新加入者。船舶代理企业的公司层次定位受其竞争者及顾客的影响,这三者之间的彼此感知能够深刻地影响企业制定其营销战略。船舶代理企业必须不断地加强与客户的沟通,提高公司的可见度和信誉,从而提高其在市场中的地位。

服务部门定位是指船舶代理企业提供的一定范围的或一系列的相关服务的定位。例如某些代理公司定位为专门为船东提供船员遣返、备件转递等保护代理服务,而其他企业定位为专门为船东提供修船船舶代理服务。

服务产品定位,即狭义的船舶代理服务市场定位,是指船舶代理企业针对特定的船舶代理服务产品内容的定位。其定位依据有很多,主要包括以下几种类型:①以船舶代理服务产品的质量、价格或服务定位,强调与众不同的品质、价格或性价比,例如某外代在中国北方港口为船东提供专门的冻鱼船舶代理服务,其就以服务质量高、服务价格没有任何折扣而著称;②以船舶代理服务消费者类型定位,例如某船舶代理将市场定位在中国北方的钢厂,为其提供进口大宗散货船舶代理服务,其在这个细分市场的占有率最高时达到了50%以上;③以区别竞争者的不同属性定位,例如某船舶代理提供特殊的杂货班轮船舶代理服务,除了满足正常的顾客功能化需求以外,还利用自身的货源优势,为其揽货订舱,从而赢得了杂货班轮船东的认可,形成了自身特色的服务风格,并在客户心目中取得了信任,使得自身品牌得到了强化。

三、船舶代理企业市场定位的原则

船舶代理企业的市场定位应考虑到顾客做出购买决定的途径。不同顾客会使用不同的标准,顾客使用服务的目的会改变这种标准,使用服务的时机也会影响其对服务的选择。船舶代理服务的使用者是企业顾客,因而企业的决策方式将是影响船舶代理服务选择和船舶代理企业市场定位的重要因素。企业顾客对船舶代理服务选择的决定是由集体做出还是关键人物做出,有成熟固定的选择标准还是凭借内部相关人员的感觉判断,对船舶代理服务和企业间的关系是否有明确的认识和界定,这些都是影响船舶代理企业进行市场定位的决定性因素。根据企业顾客的实际情况,突出船舶代理企业自身的服务特征,这是定位的基础。

船舶代理服务是无形的,顾客主要是通过船舶代理企业的资源、品牌和口碑,服务环境和设施,服务价格,服务质量控制体系,服务人员的背景、言行、技能和态度等形成服务的总体印象。船舶代理企业的市场定位原则也应是强调有形证据,强化企业的市场形象,促使顾客将本企业的服务与其他竞争对手的服务区分开来。

四、船舶代理企业市场定位的步骤

船舶代理企业的市场定位包括三个步骤:一是识别可能的竞争优势;二是选择合适的竞争优势;三是有效地向市场传递企业市场定位。

1)识别可能的竞争优势

船舶代理服务的企业顾客一般选择会给其带来最大价值的服务,而船舶代理企业赢得顾客的关键就是要比其他竞争者能更好地理解顾客的需要和购买过程,最终使客户获得更多的价值。要区别于其他的竞争者,船舶代理企业就要提供差异化服务。这主要包括以下几个方面:服务产品差异化、人员差异化、渠道差异化和形象差异化。其具体差异化变量如表10-1所示。

服务差异化变量　　　　　　　　　　　　　　　表10-1

服务差异	人员差异	渠道差异	形象差异
安全性	资格、能力	覆盖面	标志
可靠性	态度	网络化	媒介
过程设计	诚实	专业化	气氛
一致性	可信	高绩效	事件
特征	负责		
内容	沟通		
相关服务	背景、资源		

2)选择合适的竞争优势

船舶代理企业在发现多个服务差异可以营建竞争优势后,必须进行谨慎评估和有效选择。企业可以大力促销一种利益,也可以同时促销几种利益,但必须避免定位不当,具体应该满足一下原则:

①差异的重要性,指能向顾客让渡较高价值的利益。
②差异的独特性,指公司的提供方式与众不同。
③差异的优越性,指其明显优于通过其他途径所获得的相同利益。
④差异的感知性,指顾客能够很容易感觉到该差异化。
⑤差异的先占性,指船舶代理企业对该差异化在市场中的应用和推广能够取得先机。
⑥差异的可承担性,指顾客有能力购买这一差异化。
⑦差异的可盈利性,指船舶代理企业通过该差异化可以获得一定的利润。

3)有效地向市场传递企业市场定位

船舶代理企业及其服务产品的市场定位必须通过正确的形式有效地传递给目标顾客,并被他们所正确感知和认可,才能够使得企业市场定位获得真正的成效。

有效的传递首先是通过内部员工与外部顾客的沟通得到贯彻;其次是利用消费者的有利感知,获得好的口碑,从而产生蝴蝶效应;最后,企业要正确处理与自身相关的公共事件或危机事件,扩大自身的影响,传播企业的定位价值。

第四节　船舶代理企业市场营销策略

一、成本领先策略

成本领先策略又称为价格策略,就是以在市场上具有竞争性的价格去打开新市场和维护原市场。

从船舶代理行业目前实际运营情况来看,船舶代理服务的成本主要包括:市场营销成本、服务操作成本以及客户和公共关系维护成本。从这三项成本发生的过程来讲,它们都具有一定的弹性空间,因此,如何围绕这些成本做足、做好文章是价格策略能否实现的关键。

事实上,由于船舶代理费只占船舶在港营运成本的很少部分,而客户最关心的是船舶在港口所发生的总成本。因此,对于船舶代理公司来说,通过什么样的方式来降低客户总成本是价格策略实现的又一种重要和有效的形式。

1.背景策略

假设 A 船舶代理公司是 B 集团所属船舶到 C 港的行政指定代理商。因此,B 集团各专业运输船队是 A 船舶代理公司的船东背景,这一背景是 A 船舶代理公司在市场竞争中赖以取得竞争优势的宝贵资源之一。对于 A 船舶代理公司来说,可以适时地将这种优势资源转化为公司的竞争优势,进而将这种竞争优势上升为公司参与市场竞争的市场营销策略。

1) 费率优势策略

由于 B 集团是目前国内在 C 港散杂货运输船队中总货物运输量最大的船公司,根据 C 港的现行鼓励政策,C 港给予 B 集团所属船舶在港的港口使费一定折扣优惠。因此,A 船舶代理公司可以充分利用这一费率优势,采用套用 B 集团与 C 港有关优惠政策协议的相关条款,让自己承揽代理的集团外客户同样也能享受这一优惠政策,从而降低客户经营船舶在港的营运成本,进而提升公司的市场竞争能力,以承揽更多的社会船舶。

2) 代理优先策略

对于以货主市场为主的船舶代理,即船舶代理委托权主要由货主指定的船舶。A 船舶代理公司在无法争取到船舶执行代理的情况下,公司可以有效利用 B 船东背景优势,争取到船舶总代理或保护代理资格,并以总代理享有分配船舶代理费的权力和执行代理向总代理负责的机会,采用降低支付给执行代理实际代理费和提高代理要求的方法,迫使竞争对手放弃对 B 集团船舶代理权的争夺。

3) 租船优势策略

对于一些想租用 B 集团所属船舶经营的客户来说,A 船舶代理公司可以利用自己与集团兄弟单位关系较好的优势,努力在租船价格优惠和手续便利性上,为客户提供力所能及的帮助。当然,公司的这种努力一般是不会白费的,对于客户来说,作为对 A 船舶代理公司的回报,他们自然就愿意将自己所租用经营的船舶代理权交给 A 船舶代理公司。

2.双赢策略

双赢策略实施的前提是船舶代理的委托方和代理方双方之间必须同时受益。其实现的手段是通过某种方式设法降低双方各自的经营成本,其结果是委托方因为其经营总成本的降低而获益,船舶代理方因为其代理成本的变相转移而获利。

从目前船舶代理市场实际运作情况来看,船舶代理委托方对船舶在港的时间成本的重视程度往往比其他成本(如代理费)要高得多。为此,他们总想把船舶代理业务和货物报关业务一同委托给一家代理公司操作,以便自己省时又省力。

船舶代理企业可以充分利用这一市场动向,抓住时机,采用捆绑式营销策略进行市场营销工作,即在承接船舶代理业务时,一并将货物报关业务承接下来。采用这一策略来降低成本的方法有很多,其中最为有效的一种是"零"报关方式。所谓"零"报关方式是指代理公司在争取船舶代理业务时,对于货物报关不收取任何费用,这种方式实际上是一种将报关成本转移的策略。因为报关业务成本除了风险成本比较大之外,实际操作成本一般是比较低的;而客户营销和维护成本因客户对象与船舶代理的委托方是同一的或者是相关联的,所以这一成本可以在船舶代理成本中得以消化解决。虽然报关业务的风险成本比较高,但是可以通过提高员工的服务操作技能来规避,这一点对于一个服务操作比较成熟的公司来说是非常容易做到的。

二、产品组合策略

随着船舶代理市场客户需求多样化趋势的发展,船舶代理企业除在传统的船舶代理、货运代理、报关和拖车等相关业务方面继续巩固和加强外,目前还应在租船中介、船用物料和船员物品供应等方面不断完善其配套功能,争取以服务产品组合的形态去抢占市场,赢得客户。通过企业的内部服务功能组合进一步将单一的船舶代理服务上升到综合的船务代理服务水平上来。具体来说,船舶代理企业可提供的代理服务产品组合包括:

①船舶代理和报关业务的组合。
②船舶代理、报关和货运代理等业务的组合。
③船舶代理、报关、货运代理和拖车等业务的组合。
④船舶代理、报关、货运代理和拖车以及租船中介等业务的组合。
⑤船舶代理、报关、货运代理、拖车和仓储以及租船中介等业务的组合。
⑥船舶代理、报关、货运代理、拖车、仓储、船用和船员物品物料供应以及租船中介等业务的组合。

三、市场促销策略

1.文化营销策略

文化营销策略实际上是以"以人为本"的经营指导思想为出发点。因此,文化营销是人(People)和促销(Promotion)两个营销组合要素的有机组合。船舶代理企业可以通过举行各种形式的文化和体育活动来与客户进行沟通和交流。比如公司可以通过每年定期举办的篮球赛、足球赛、羽毛球赛等来增进公司与客户各个层面人员的往来和接触,以进一步加深彼此之间的感情。文化营销策略的实施不仅在客户开发和维护方面效果明显,而且在维护与口岸各联检单位的关系方面同样会起到相当大的作用。

2.公共关系策略

与其他行业一样,船舶代理企业的市场形象和声誉对企业经营业务的开展影响甚大。为此,船舶代理企业可以因时制宜,通过举办和协办客户恳谈会、船舶代理市场研讨会或者参加规模较大的商品订货会等形式多样的活动来加强企业与社会各相关层面人士的接触和交流,以便让更多的人认识船舶代理行业,了解本企业。

3. 关系营销策略

关系营销是指企业及其员工利用和发挥本企业或个人的各种社会关系资源来开展的市场营销活动。关系营销实现的前提有二:一是企业或个人要有各种关系资源,二是企业或个人要有市场营销的意识和行为。船舶代理企业应该在企业内部全面提倡全员营销的理念,调动一切积极因素,开展公司的市场营销工作。

四、分销渠道策略

1. 网络化营销策略

这里所说的"网络"并不是指我们通常所说的电子信息化的计算机网络,而是指分布各地的船舶代理网点所构成的企业组织网络。所谓网络化营销是指船舶代理公司利用其遍布全国乃至世界各地的代理网点对其服务产品进行的整体营销。网络化营销是一种新型的、非常实用的市场营销方式,其核心就是网络化代理企业利用其内部建立起来的客户管理系统,共享系统各网点的客户信息资源,并依据这些信息资源进行市场营销工作。

例如,当某一代理网点通过某种方式取得某一条船的船舶代理权后,该网点代理公司专门从事客户跟踪和管理的管理员就立即将与取得该船舶代理权的相关信息和船舶档案资料及时输入到联网的共享数据库中去,并将该船下航次的动态信息电话通知系统网点的下一港代理;下一港代理在得到此信息后,及时与委托方取得联系,并借助上一港代理的推荐力量,争取取得该船下一航次的船舶代理权。按照这种方式,可以通过对该船舶动态的连续跟踪,实现网络化的连锁代理。

2. 结盟策略

对船舶代理公司来说,积极创造条件,努力寻求通过与大船东、大货主、大租船人或者是在航运市场具有一定影响力的船舶经纪人之间签订阶段性或长期的代理合作协议的形式来实现双方的联盟缔结,是一种非常有效的市场营销策略。

从目前市场实际情况来看,结盟的形式有很多,其中最为通行的做法是以双方利益共享为核心的合资、合作经营以及采用回扣和佣金制度等形式。

五、人才策略

船舶代理业务是一项纯服务性的工作。要做好这项服务工作,尤其是服务市场的营销工作,"人"的因素至关重要,用句通俗的话来讲,人才是关键。

众所周知,一个企业拥有了人才并不完全等于该企业就有了人才优势,因为企业人才优势的建立并不是企业所有人才的简单叠加,而是诸多人才的优化组合。因此,对于一个企业来说,企业拥有了人才只是企业能够发挥人才优势、实施人才策略的前提,而企业如何利用好自己的人才资源,用好这些人才,才是企业实现人才策略的关键。

对于广大船舶代理企业而言,在实施人才策略方面,一方面应该在企业内部进一步改进用人机制,通过人事制度和内部分配制度等一系列的改革来激发内部活力,力争人尽其才;与此同时,公司还应该始终坚持培养和使用人才相结合的方针,积极创造条件,对员工进行从服务理念、服务营销、服务技能到服务团队精神的培养等各个方面的教育和培训,以最大限度地发挥企业自有人才的资源优势。另一方面,公司应制定切实可行的各项优惠政策,网罗游离于社会和现在正服务于竞争对手的优秀人才,特别是船舶代理市场营销方面的精英;在内部机制改革、服务观念转变和服务手段创新的同时,还应该进一步创新市场营销方式,努力将企业的人才优势真正转变为企业的市场竞争优势。

六、服务过程策略

船舶代理服务活动具有一定的特殊性,这种特殊性具体体现在以下两点:

①对于委托方来说,船舶代理服务最终有一个好的结果固然重要,但是,对于服务过程是否尽如人意,委托方同样极为注重。这是因为代理服务结果虽好,仅仅意味着船舶最终能够离开港口,但并不代表船舶离开得是否顺利。而一旦过程不顺利,客观上还会对委托方造成一定经济损失,这种损失一般具体反映在以下两个方面:一方面,委托方的实际付出的成本可能会比其预想的要大,比如时间和资金成本;另一方面,船舶经营可能出现的风险太大,比如机会成本。因此,只有服务过程和服务结果同样理想,才是船舶代理公司对委托方所提供的服务达到完美交付的要求。

②对于代理方来说,竭力追求代理服务能够取得一个好的结果是企业最终的愿望,但是除此之外,对于代理服务的过程也应给予足够的重视。这是因为代理的过程实际上是一个学习的过程,代理公司如果能在不断的代理实践中加以学习和总结,那么其代理服务的质量和水平就有可能进一步得到改进和提高。

追求船舶代理服务过程的完美,除了强调服务操作应该严格按照操作标准和规范要求进行外,在服务手段上也应力求灵活和创新。比如对于船舶在港动态的报告,过去经常采用电话方式向委托方实行"一天一报"惯例做法,但现在的顾客不仅需要按时间阶段提供船舶静态报告,还要看到船舶在码头实际装卸时的实景。可以采用增加投资、更新服务人员通信装备的方法使服务过程更加完美,比如:公司可以给外出办理船舶相关手续的外勤人员配备无线上网的手提电脑和数码相机,以便让外勤能将船舶在码头装卸货物的现场情况,用数字图像形式明白无误地传给对方。

总之,对于任何一家船舶代理公司来说,任何只重视和强调服务结果而轻视和忽视服务过程的想法和做法都是有害的,也是错误的。

思考与练习

一、判断题

1.货物种类数量是决定船舶类型、船舶吨位的主要依据也是影响运价水平的主要因素之一。   (   )

2.班轮运输市场的结构可分为四类:完全竞争市场、完全垄断市场、垄断性竞争市场和寡头垄断市场。   (   )

3.航运运价与海运需求量之间存在相反方向变动。   (   )

4.改变航线、退出市场方便是班轮运输市场的特点之一。（　）
5.班轮市场是由为数众且模较大的航运企业的经营活动构成的。（　）
6.航运需求虽然在个别方面呈异质性,但在总体上却有一定的规律性。（　）
7.航运需求的移动,反映的是航运需求常常是国家或地区的一种暂时的过渡需求,它带有一定的随机性。（　）
8.供给量的运动和供给的移动是两个不同的概念。（　）

二、简答题

1.简要说明开展市场营销调研的步骤。
2.简要介绍航运市场营销与船舶代理市场营销的区别。
3.试按货类(集装箱、散货、石油)分析当前国际航运市场的特征及发展趋势。
4.简要说明波特五力分析模型及使用方法。
5.简要说明SWOT的特点及使用方法。
6.简要介绍船舶代理市场营销策略。

实务操作

1.在本地区选取一家船舶代理企业,围绕企业发展及其市场实际,进行企业的SWOT分析,制定企业发展战略方案。

2.对本地区船舶代理行业开展市场调研,形成市场调研报告,并选取典型船舶代理企业制定其市场发展策略方案。

附　录

附录一　船舶代理业务法律法规

序号	名　称	扫码浏览
1	中华人民共和国国际海运条例	
2	中华人民共和国国际海运条例实施细则	
3	中华人民共和国船舶吨税暂行条例	
4	国际航行船舶进出中华人民共和国口岸检查办法	
5	国内航行海船进出港报告办理指南	
6	国际航行船舶出入境检验检疫管理办法	
7	船舶海事声明签注服务管理规定	

续上表

序号	名　称	扫码浏览
8	老旧运输船舶管理规定	
9	船舶检验管理规定	
10	船舶载运危险货物安全监督管理规定	
11	中华人民共和国海关进出境运输工具监管办法	
12	中华人民共和国船舶安全监督规则	
13	中华人民共和国船舶登记办法	
14	中华人民共和国船舶及其有关作业活动污染海洋环境防治管理规定	
15	中华人民共和国船舶污染海洋环境应急防备和应急处置管理规定	
16	中华人民共和国港口法	

续上表

序号	名　称	扫码浏览
17	港口危险货物安全管理规定	
18	国内水路运输管理规定	
19	港口经营管理规定	

附录二　船舶代理有关岗位职责

岗位1：外勤

外勤业务员（Boarding agent，也称驻船业务员，因为以前外勤业务员会住在船上）是指负责现场代理业务，在公司船务调度的安排和指挥下，为其完成委办事项，在码头、锚地等现场或者在办理船舶进出口手续的现场从事代理业务的人员。实践中，外勤业务员还需做好准备工作和善后工作，其特点是独立性和政策性强，工作环节多，时间紧，联系面广。

一、岗位描述

负责办理船舶进出港手续，办理船方委办事项，处理其他船舶在港事宜。

二、工作职责

按照要求，依据船舶班期为每一条来港船舶进行现场代理服务。在船舶抵港前从各有关部室取得舱单及危险品准单等单证，联系好船舶委办事项；船舶到港期间及时办妥进出港手续及船方委办事宜，并将有关货物单证交给船方，协调处理好装卸货作业过程中的有关事项；船舶开航后及时取回装货单证，并将船舶及装卸货物资料归档。

1. 船舶抵港前的准备工作

①从调度处查阅船长电邮、传真，对其委办事项及早安排办理，提前及时与船方联系落实有关事宜，若因时间、条件所限无法办理，需电告船长，并在外勤单船记录中做好记录。

②船舶靠泊前落实进口及中转进口舱单是否已准备好，核对无误后备交船长签章确认后送交海关、卫检等部门。如进口无货，需准备无货舱单交船长签章及分送。

③查阅船长电传、传真，若发现其中电报有进口/过境危险品，及时与相关人员联系，跟踪危险品报批情况。提前取得进口过境危险品准单，并与船长报核对，确认无误，如发现问题及时通知有关方进行更改处理。

④落实出口舱单（Manifest，MF）情况（包括冷藏箱及危险品数量），如有出口中转危险品，注意跟踪危险品报批情况，在船舶开始装箱前取得出口危险品准单。

⑤向调度询问有关船舶靠泊及开工、完货的计划安排，以便通知船方。

⑥对需出海办理进口手续的船舶，外勤应及时联系卫检等单位办理进口手续，并将进口手续办妥时间通知值班调度。

⑦检查有无船方信件及邮件，若有，则取得待交船方。船长借支在得到委托方书面确认后，由外勤联系财务部安排办理。

⑧对于有关查验单位要求船舶进行网上申报的，提前做好网上申报工作。

⑨外勤业务员在船舶靠泊前提前到码头等候，办理好进口手续后通知港方进行装卸作业。

2. 船舶在港期间的工作

①外勤业务员到船后，首先把需交船方的有关进口及过境危险品准单、船方信件、邮件、委托方电邮、传真等交船长，挂号信、特快专递等需交船长签收。

②向船长询问核对船舶的规范、船舶抵港时间、抵港存油水、抵港吃水、靠泊时间等,并在外勤单船中记录,将船舶靠泊、开工时间电话通知公司值班调度。

③询问船长在本港委办事项,内容包括:船舶供应;船舶修理;船长借支;船员就医;船舶加燃油及淡水;船舶安全检查;海事声明签证;装卸箱的特殊要求;排放压舱水;其他需委办事项。

以上委办事项须由船长书面委托,需要进行申报的应按照主管机关要求进行申报备案,取得批准文书后及时递交船方。在办妥船方委托事项后,由主管外勤在外勤单船工作记录上做好记录;无法办理的,应给与船方合理、及时的答复。

④协助船方填写口岸当局所需的有关货物单据及进出口申报标准表格,提醒船方申报注意事项,填好后由船长签字盖章。外勤业务员检查表格是否齐全,填报内容是否正确。然后将有关申报表格与船方已签字盖章的进出口/进出口中转舱单一并送交口岸检查。检验联合办公室(以下简称联办)办理船舶进出口手续(出口手续可以在船舶开航前4小时以内予以提前办理)。

⑤根据联办各口岸当局要求,进口申报所需表格如下表所示。

进口申报表格

表格和单证	检验检疫	海事	海关	边防
总申报单	1	1	1	1
船舶概况报告单(A)		1		
船员名单	1	1	1	2
货物申报表	1	1	1	
上港离港许可证		1		
旅客名单	1	1	1	2
进口货物舱单	1		2	
船员物品申报单			1	
船用物品申报单			1	
国内上一港海关关封(限外籍船舶)			1	
大陆/台湾海关吨税执照			1	
中国籍船舶海关监管簿			1	
外籍船员申请登陆证委托				2
固定登陆证申请书				1
武器清单				1

续上表

表格和单证	检验检疫	海事	海关	边防
武器清单				1
船情资料报告书				1
航海健康申报书	1			
船舶压载水清单和食品清单	1	1		

注:1.交查验单位的旅客名单,如无旅客则免交。
　2.向海关申报的进口货物舱单需在舱单背面加盖舱单说明章。
　3.向边防申报船员名单须注明海员证或执照有效期,日、朝、韩籍及中国香港船员须注明汉字姓名。
　4.向边防申报的武器清单,如无,应在总申报单上注明。
　5.无吨税执照或执照已过期,须船长委托重新办理,签署船舶吨税申报单并附船舶国际吨位证书复印件或过期的吨税执照。
　6.海事声明必须在船舶抵港后24小时内送达海事局。

⑥在联办办妥进口手续后,从海事、海关、边检、卫检等部门取得各种进口岸许可证,及时送交船长并向港口及本公司调度了解有关船舶作业动态,预计完工时间,并及时将有关信息通知船方;了解现场作业中存在的问题,并及时联系有关方解决问题;将出口/出口中转舱单(包括冷藏箱危险品舱单)转交转账。

⑦外勤业务员须与船长核实如下信息:船舶离港吃水;离港存油、水;装卸箱数量;预抵下一港时间。

将上述信息记入"外勤单船工作记录"中的相关栏内,船舶装箱完毕后,应从理货公司处取得出口舱图。回公司后,如果下一港代理需要此图,须及时传真下一港代理。

⑧根据联办各口岸当局要求,出口申报所需表格如下表所示。

出口申报表格				
表格和单证	检验检疫	海事	海关	边防
总申报单	1	1	1	1
船员变更名单	1	1	1	2
货物申报单				
旅客变更名单	1	1	1	2
船员名单				1
旅客名单				1
船用物品申报单			1	
中国籍船舶海关监管簿			1	

续上表

表格和单证	检验检疫	海事	海关	边防
出境健康申报书	1			
食品清单	1			

注：1.向有关部门申报的船员变更名单、旅客变更名单，若未变更则免交。
　　2.向海关申报的货物申报单应附出口载货清单两份，出口无货时，须申报《出口无货舱单》二份；向卫检申报的货物申报单应附出口载货清单一份。
　　3.外籍船舶开往国外港口，须收回船员登陆证。若开往国内港口，须交边防查验后，退还船长下港使用。中国籍船舶须交船舶自查表一份。

在船舶预计离港前1小时之内通知引航站船舶备开时间、船舶预计离港吃水等，待出口手续办妥后，船方备妥主机后通知引航站船舶准开时间，落实引航员到船时间后离港。

⑨对于船舶在港期间发生的突发事件，应按照公司相应预案执行。

⑩出口手续办妥后，应将出口许可证等交船长，告知值班调度船舶准开时间。

船舶在港期间，根据船舶实际的装卸作业任务，及时跟踪装卸进度，按照船舶窗口时间和班期要求积极协调港方，如装卸过程严重影响船舶班期，应及时沟通汇报。

以上是外勤的常规业务，所涉及的单证见本书附录六。在实践中，可能产生下述的委办事项业务。

(1)船舶修理

①船舶临时修理在得到委托方确认后，由外勤联系安排修理。

②明火作业/检修主机，由船长书面申请，需明确：

● 明火作业范围。
● 安全措施。
● 检修主机起讫时间。
● 紧急情况下，恢复主机所需时间。
● 将海事批复及时通知船长并做好记录。
● 船舶入坞修理，由外勤负责将船舶入坞时间/预计修理时间/预计开航时间通知各有关方。

(2)对船服务工作

船舶代理服务岗位人员要按照委托方和船舶要求，及时办理委办事项，在船员遣返、就医、购物以及备件转递等方面提供必要的帮助，并先于船舶完货前落实完毕。

(3)海难救助，海损事故及海事声明

①得到船舶在港发生海事事故后，需采取以下措施：

● 外勤迅速赶赴现场，根据需要协助救助。
● 以书面形式通知船方事故详情及拟实施的救助方案。
● 将船长递交的海事报告交海事签证，然后取回交船长。

②海损事故发生后，如海难救助或受损单位要求责任船舶提供担保时，需及时将情况报告船公司/委托方，以便采取措施防止损失扩大。

③收到船长递交的海事声明及轮机日志复印件,及时转交海事签证,然后交还船长。

(4)办理交船/还船手续

①要求船公司/委托方提供以下信息:
- 租船人/船东全称。
- 交/还船时间和地点。
- 存油水量/船舶状况的检验要求。

②接到要求办理交船/还船手续的书面申请后,通知商检等单位具体检验项目及检验时间;检验结束后,取回有关证书并交船长,同时根据有关检验报告打印交/还船证书,证书包括以下内容:
- 船名及船籍。
- 租船人及船东全称。
- 交/还船时间及地点。
- 船舶有关检验项目的结果。

③船舶与代理分别代表船东和租船人共同签署交/还船证书。

交船证书式样如下:

Dalian, 20th June, 2011

DELIVERY CERTIFICATE

This is to certify that M.V. Super Star flying Cyprus flag was delivered to the Charterers, Messrs. Hugo Lee Trading House Ltd., Hong Kong by the Owners, Messrs. John Smith Shipping Co., Ltd., London at 1630 hours (local time) on 20th June, 2011 at the Port of Dalian, China.

At the time of delivery, there were on board:

320 metric tons of fuel oil,

20 metric tons diesel oil.

All other terms, conditions and exceptions as per the charter party dated 30th April, 2011.

For and on behalf of the Owners:

Master:_____   As agent:_____

M.V. Super Star   Cosmos Agencies Dalian Co., Ltd.

还船证书式样如下:

REDELIVERY CERTIFICATE

This is to certify that the M.V. Super Star flying Cyprus flag was redelivered to the Owners, Messrs. John Smith Shipping Co., Ltd., London by the Charterers, Messrs. Hugo Lee Trading House Ltd., Hong Kong at 1630 hours (local DOP time) on 20th June, 2011 at the Port of Dalian, China.

At the time of redelivery, there were on board:

650 metric tons of fuel oil,

> 70 metric tons of diesel oil.
> All other terms, conditions and exception as per the charter party dated 30th April, 2011.
>
> For and on behalf of the Charterers:　　　For and on behalf of the Owners:
> As agent:＿＿＿＿＿＿　　　　　　　　　Master:＿＿＿＿＿＿
> Cosmos Agencies Dalian Co., Ltd.　　　　　M.V. Super Star

(5)办理程租项下的 NOR 接受和 SOF 缮制工作

①装卸准备就绪通知书的接受

船舶装卸准备就绪通知书(Notice of Readiness, NOR 或 N/R)是指船舶到达装货港或卸货港后,由船长向承租人或其代理人发出的,关于本船已到达装货港或卸货港,在必要的船舶、船机、起货机械和吊货工具等的使用方面已为装卸工作做好准备的书面通知。

递交 NOR 一方面是出租人宣布船舶已经对装卸工作准备就绪,可以进行装货或卸货作业,另一方面意味着装卸时间可以按合同规定开始起算。

NOR 格式如下:

> ＿＿＿＿＿＿ Port(港口名称),＿＿＿＿＿＿(日期)
> To Messrs ＿＿＿＿＿＿
>
> **NOTICE OF READINESS**
> 　　　　　M.V."＿＿＿＿＿＿"
> This is to advise you that above named vessel at ＿＿＿＿＿＿(地点) at ＿＿＿＿＿＿ hrs.
> (时间) on ＿＿＿＿＿＿ and the formalities for entering the port were passed at ＿＿＿＿＿＿ hrs.
> on ＿＿＿＿＿＿.
> Notice of Readiness tendered at ＿＿＿＿＿＿ hrs. on ＿＿＿＿＿＿(日期).
> The Master of M.V."＿＿＿＿＿＿"
> Notice of Readiness accepted at ＿＿＿＿＿＿ hrs. on ＿＿＿＿＿＿.
> 　　　　　　　　　　　　　　　　　　　　　　＿＿＿＿＿＿ As Agent

船舶代理人在作为委托方的代表接受 NOR 时,要注意以下几方面的问题:

● NOR 必须是有效的递交。一般需满足三个条件:一是船舶必须抵达合约指定的港口或泊位;二是船舶必须在各方面具备装卸条件;三是必须在合约规定的时间递接。

● 必须弄清自己的身份,即你是谁的代理人。

● 有时船长和代理均未看到具体的合约,也没有人指示船长或代理递交或接受 NOR。在这种情况下,有时只是为了保险起见,按惯例行事,此时最好签署"收到(RECEIVE)",不使用"接受(ACCEPT)"字样。

● 代理接受委托后,应了解委托方是船东,还是租船人、收货人或发货人,然后了解该船来港装货或卸货的有关当事人是否签订有滞期/速遣条款及具体条款内容。

②装卸时间事实记录的缮制

装卸时间事实记录(Laytime Statement of Facts, SOF)是船舶在港装卸时间的记录文件,它具体反映了船舶从抵港时起至装卸完毕时止的有关活动,是船东和承租人之间计算装卸时间的重要依据,要求文字准确、整洁、避免涂改。

缮制装卸时间事实记录,是船舶作业期间代理人的一项很重要的工作。因此,船舶所有人希望能尽量加快装卸速度,缩短船舶在港停留时间,减少费用开支,增加运营收入。船东与承租人签订租船合同时,事先约定有滞期/速遣条款,并按照实际装卸完毕的时间,计算滞期/速遣费。

船舶代理人在缮制 SOF 时,要遵循以下原则:

第一,熟悉租约、买卖合同和协议书等规定。

特别注意不同租约的不同规定。如通常在租船合同中对于装卸时间的规定,无论是直接规定,还是间接规定,都是以日数来计算的。尽管现在所指的"日"是指连续 24 小时晴天工作日,但在少数情况或特定情况,也会出现其他关于"日"的解释,如工作日等。

第二,要详细记录、分清责任。

- 必须逐日逐时逐分连贯记载,中间不得有空隙或省略
- 不良天气的处理

船舶抵达锚地检疫后,在等泊过程中遇有下雨、下雪、大风、大雾等不良天气,应同时注明"等泊"和"不良天气",以便按合约中的规定扣除或不扣除。"等泊"期间的坏天气应参照当地气象台的天气资料。

在装卸开始前及装卸过程中等泊、等工人、等货物期间,若出现公认的坏天气或不适宜货物装卸的坏天气,应按照"坏天气"记录,不作"装卸时间"计算。

在港作业过程中出现的不良天气,如大浪日、雨、雪天,雪后清扫船上积水和积雪所用去的时间必须做好记录。

雨天装卸时间。雨天装卸磷灰土、废钢等不受影响的货物,应在安排作业前与船方充分洽商,明确时间计算方法。征得船方和港方同意,雨天实际用去时间可记录为"装卸货物",不记"下雨",实际作业以外的时间应按照"下雨"记录,以便扣除。对于装货完毕清扫船舱地脚货的时间,可先注明卸货完毕,再记上清扫地脚货时间。

风力对作业的影响,应根据装卸货物所受风力影响情况实事求是地记录。如卸磷灰土、铝粉等货物,风力四到五级即影响作业,应如实记录。

- 停工处理

属船方原因造成装卸停工(如绞车故障、货灯熄灭、索具更换、船电中断等),记录中必须注明"由于船方某某原因造成停工"以明确责任。绞车动力不足影响装卸,应详细记载原因和时间。

因人工损坏绞车造成停工,并经港方确认,可以把损失的时间和原因记载清楚,也可以照旧记载为"装卸"计入装卸时间。

由于船舶设备问题造成工人伤亡或作业船舶碰撞等原因而使作业中断,应记录为"发生 XX 事故,作业中断"。

装卸作业中,因船具损坏、下雨等原因停止作业,应在当日时间内注明,不要将此情况集中批注在记录下方,以便滞期/速遣的计算。

- 移泊的处理

移泊前从停止装卸至等候移泊所占去的时间,可并入移泊时间,按"移泊"记录或记录为"准备移泊"。

如果等候的移泊时间较长,超过通常所需时间,若属港方原因,应按照"等候移泊"记录;若属船方原因,应按照"船舶准备移泊"记录;若属潮水原因,应按照"候潮移泊"记录。不能用"停工"或"等候装卸"等原因不明的方式记录。

移泊后正常时间内开始或恢复装卸,应按照"准备开始装卸"或"准备恢复装卸"记录,不能记录为"等候装卸"。

船舶在装卸过程中,因受潮水影响需要从泊位移开,然后又移回,不能记录为"移泊",应记录为"因受潮水影响,作业中断"或记录为"因低潮船舶脱离码头"和"船舶回靠码头"。

第三,文字要精练、统一、准确。

记录用词应尽可能精练、清楚、准确。如船舶从引航锚地(过检疫锚地)驶至作业泊位,应记录为"Proceeding From Anchorage to Berth",而不要记录为"Shifting to Berth",避免与真正的"移泊"混同造成时间计算错误。不良天气前后,雷阵雨或大风期间,虽不下雨、下雪,但同样不能作业,应记录为"恶劣天气(Threatening Weather)",不要记录为"等装卸"。

第四,及时核对,做好签署工作。

加强与装卸指导员和现场理货组长的核对,避免记录差错。

经常与船方核对,发现问题及时协商解决,不要拖延至船舶开航时一并处理,影响船舶按时开航。与船方核对后,要求船方在记录草稿上签字,防止对方反复。

船舶装卸完毕,可先缮制正式文本的事实记录,其中空出完工时间,待完工后填上实际完工时间,交船方共同签字。

外勤业务员与船方共同签署时,应在签字下面注明"AS AGENTS ONLY"。

第五,船方批注的处理。

船长在签署 SOF 时,由于对装卸时间记录有异议,为维护船方利益要求加批注(Remark),对此应做具体分析,区别批注性质与作用,采取不同的处理方法。

下列一般性批注对结算时间无影响,可以考虑接受。

- "按租约规定办理(Subject to ALL Terms, Conditions and Exceptions as Per C/P)",也有在本句前面加上"仅为工作时间"(For Time Worked Only)"。
- "仅为装卸时间记录(For Laytime Record Only)"。

若一般性批注可能会给滞期/速遣结算产生一定影响的,应说明不批,如果对方坚持,可接受,但应注明"船方与租方解决(Subject to Owner's and Charterer's Approval)"。

下列批注会影响事实记录,须慎重处理,一般不予接受:

- "在抗议下签字(Under Protest)"。
- "在争论中(In Dispute)"。
- "以船东同意为准(Subject to Owner's Approval)"。

其他有影响的批注必须与船方摆清情况,核对事实,据理力争取消批注。如争执不下,必须迅速向委托方请示,并取得委托方书面确认。或将当时实际情况另做详细记载附于事实记录上,以便划清责任。

3. 船舶开航后的工作

(1)检查

在船舶开航后,及时将船舶开航动态报公司值班调度,去理货公司取得完船贝图。

（2）归档

船舶开航后，将外勤单船工作记录（样本见下）、船长报、抵离港电、完船贝图、船员名单以及其他重要文件归档。

×××××××有限公司
船舶抵港前计划安排和有关事宜

查阅船电	已查□	备船长借支	有□　无□
船舶靠泊计划	已询　□	联系卫生检疫	已联系□
落实危险品准单	是□　否□	整理船舶信件	有□　无□
收齐进出口舱单	是□　否□	其他	

船舶抵港记录及在港应办事项

总吨：	净吨：	载重吨：	总长：	航速：
上港：	下港：	应办事项：		
抵港吃水　前：	后：		通知离港动态	
抵港时间：　月　日　时			交船长危险品准单 　进口/过境　　份 　出口　　　　　份	
引航员登船时间：　月　日　时				
引航员离船时间：　月　日　时				
第一根缆绳时间：　月　日　时			取船员名单	是□　否□
靠妥时间：　月　日　时			船长：	
抵港存油水： F　D　FW			取/交中转关封	已取□　无□
办理手续时间：　/　—			签交船舶借支	已签□　无□

船舶在港及装卸记录

进口集装箱 F:20X　40X　E:20X　40X　重量：		
出口集装箱 F:20X　40X　E:20X　40X　重量：		
卸货时间：　/　—　/		装货时间：　/　—　/
装卸总数：(UNT)：	吊车数量：	层高：
解系缆工班数：	解系缆数量：	&
开关舱数：　　&	舱内翻倒数：	出舱翻倒数：

船舶离港前后应办事项

应办事项	处理结果	应办事项	处理结果
交随船单证	已交□ 无□	取发纸面船图	是□ 否□
交离港手续	是□ 否□	取发船方信件	是□ 无□
交还船方证书	已交□ 无□	借支签收单交财务	是□ 无□
交货主随船信	已交□ 无□	其他委办事项	是□ 无□
办交船舶吨税	是□ 无□	（1）	
通知引航员备开时间	/	（2）	

离港记录

离港吃水	前：		后：	出口手续：	/	—
加油水	种类	开始作业时间	完成作业时间		重量	
	加重油/轻油					MT
	加水					MT
离港存油水 FO：		DO：		FW：		
引航员登船时间： /		开航时间： /		引航员离船时间： /		
预抵下一港时间： /						
在港总时间：		生产时间：		非生产时间：		

岗位2：计划调度

计划调度岗位是船舶代理业务的指挥中心。该岗位为委托方所委托办理的事项进行有关船舶调度和作业计划的工作。要求其明确船舶代理工作，协调各方关系，指挥现场作业。

一、岗位描述

负责接受船舶代理委托、船期表制作、船舶动态跟踪、船舶抵港前的申报工作，以及相关月度数据的统计上报。

二、工作职能

①船期表制作。
每月月底前，根据船公司/委托方所提供的信息制作船期表。船期表通常包括以下内容：
- 船名、航次、航线、国籍、船舶呼号及代码。
- 船长、总吨、净吨、载重吨。
- 上一挂靠港和下一挂靠港。
- 抵制日期和来港任务。

②将上述船期表分别发送值班调度、码头、引航站。
③根据上述船期表在系统中登记船名航次、预计离港日期等信息，以便单据补录数据。

④根据船期表,在船舶抵达之前一周内填写国际航行船舶进口岸申请书,向海事局、海关、边防、卫检申报,取得进港许可和海关编号。

⑤将海关编号按照船舶进出口航次输入系统中,以便相关部门报关等用。

⑥对于临时加挂船舶及航次更改,第一时间做海事预报,取得国际航行船舶进口岸申请书回执、海关编号,将海关编号输入系统,在系统加船名,更改使费结算系统,并及时通知值班调度、码头计划部门、引航站。

⑦船舶开航后,将值班调度的单船调度工作记录内容输入系统,并维护船舶动态调度信息、货量吨数、上下港信息。

⑧船舶开航后,根据船公司/委托方要求在规定时间内(如7天)内在系统中做出船舶的港务费、引航费、拖船费、边防交通费及卫生检疫部门进出口检疫费。

⑨及时取得船舶的抵离港动态,在24小时内输入系统。

⑩若船舶在港发生碰撞、火灾、人员伤亡、共同海损、船员违章等紧急突发情况,立即电告船公司/委托方具体情况并等待有关指示。

⑪每月月底之前向船公司/委托方报送船舶国内港口动态报表、代理业务统计表、集装箱班轮节约船期月度报表、船舶代理公司月度船舶代理生产情况联系表等,汇总中转信息和代理出勤率及船舶准班情况等。

⑫将相关资料留底整理装订妥后,归档保存。

岗位3:值班调度

值班调度为船公司及船舶提供24小时全天候服务值班,随时处理与船舶相关的业务。

一、岗位描述

值班调度实行24小时轮流值班制度,随时监听VHF频道及电话,接受处理传真、电传,处理港口有关单位与船舶业务工作联系等。

二、工作职责

1.接收船舶动态及各类信息

值班调度实行24小时轮流值班制度,随时监听VHF频道及电话,保持与船方、港方、外勤业务员、船公司/委托方调度、港口有关当局及各业务部门的联系,回答上述各方的业务询问,并向其通报船舶动态及各类信息。将收听到的重要电话内容,所传达的船舶动态及各类信息记录在调度日记内,并注明处理结果、记录时间,签名备查。

2.相关电报(传真或电子邮件)的处理

收到船舶预抵电后,查阅船期表,确认已经预报船舶,将船名、国籍、来港名称、预抵时间、来港任务记录到调度日记的预抵船舶栏内。同时在规定时间内,将预抵船舶船名、国籍、来港名称、预抵时间以EDI和电话方式通报海事局、引航站、港务局总调度室,同时在预抵电上登记盖章。对来港非装卸作业(如加油、修理等)的船舶预抵电以及船舶抵港吃水等准确记录在单船调度工作记录内。

附 录

3.船舶航行通告的电报处理

根据海事局规定,外籍船舶抵港前航行至一定地点时,须向海事局报告抵港时间并取得相关提示。因此,预抵船舶抵港前12小时,值班调度通知外籍船舶按海事机构要求执行,且将相关信息通知船方。

对于第一次抵港船舶,要提前24小时向船舶发送口岸相关监管单位特殊规定、港口习惯做法和需要注意事项等相关提醒。

4.发船舶抵港电

船舶抵港后,须在4个小时内发船舶抵港电报。

值班调度员联系船方,询问船舶抵港(抛锚)时间、抵港存油及水量、抵港吃水、锚泊方位,船舶规范及向船方询问的内容记录在单船调度工作记录内,并向船公司/委托方发船舶抵港电。

船舶抵港电报包括:船名;抵港时间;存油、水量;抵港吃水;预靠或靠泊时间。

抵港电发完后,盖章,登记发送日期、时间,签名后交外勤归档备查,然后在单船调度工作记录内登记发送时间、日期并签名。

抵港电格式如下:

```
                    ARRIVAL REPORT
    M/V:CHAO SHAN HE        VOY:528N
    ARR:201112291315
    ARRIVAL CONDITIONS:
    ROB(MT):       IFO:573    MDO:31.1    FW:60
    DRAFT(M):      F:6.15     A:5.4
    ETB:201112292000
    ETD:201112300300
```

5.发船舶离港电

船舶开航后,值班调度员根据船务外勤业务员提供的船舶在港、开航情况,按照单船调度工作记录的内容要求逐项填妥,并在4小时内向船公司/委托方公司拟发船舶离港电报。

船舶离港电报内容如下:船名、航次、航向;抵港时间;引航员上船时间;靠泊时间;开工时间;完货时间;开航时间;抵港存油、水量及前后吃水;离港存油、水量及前后吃水;在港加油、水量;预抵下一港口名称,预定时间。

离港电报须抄报下一靠港代理。

离港电格式如下:

```
              TERMINAL DEPARTURE REPORT
    M/V:CHAO SHAN HE        VOY:529S
    ARIVED:2011122901315
    PILOT ON BOARD:201112292140
    BERTHED:201112292240
```

```
COMMENCED: 201112292300
COMPLETED: 201112300730
SAILED: 201112300745
ARRIVAL AND SAILING CONDITIONS:
ROB ON ARVL(MT):      IFO: 573      MDO: 31.1      FW: 60
DRAFT(M):             A: 5.4        F: 6.15
ROB ON SALG(MT):      IFO: 573      MDO: 30.5      FW: 55
DRAFT(M):             A: 5.1        F: 6.2
BUNKERS(MT): IFO: _____    MDO: _____    FW: _____
NEXT PORT: TIANJIN
ETA NEXT PORT: 201112311200
```

　　船舶开航电报拟好出发后,盖章并签名,将其归档,然后在单船工作记录内将开航船舶的完货时间、装/卸货数量做好记录,并签注发电时间、日期、签名。此外还需将船舶名称、完货时间、开航时间、装/卸货数量、开往港、开航点发报情况登记到调查日志中的开航船舶栏内。

　　将已处理的开航电报归入外勤单据夹中,连同其他单据一并交外勤整理归档。

　　6.需交船长、船员的电报处理

　　由船公司或其他单位转来的给船长、船员的电子邮件和电报,通知外勤或船方,并在电子邮件、传真稿上注明转告时间、日期、转告人签名。

　　7.转达船舶靠泊计划及各类信息

　　根据港口当局下达的生产计划,每天上午和下午,值班调度员及时向船舶通报港口靠泊计划安排,通报内容包括:计划靠泊时间,计划靠泊位编号,港口调度、引航员的特殊要求,预计完货时间。

　　通报完毕后,在调度日记记事栏内做好记录。上述通报内容同时转达各管船外勤业务员。

　　答复船方提供的委托要求。船方通过 VHF、电子邮件或传真要求外勤业务员办理的事宜,值班调度员须将船方所提供的委托事项、联系结果、处理结果转告船方,并记录在调度日志中。

　　8.船舶危机/突发情况的监听与处理

　　船舶在港发生碰撞、火灾、人员伤亡、共同海损、船员违章的紧急突发情况,值班调度员应密切注意此类动态,收到报告后,在调度日志记录栏内详细记录紧急/突发情况发生的时间、船舶、人员、货物损失情况,采取以下措施:

　　①与船员和船公司保持联系,了解案情,及时汇报船公司以及紧急要求。

　　②通知海事局以及其他有关单位,如海上安全指挥部、港口消防队、轮驳公司,根据船舶实际情况制订有效方案。

　　③安排专职人员和外勤业务员赶赴现场,根据需要,协助救助。

　　④立即电告委托方事故详情及拟实施救助方案,并将收到的指示传达有关单位,以上要

求实施后,要详细记录在调度日志内。

⑤向公司主管业务领导汇报,听取指令,及时传达并做好记录。

9. 港口作业计划的信息传递

值班调度员每天在固定时间与码头计划调度联系船舶靠离泊计划安排,并登记在调度日志上。

港口作业计划记录内容包括:预计靠泊船名、预计靠泊时间、泊位、预计完货时间、港方的特殊要求等。

值班调度人员得到以上信息,应及时电话通知分管外勤业务员,同时用电话通知船长做好准备。

10. 值班调度交接班要求

接班人员按照班次准时到达岗位。

交班人员向接班人员详细交接值班工作。按照调度日志逐船交接,将完成的事项和未完成的事项分别交接。

接班人员要认真阅读,详细询问交班人员未完成事项的工作内容及继续办理的要求,对于船舶紧危/突发情况,要重点注视,监听 VHF。

交接完毕后,交接双方在调度日志上签字,证明已交接,交接内容以调度室各种记录为准,交班前责任由交班人员负责,交班后责任由接班人员负责。

11. 单据分发

船舶抵港前值班调度员接到完整的进口舱单后,归入外勤档案夹。

12. 归档

在完成全天工作交接班前,应将值班时间内处理的各类电传、传真及有关记录、表格分别整理存入相关的记录夹内存档。

所有用于存档的单船调度工作记录和调度日志,按月装订存档,保存期不少于3年。

岗位4:危险品管理

从事危险品申报业务的代理人员需持有海事局签发的辖区船舶载运危险货物申报人员培训证明。

一、岗位描述

该岗位负责出品危险品单证的接受、审核和缮制,到海事部门办理进出口、过境危险品装船载运的申报审批业务及审批业务后单证的分送。及时、准确地办理危险品载运装船审批业务,确保船舶安全运营和货物的安全运输。

二、工作职责

1. 出口危险品的船舶载运危险货物申报单的审批(即"船申报")

①接受单证。危险品的申报含有"货申报"和"船申报"(货申报指货主/货代提交经海事局审核批准的包装危险货物安全适运申报单,船舶代理人在配船后凭货申报单再向海事局办理船申报,即船舶载运危险货物申报单,港务部门收到海事局审核批准的船申报后才允许船

舱装载危险货物)。

接单时间:在船期时间前(如2个工作日),从货主/贷代处收集船舶载运危险货物申报单申报所需单证——危险货物安全适运申报单,以及装箱证明。节假日期间抵港的船舶,应提前收集。

审单:按照海事部门的要求认真审核危险货物安全适运申报单及装箱证明,确保单证齐全有效、单单相符。

发现问题及时获取客户的书面确认并更正。

②单证缮制。依据危险货物安全适运申报单制作船舶载运危险货物申报单,一式三份。认真核对船舶载运危险货物申报单缮制的正确性,要确保正确无误。

③单证审批,确保无误。持缮制好的船舶载运危险货物申报单以及全套申报资料到海事局办理审批手续,海事局批准盖章后留一份,其余两份由申报人员带回,其中一份送港口危险品管理部门,另一份及危险品申报的全套申报单证交调度室转船舶外勤送船。

2.进口、中转、过境危险品的审批

①接收单证。接单时间:每天上午接收缮制好进口、中转和过境船舶载运危险货物申报单及相关随附单证。

主要相关随附单证包括:

- 进口——抵港船舶电报或舱单、装港的装箱证明书等。
- 中转——装港的装箱证明书、上港的船舶载运危险货物申报单等。
- 过境——抵港船舶电报或上港的船舶载运危险货物申报单等。

审单:按照海事部门的要求认真审核危险货物安全适运申报单及随附单证,确保单证齐全有效、单证一致、单证相符。

②单证审批,确保无误。持经审核无误的船舶载运危险货物申报单及随附单证去海事局办理盖章审批手续,审批通过后,海事局留存一份,其余两份船舶载运危险货物申报单由申报人员带回,其中一份送港口危险品管理部门,另一方送调度室转船舶外勤送船。

3.登记存档

按照申报的时间顺序,按月份将船舶载运危险货物申报单复印件装袋入档。

岗位5:现场操作

一、岗位描述

处理进出口、过境船舶贝图和预配图,协调安排集港、靠泊计划,负责处理加载操作,解决装卸船过程中临时发生的各种问题。实现集港的畅通、装卸船的顺利、集装箱班轮的准班准点。

二、工作职责

1.熟悉、了解、掌握相关业务

掌握所有集装箱班轮船舶的积载数据资料(如箱重、载重、冷藏箱插座、危险品的积载等)。提前了解一周内的集装箱班轮班期,掌握预抵港船舶动态。熟悉码头软硬件环境,了解码头的操作程序。熟悉堆场箱站的操作程序。掌握各航线订舱情况。

2.安排集港和靠泊计划

掌握码头泊位情况、班期动态、卸装箱量以及气象等情况。密切配合码头,协调箱站安排集装箱集港计划,以保证每一条船舶的集装箱集港顺利畅通。协调码头,配合船公司/委托方安排船舶靠泊计划,以保证船舶靠泊后顺利卸船和装船,确保班轮准班准点。

3.大件、危险品、特种箱跟踪管理

根据订舱数据资料,全面了解和掌握大件、危险品、特种箱(框架箱、平板箱、开顶箱、半开门箱和冷藏箱)的数据、资料,并保持跟踪管理。加强对大件货物绑扎的监督,确保绑扎大件货箱的海上安全。

4.进境贝图处理

接收进口过境贝图,依据有关业务邮件,对其进行转换、合并、核对、修正、改港等处理工作,提供完整准确的整船进境贝图给码头和理货公司。同时,接受预配中心的贝图,生成码头和理货公司所需的格式并发送给这些单位。

5.配载、加急、舱位控制操作

了解预配中心的预配图,根据过境图、订舱箱量以及加急箱量,配合并监督码头配载。配载完成后,将配载图进行转换、拼图等处理,遵循船舶装载能力最大化的原则,依据船舶的实际装载能力和要求,检查核实配载图的配载质量和满仓满载。尽早统计箱量、核对舱位,以便有效地控制舱位。同时将配载图及其数据发送到预配中心有关业务人员处。这样,预配中心即可看到码头配载的电子贝图和出口数据。根据配载图和预配图以及舱位情况,协调码头、场站及时合理地安排加急箱集港、配载和装船。

6.开船贝图处理

依据处理的完船贝图,处理开船贝图和数据。处理翻倒箱的计费。处理加急箱计费。发送贝图、箱量数据和翻倒计费确认给预配中心、下一港、码头、理货公司等进行计费和使费审核。

7.大件、危险品确认

负责接受进出口大件、危险品的咨询和确认。负责大件、危险品码头操作费用的咨询。

岗位6:进口单证业务

一、岗位描述

负责口岸集装箱进口货物代理放货业务。

二、工作职责

1.船期和船舶

收集委托方(船东)的船期表、船期通知,掌握来港船舶的船名/船次、抵离本港时间、沿途挂港顺序、船舶动态、本港作业计划,掌握船舶是否因修船或其他原因更换船名/航次、船期、挂港顺序。

2.进口单证的接收

根据船舶航行时间接收装港代理、船公司发送的 EDI 数据(M/F、BAYPLAN),并将 EDI 数据发送码头公司、理货公司。

3.进口单证的审核

在船舶抵港前,应审核:

- 舱单的船名、航次、装港、卸港、交货地。
- 发货人/收货人/通知人/栏是否注明收货人/通知人的地址、电话、传真。
- 货名、件数、重量、包装、箱号、铅封号、箱型代码、运输条款、运费、运费支付方式、冷藏货的温度、危险品货的 UN NO./CLASS NO.以及超尺寸货的尺码是否注明。

如果上述内容缺少或错误,应向装港代理催要,并更正。

在船舶抵港前,统计出本港卸货的箱量。同时,根据船长的抵港电报中的有关箱量核对进口电子舱单的卸货总箱量。对危险品货物箱、冷藏货箱量进行校对,如仍有不符,应立即通知外勤,待外勤上船再详细核对并根据实际情况决定如何更正有关单证。

在船舶离港后联系码头公司,并根据理货公司出具的货物溢短残损单再次审核进口舱单;如仍有不符,应立即向有关方查询,得到确认后在船离港 24 小时内向海关、码头公司申请更正/增补/删除舱单。

审核货物是否有重复的现象,尤其是拼箱货物,即除了提单号不同,其他内容均相同的货物,如有疑问,应联系有关方。

4.单证更改

①若装港代理或船公司作出更改舱单的指示,若在向各舱单接收方分送进口货物舱单前收到更改通知,按海关规定制作海运进口舱单变更申报单。

②若收货人提出更改舱单申请,可以进行以下操作:

更改:根据收货人提出的书面更改申请联系装货港代理、船公司是否接受上述更改申请,得到确认后给予更改。

分票:根据海关的要求,一票进口货物只能对应一个贸易性质,如果一票货物对应多个贸易性质,收货人必须向船务公司或船舶代理公司提出分票申请,再由各船务公司或船舶代理公司向海关办理分票。根据此要求,操作程序如下:

- 收货人必须出具盖有公司公章的书面分票申请。
- 收到收货人书面的分票申请后,再认真审核收货人的分票申请,确保分票后的货物件数、重量、体积相加后与原舱单的件数、重量、体积相符,否则不接受;分票申请上必须注明原舱单及分票后的每票货物的中英文货名、贸易性质及相应文件的文批号;要求收货人提供向海关申请分票的情况说明,货物的装箱单、发票、提单复印件与海关需要的其他资料。
- 经审核确认分票申请可接受后,办理分票单证,制作海运进口舱单变更申报单,一式两份,附申请海关分票的情况说明、原始舱单、提单复印件及海关要求收货人提供的资料复印件递交海关。
- 根据分票申请制作新的提货单。

对于涉及费用、港口的更改申请,必须在得到船公司的确认后方可接受。

5.原船退运货的处理

接到装港代理通知、船公司的确认后,立即书面通知码头公司、理货公司、海关给予安排。

6.进口、过境货危险品申报

①及时了解所管船舶的动态、危险品货物信息。及时收集船舶抵港电、装港代理发来的进口及过境货危险品装箱证明,在船舶抵港前与舱图、进口舱单核对。若有问题应及时联系有关方予以澄清,正确使用《国际海运危险货物规则》和公司网站进行查询。审单和制单工作应在船舶抵港前完成。与装港代理和公司船务调度保持沟通。

②制单。应严格按照海事局的要求,填写船舶载运危险货物申报单,进口货物单证应填写提单号、箱号,易燃液体要求注明闪点。过境货物单证应填写装载位置。船舶载运危险货物申报单一式三份,加盖单证章后办理海事监督审批手续。填写船舶载运危险货物申报单的同时应在海事局网上申报系统按照要求进行网上申报。

③有关危险品货的函电、单证留档备查。

7.进口单证的分发

在船舶抵港前,将审核无误的货物载货舱单打印成纸面单据分给相关部门。

8.发送码头进口分箱与电子舱单数据

船舶到港前应向码头公司发送进口分箱明细。进口分箱中应包括在本港卸货的箱量,超高箱、冷藏箱、危险品箱与特种箱要在分箱中注明,同时发送冷藏箱、危险品箱与特种箱清单,特种箱分体作业的货物要在分箱中注明。有特殊情况的,要提前联系收货人在船到前与码头公司沟通。

发送进口分箱前应检查进口货物的货名,接受客户申请,特殊操作的集装箱要在分箱中注明,如三废箱过驳、直通货物、分拨货物等。

在船舶抵港前,按照海关的要求向海关发送全船卸货的电子舱单数据,包括卸货的进口货物、中转货物和空箱等。

9.生成提货单并向客户换单

在船舶抵港办妥进口手续后数小时内(节假日顺延),通过电脑系统生成提货单并向客户换单。

10.发放到货通知书

船舶抵港前,向客户发送到货通知书,若无法按舱单所载内容与收货人/通知人取得联系,应尽快通过传真、电子邮件等联系方式询问装港代理或国内"114"电话查询台查询收货人/通知方的联系方式,得到答复后,立即发出到货通知书。

11.提货手续

①正本提单提货。

②凭银行担保(保函)提货。

③电报放货。

12.查询电的处理

对委托方、装港代理、客户的查询函电,应尽量在一个工作日内给予答复或确认收到。

13.归档

将进口单证、资料按运费舱单、放货凭证和其他进口单据分类装订、归档。涉及更改、费用、船东指令等重要资料不得以传真件保存。

岗位 7：出口单证业务

一、岗位描述

负责落实危险品、重大件货物和特种箱，进行 AMS 申报，制作开船联检单据，签发提单等。

二、工作职责

1. 确定特殊箱/货的接载

向船公司申请特种箱（油罐箱/超尺寸的框架与开顶箱、半门开箱、SOC 箱）、危险品、大件货是否可以接载，并将结果反馈委托方。

2. 载单后对全船单证进行审核

检查全船中转港、卸货港、目的地；检查容易出错的路径；检查特殊港口的付款方式；审核全船特种箱（油罐箱/超尺寸的框架与开顶箱/半开门箱）是否取得船公司的确认；危险品、大件货是否取得船公司和中转港、目的港的确认；检查审核品名，没有危险品标志而疑是危险品的货物，必须获得权威认证机构出具的非危险品证明或 MSDS（Maritime Safety Date Sheet，化学品安全使用说明书）。

3. 制作开船单据

在单证系统中生成出口载货清单、危险品清单、冷藏货箱号并打印。同时，备妥随船信件及船方或卸港代理要求的其他单证，并交外勤，给海关的出口载货清单要求附上海关要求格式的封皮并加盖单证专用章。

4. 箱单核对

船舶开航前要求箱站/场站通过 EDI 发送整船箱单，对件重与订舱不符的，与客户落实后进行更改。得不到答复的情况下，原则上以箱站/场站装箱单数据为准。箱单核对准确后，下载舱单。

5. 美加航线目的港海关舱单申报

对于直挂美国、加拿大港口的船舶，要求在船舶装货前 24 小时向对方海关提前申报舱单。因此申报所需的舱单数据至少需要预留一段时间来完成并提交到舱单申报系统。申报后到装船前，应对申报货物的状态进行跟踪，对回执为"N"的反馈信息要及时处理，或通知退舱。

申报后原则上不再接受更改，若可以接受，按照规定的流程和保函格式，收取更改费用后给予更改。

6. 更改与退关

若是船舶开航后更改，开船日后的所有更改须由发货人出具正规更改保函，向更改方收取更改费后进行更改，以电子邮件形式通知卸港代理。

若开船 72 小时后，海关通信已发出，应按如下方法处理：

①对件数、毛重的更改，发货人必须出具正规保函形式更改，并出具其在海关处更改报关

单的书面证据,否则不予以办理。

②货名的更改:仅限于更改其修饰成分,若订舱人需要更改货名主要成分,则须出具其在海关处更改报关单的书面证据,必要时征求海关意见。

③如客户提出更改目的港的要求,则应由其出具发货人正规保函并确认正本提单收回和有关费用由谁承担后,向船公司提出申请。如果客户提出更改后的目的港与原目的港不是同一目的国,则须出具其在海关处更改报关单的书面证据。

④与运价有关的更改,由船公司确认,如果涉及付费要通知目的港代理。

7.核对 BAYPLAN(积载图)和电子黄联

船舶开航后及时从理货公司取得 BAYPLAN 和电子黄联,与舱单进行核对。对于舱单中的件重与黄联不一致的,要联系订舱单位予以落实,舱单、黄联、提单数据一致后方可签单,避免系统中存在有退关箱的提单。在舱单与 BAYPLAN 核对过程中,如发现有集装箱配载错误,应查找错误原因,落实费用如何承担后,向船公司、沿途挂港或卸货港申请翻倒。

8.正本提单的打印和签发、电放

(1)正本提单的打印

船舶开航后应跟踪装船动态,接收到反馈后才可以开始签发提单。

(2)提单签发与电放

正常的正本提单由货主付清应付费用后就可签发。

电报发货,凭发货人保函和财务部开具的电放凭证,通知国外代理放货。

海运单的签发,需由货主与公司签订 Sea Way Bill 协议。

当近洋货物客户急于取得提单或电放时,通知目的港代理暂不放货,待收费港代理收回相关费用后再通知目的港代理放货。船公司特别确认的情况除外。

同时,计算舱单的运费。

9.信息传递

黄联核对以后,发送电子邮件给卸港代理。

全船单证自查,更改问题单证。

在船舶离港 24 小时内,用电子邮件给船公司发送船舶代理离港报。

船开后 72 小时内给海关发送整船电子清洁舱单,并打印纸面清洁舱单转交海关。

10.核对运费、报账、结账

制作运费分配表和单船结算单。

近洋航线在船开后 3 天内报账、结账,远洋航线在船开后 5 天内报账、结账。

11.查询及往来函电处理

对于客户、委托方及国外代理的查询,应在一个工作日内予以答复,一个工作日无法答复的,要先回复收到,并在最短时间内予以答复。

对客户、委托方及国外代理的往来函电,尤其是关于费用确认及改港等重要函电,要打印留档。

对于客户提出的更改舱单或向海关出具船舶代理证明的要求,在审核可以接受的情况下要及时完成并按标准收取费用。

对于海关的未核舱单核查,要在海关要求的时间内完成。
12.单据分类归档
将有关单据和来往函电整理分类,船开后 30 天内以船舶为单位归档。

岗位 8:客户服务

一、岗位描述

负责订舱委托,做好对出口集装箱货物的订舱号确定等基础工作;负责提单确认,帮助解决客户从接受订舱到收货人提货过程中遇到的各项问题,做好客户维护工作。

二、工作职责

1.接单

掌握相应航线船舶规范、航线情况,随时为客户提供准确的信息,按船期表及临时船期通知接受客户订舱委托。认真审核订舱委托上的各项内容是否符合船公司的有关要求,如有不明确的条款,必要时同船公司书面确认,并将有关规定告知订舱人,提请其注意。

2.订舱内容确认

①确认订舱委托上的货主运费和申请的运价,若运价明显低于正常运价,应及时落实。

②确认发货人、收货人/通知人。

③确认订舱委托上的船期、目的港、运输条款、付款方式、货物名称、箱量、箱型等重要条款。

在品名的确认方面,若涉及一般化工品,应该让货主提供相应的 MSDS,经确认无危险性后方可接受订舱。对于品名表述模糊不详,无法做出直接判断的品名字样,让订舱货主尽可能提供翔实的产品说明,以便做出进一步的判断。如果再次判断的结果还是不明确,可以拒绝订舱。对于已确认为一般危险品的危险货物要严格按照危险品订舱流程操作。

冷藏货物订舱确认方面,一要注意温度的确认,委托书上必须清楚标明该货物的设定温度,对于货物品名与其设定温度有疑义的委托,及时与货主沟通确认;二要注意通风、湿度的确认,对于有通风、湿度要求或者对冷藏箱本身有要求的订舱委托,在接受订舱后,及时落实。

在特种箱货物(开顶箱、框架箱等)的订舱确认方面,订舱委托中应标明货物正确的尺寸,订舱之前必须有运价确认,收到相关批示后,方可安排出运。

3.接受订舱,反馈客户订舱信息以及订舱后的协调工作

审查无误后,应给予书面的订舱确认单,通知货主所配船名、航次、提单号、送货地点、联系电话、截港时间等信息。

对于不能接受的委托,应及时向货主说明不能接受的原因并通知相应人员。

完成订舱后,将订舱委托书转交单证操作,以便完成后续的提单制作,同时协助客户做好箱检、报关等工作。

4.更改

(1)订舱信息的更改

对于订舱后到截单之前,涉及退关、换船、卸货港、交货地、运输条款、完全更换发货人、箱

量、箱型、品名、付费方式、冷箱的温度、通风、特种箱的尺寸等方面的更改,需要以书面(传真或者邮件)形式填写更改单,同时通知相应的箱站/场站。

(2)提单信息的更改

对于订舱客户,应及时给客户发送提单确认;对于客户在提单上的修改,由专门人员对提单进行修改并回传客户确认;对于提单中的重大更改(包括收发货人、港口、品名、设定温度等),要及时与客户确认并要求客户提交规定格式的更改保函,并通知相关部门。

对于船舶开航后客户对提单信息的更改,应要求客户出具正规的更改保函,及时转送给相关单证部门,并跟踪落实,协助客户做好改单工作。

对于客户有分、合票要求的,需要客户提供书面的分票/合票保函,并做好费用记录。

对于客户对提单有倒签预借要求的,需要客户出具书面的倒签/预借保函,经确认后更改提单信息。

对于退舱更改,应及时与箱站/场站及客户落实提箱入货情况,如货物已退关,应及时做退关处理。

5.客户的维护

建立客户档案,协助揽货人员做好客户跟踪工作。将工作中遇到的客户信息和需求提供给揽货人员。对于电话问询的客户,应主动予以给予解释和说明。

6.归档

将每票货操作过程的所有相关资料整理,分单船存档,并在档案袋封面注明航线、船名、航次、开船日期。

岗位9:箱管重箱提箱

一、岗位描述

签发进口重箱放箱申请单及设备交接单,收取相关费用(进口重箱超期使用费、修理费、清洗费等)。

二、工作职责

1.进口放箱

审核收货人或其他代理人所持有的提货单,审核提货单是否为海关已放行,若审核符合要求,则填写进口重箱提箱申请单,填写内容有:提箱单位、提箱时间、进口船名、航次、提单号、规定、回空堆场。若不符合要求,将有关单据退回承办人,说明不能办理的理由。

收取提箱保证金。

根据提货单和进口重箱提箱申请单内容在系统中放箱并打印进口设备交接单 EIR,交与责任方去提箱。

2.进口集装箱超期使用费的收取

收货人或其他代理人或其指定的车队空箱返回指定堆场后,持堆场签收后的设备交接单回执联来结费。

集装箱超期使用费收取时须注意:核对设备交接单回执联是否全部送回;核对设备交接

单中箱子的进场日期;确认是否减免,若有减免,须仔细查询减免内容,按照减免后的实际应收金额向责任方收取滞期费;检查是否所有集装箱都回空计费。以上核对并确认无误后,向责任方收取相应的集装箱超期使用费。

每票进口货物的滞期费和修理费等费用结清,并将设备交接单回执联全部收齐后,进行已退单确认,表明此票进口提箱业务全部完成。

如设备交接单回执联上有批注,须向责任方收取修箱费或清洗费。

定期将收货方返还的设备交接单回执联按船名、航次进行归档。定期将进口重箱提箱申请单按办单日期装订归档。

岗位 10:箱管现场放箱

一、岗位描述

负责空箱调运、出口空箱放箱和设备交接单的签发、集装箱堆场内的现场管理、堆场超期箱管理和进口空箱的报验。

二、工作职责

1. 空箱堆场间调运

根据装箱需求及用箱情况,对调进调出箱站/场站发出书面调箱指令,保证出口用箱及箱站/场站集装箱的合理保有量。同时,根据腹地口岸和港口的空箱堆存量及当地的货运市场情况,进行合理的空箱调配,进行港口之间的空箱调配。

2. 出口放箱

根据规定向协议车队发放出口协议车队提箱申请单。通过 EIR 的电子系统向箱站/场站发送电子放箱号。

3. 现场管理

对箱站/场站进行日常箱工作的现场检查,提高箱管水平。

4. 超期箱管理

定期将超期箱号报告,发给各箱站/场站清查,按时到箱站/场站现场查看超期箱,查明问题,督促责任箱站/场站尽快解决。

5. 进口空箱的报验

将进口空箱舱单送报关部门,用作向商检报检。如商检放行过程中出现异常情况或商检提出质疑,负责协助报关部门解决。

岗位 11:箱管计划

一、岗位描述

负责所辖区域内出口用箱和空箱多缺的协调和调运,负责日常报表报告等各类信息工作以及新箱起租等。

二、工作职责

1.负责向船公司、委托方提供日常报表、报告等各类信息

如口岸当前空箱的盘存量、周空箱调入量、周进口重箱拆箱量、周出口量以及出口用箱多缺量,口岸以及辖区周报、平衡报、冷箱报、多缺箱报。

2.负责所辖区域内出口用箱的保障

认真落实进出口岸的空/重箱情况,落实到具体的箱量。掌握用箱需求,根据存在的箱量差异,进一步分析近期用箱趋势和形势,做出多/缺箱预测。把实际进出空/重箱情况以及分析的结果进行汇报,以便船公司/委托方进行相应调箱计划的调整。

3.负责辖区内空箱多缺的协调和调运

在完全掌握口岸具体信息的情况下,制定各口岸空箱多缺的协调和具体空箱调运计划。

在船公司/委托方箱管提出辖区内空箱调运申请,内容包括调箱船名、航次、箱量、箱型、调出港、调入港等信息,等待同意和相应的舱位确认。得到明确的书面调令后,通知多箱港口安排空箱的调出。

4.负责卸船空箱分配工作

船抵港前一至两天,根据各箱站/场站多缺箱情况以及协议规定安排空箱的分配,将空箱分箱计划发送给相应的箱管现场、码头和箱站/场站。

5.负责调出空箱的海关备案工作

在受到船公司/委托方箱管明确的书面空箱调出指令后,根据码头以及各箱站/场站的具体情况,确定调出空箱提取场地。把调箱信息(包括船名、航次、箱量、箱型、目的港等)发给放箱堆场。放箱堆场根据空箱调运计划安排空箱的集港、上船等操作,并反馈空箱调运箱号。根据放箱堆场提供的空箱箱号,提供海关备案明细,并在船舶抵港前24小时提交给报关人员。如海关放行过程中出现异常情况或海关提出质疑,负责协助报关部门解决。

6.负责新箱的起租工作

为在短期内缓解用箱紧张局面,可采用租箱应急,保证出口用箱需求。具体操作如下:

根据空箱存量相对较低和空箱调入困难的情况,向船公司/委托方提请起租新箱的书面建议。收到租箱确认后,同租箱公司以及箱厂联系,书面通知其送箱数量、送箱时间、送箱堆场,并将交接箱工作要求通知接箱箱站/场站。适时监控送箱和接箱情况,对过程中存在的问题予以及时协调和解决。

7.负责特种箱的出口用箱分配

根据当前盘存、最近调入情况以及订舱单位提供的发货人、目的港、箱型、箱量、船期等信息,确定用箱满足与否。对于可以满足的特种箱需求,安排放箱时间。在确定的放箱时间内书面通知放箱场站。

8.对货主、用箱人的服务

对客户提出的有关集装箱使用等各方面问题,给予及时、准确的答复。对客户的要求尽可能解决,传真、邮件尽快给予回复。

附录三 班轮及总代理标准协议

STANDARD LINER AND GENERAL AGENCY AGREEMENT

Revised and adopted 2001
Approved by BIMCO 2001

It is hereby agreed between:
_____ of _____ (hereinafter referred to as the Principal)
and
_____ of _____ (hereinafter referred to as the Agent)
on the _____ day of _____ 20 _____
that:

1.00 The Principal hereby appoints the Agent as its Liner Agent for all its owned and/or chartered vessels including any space or slot charter agreement serving the trade between _____ and _____.

1.01 This Agreement shall come into effect on _____ and shall continue until _____. Thereafter it shall continue until terminated by either party giving to the other notice in writing, in which event the Agreement shall terminate upon the expiration of a period of _____ months from the date upon which such notice was given.

1.02 The territory in which the Agent shall perform its duties under the Agreement shall be _____ hereinafter referred to as the "Territory".

1.03 This Agreement covers the activities described in section 3 _____.

1.04 The Agent undertakes not to accept the representation of other shipping companies nor to engage in NVOCC or such freight forwarding activities in the Territory, which are in direct competition to any of the Principal's transportation activities, without prior written consent, which shall not unreasonably be withheld.

1.05 The Principal undertakes not to appoint any other party in the Agent's Territory for the services defined in this Agreement.

1.06 The established custom of the trade and/or port shall apply and form part of this Agreement.

1.07 In countries where the position of the agent is in any way legally protected or regulated, the Agent shall have the benefit of such protection or regulation.

1.08 All aspects of the Principal's business are to be treated confidentially and all files and records pertaining to this business are the property of the Principal.

2.0 Duties of the Agent

2.01 To represent the Principal in the Territory, using his best endeavours to comply at all times with any reasonable specific instructions which the Principal may give, including the use of Principal's documentation, terms and conditions.

2.02 In consultation with the Principal to recommend and/or appoint on the Principal's behalf and account, Sub-Agents.

2.03 In consultation with the Principal to recommend and/or to appoint on the Principal's behalf and account, Stevedores, Watchmen, Tallymen, Terminal Operators, Hauliers and all kinds of suppliers.

2.04 The Agent will not be responsible for the negligent acts or defaults of the Sub-Agent or Sub-Contractor unless the Agent fails to exercise due care in the appointment and supervision of such Sub-Agent or Sub-Contractor. Notwithstanding the foregoing the Agent shall be responsible for the acts of his subsidiary companies appointed within the context of this Clause.

2.05 The Agent will always strictly observe the shipping laws and regulations of the country and will indemnify the Principal for fines, penalties, expenses or restrictions that may arise due to the failure of the Agent to comply herewith.

3.0 Activities of Agent (Delete those which do not apply)

3.1 Marketing and Sales

3.11 To provide marketing and sales activities in the Territory, in accordance with general guidelines laid down by the Principal, to canvass and book cargo, to publicise the services and to maintain contact with Shippers, Consignees, Forwarding Agents, Port and other Authorities and Trade Organisations.

3.12 To provide statistics and information and to report on cargo bookings and use of space allotments. To announce sailing and/or arrivals, and to quote freight rates and announce freight tariffs and amendments.

3.13 To arrange for public relations work (including advertising, press releases, sailing schedules and general promotional material) in accordance with the budget agreed with the Principal and for his account.

3.14 To attend to conference, consortia and/or alliance matters on behalf of the Principal and for the Principal's account.

3.15 To issue on behalf of the Principal Bills of Landing and Manifests, delivery orders, certificates and such other documents.

3.2 Port Agency

3.21 To arrange for berthing of vessels, loading and discharging of the cargo, in accordance with the local custom and conditions.

3.22 To arrange and co-ordinate all activities of the Terminal Operators, Stevedores, Tallymen and all other Contractors, in the interest of obtaining the best possible operation and despatch of the Principal's vessel.

3.23　To arrange for calling forward, reception and loading of outward cargo and discharge and release of inward cargo and to attend to the transhipment of through cargo.

3.24　To arrange for bunkering, repairs, husbandry, crew changes, passengers, ship's stores, spare parts, technical and nautical assistance and medical assistance.

3.25　To carry out the Principal's requirements concerning claims handling, P & I matters, General Average and/or insurance, and the appointment of Surveyors.

3.26　To attend to all necessary documentation and to attend to consular requirements.

3.27　To arrange for and attend to the clearance of the vessel and to arrange for all other services appertaining to the vessel's movements through the port.

3.28　To report to the Principal the vessel's position and to prepare a statement of facts of the call and/or a port log.

3.29　To keep the Principal regularly and timely informed on Port and working conditions likely to affect the despatch of the Principal's vessels.

3.3　Container and Ro/Ro Traffic

Where "equipment" is referred to in the following section it shall comprise container, flat racks, trailers or similar cargo carrying devices, owned, leased or otherwise controlled by the Principal.

3.31　To arrange for the booking of equipment on the vessel.

3.32　To arrange for the stuffing and unstuffing of LCL cargo at the port and to arrange for the provision of inland LCL terminals.

3.33　To provide and administer a proper system, or to comply with the principal's system for the control and registration of equipment. To organise equipment stock within the Territory and make provision for storage, positioning and repositioning of the equipment.

3.34　To comply with Customs requirements and arrange for equipment interchange documents in respect of the movements for which the Agent is responsible and to control the supply and use of locks, seals and labels.

3.35　To make equipment available and to arrange inland haulage.

3.36　To undertake the leasing of equipment into and re-delivery out of the system.

3.37　To operate an adequate equipment damage control system in compliance with the Principal's instructions. To arrange for equipment repairs and maintenance, when and where necessary and to report on the condition of equipment under the Agent's control.

3.4　General Agency

3.41　To supervise, activities and co-ordinate all marketing and sales activities of Port, Inland Agents and/or Sub-agents in the Territory, in accordance with general guidelines laid down by the Principal and to use every effort to obtain business from prospective clients and to consolidate the flow of statistics and information.

3.42　To supervise and co-ordinate all activities of Port, Inland Agents and/or Sub-agents as set forth in the agreement, in order to ensure the proper performance of all customary requirements for the best possible operation of the Principal's vessel in the G. A.'s Territory.

3.43　In consultation with the Principal to recommend and/or appoint on the Principal's behalf an1d account Port, Inland Agents, and/or Sub-Agents if required.

3.44　To provide Port, Inland Agents and/or Sub-agents with space allocations in accordance with the Principal's requirements.

3.45　To arrange for an efficient rotation of vessels within the Territory, in compliance with the Principal's instructions and to arrange for the most economical despatch in the ports of its area within the scope of the sailing schedule.

3.46　To liaise with Port Agents and/or Sub-agents if and where required, in the Territory in arranging for such matters as bunkering, repairs, crew changes, ship's stores, spare parts, technical, nautical, medical assistance and consular requirements.

3.47　To instruct and supervise Port, Inland Agents and/or Sub-Agents regarding the Principal's requirements concerning claims handling. P & I matters and/or insurance, and the appointment of Surveyors. All expenses involved with claims handling other than routine claims are for Principal's account.

3.5 Accounting and Finance

3.51　To provide for appropriate records of the Principal's financial position to be maintained in the Agent's books, which shall be available for inspection and to prepare periodic financial statements.

3.52　To check all vouchers received for services rendered and to prepare a proper disbursement account in respect of each voyage or accounting period.

3.53　To advise the Principal of all amendments to port tariffs and other charges as they become known.

3.54　To calculate freight and other charges according to Tariffs supplied by the Principal and exercise every care and diligence in applying all terms and conditions of such Tariffs or other freight agreements. If the Principal organises or employs an organisation for checking freight calculations and documentation the costs for such checking to be entirely for the Principal's account.

3.55　To collect freight and related accounts and remit to the Principal all freights and other monies belonging to the Principal at such periodic intervals as the Principal may require. All bank charges to be for the Principal's account. The Agent shall advise the Principal of the customary credit terms and arrangements. If the Agent is required to grant credit to customers due to commercial reasons, the risk in respect of outstanding collections is for the Principal's account unless the Agent has granted credit without the knowledge and prior consent of the Principal.

3.56 The Agent shall have authority to retain money from the freight collected to cover all past and current disbursements, subject to providing regular cash position statements to the Principal.

3.57 The Agent in carrying out his duties under this Agreement shall not be responsible to the Principal for loss or damage caused by any Banker, Broker or other person, instructed by the Agent in good faith unless the same happens by or through the wilful neglect or default of the Agent. The burden of proving the wilful neglect of the Agent shall be on the Principal.

4.0 Principal's Duties

4.01 To provide all documentation, necessary to fulfil the Agent's task together with any stationery specifically required by the Principal.

4.02 To give full and timely information regarding the vessel's schedules, ports of call and line policy insofar as it affects the port and sales agency activities.

4.03 To provide the Agents immediately upon request with all necessary funds to cover advance disbursements unless the Agent shall have sufficient funds from the freights collected.

4.04 The Principal shall at all times indemnify the Agent against all claims, charges, losses, damages and expenses which the Agent may incur in connection with the fulfilment of his duties under this Agreement. Such indemnity shall extend to all acts, matters and things done, suffered or incurred by the Agent during the duration of this Agreement, notwithstanding any termination thereof, provided always, that this indemnity shall not extend to matters arising by reason of the wilful misconduct or negligence of the Agent.

4.05 Where the Agent provides bonds, guarantees and any other forms of security to Customs or other statutory authorities then the Principal shall indemnify and reimburse the Agent immediately such claims are made, provided they do not arise by reason of the wilful misconduct or the negligence of the Agent.

4.06 If mutually agreed the Principal shall take over the conduct of any dispute which may arise between the Agent and any third party as a result of the performance of the Agent's duties.

5.0 Remuneration

5.01 The Principal agrees to pay the agent and the Agent accepts, as consideration for the services rendered, the commissions and fees set forth on the schedule attached to this Agreement. Any fees specified in monetary units in the attached schedule shall be reviewed every 12 months and if necessary adjusted in accordance with such recognised cost of living index as is published in the country of the Agent.

5.02 Should the Principal require the Agent to undertake full processing and settlement of claims, then the Agent is entitled to a separate remuneration as agreed with the Principal and commensurate with the work involved.

5.03 The remuneration specified in the schedule attached is in respect of the ordinary and anticipated duties of the Agent within the scope of this Agreement. Should the Agent be required to perform duties beyond the scope of this Agreement then the terms on which the Agent may agree to perform such duties will be subject to express agreement between the parties. Without prejudice to the generality of the foregoing such duties may include e. g. participating in conference activities on behalf of the Principal, booking fare-paying passengers, sending out general average notices and making collections under average bonds insofar as these duties are not performed by the average adjuster.

5.04 If the Tariff currency varies in value against the local currency by more than 10% after consideration of any currency adjustment factor existing in the trade the basis for calculation of remuneration shall be adjusted accordingly.

5.05 Any extra expenses occasioned by specific additional requirements of the Principal in the use of computer equipment and systems for the performance of the Agent's duties to the Principal shall be borne by the Principal.

5.06 The Principal is responsible for all additional expenses incurred by the Agent in connecting its computers to any national or local port community system.

6.0 Duration

6.01 This agreement shall remain in force as specified in clause 1.01 of this Agreement. Any notice of termination shall be sent by registered or recorded mail.

6.02 If the Agreement for any reason other than negligence or wilful misconduct of the Agent should by cancelled at an earlier date than on the expiry of the notice given under clause 1.01 hereof, the Principal shall compensate the Agent. The compensation payable by the Principal to the agent shall be determined in accordance with clause 6.04 below.

6.03 If for any reason the Principal withdraws or suspends the service, the Agent may withdraw from this agreement forthwith, without prejudice to its claim for compensation.

6.04 The basis of compensation shall be the monthly average of the commission and fees earned during the previous 12 months or if less than 12 months have passed then a reasonable estimate of the same, multiplied by the number of months from the date of cancellation until the contract would have been terminated in accordance with clause 1.01 above. Furthermore the gross redundancy payments, which the Agent and/or Sub-Agent (s) is compelled to make to employees made redundant by reason of the withdrawal or suspension of the Principal's service, or termination of this Agreement, shall also be taken into account.

6.05 The Agent shall have a general lien on amounts payable to the Principal in respect of any undisputed sums due and owing to the Agent including but not limited to commissions, disbursements and duties.

7.0 Jurisdiction

7.01 a) This Agreement shall be governed by and construed in accordance with the laws of the country in which the Agent has its principle place of business and any dispute arising out of or in connection with this Agreement shall be referred to arbitration in that country subject to the procedures applicable there.

b) This Agreement shall be governed by and construed in accordance with the laws of .... and any dispute arising out of or in connection with this Agreement shall be referred to arbitration at ...., subject to the procedures applicable there.

c) Any dispute arising out of this Agreement shall be referred to arbitration at .... subject to the law and procedures applicable there.

(subclauses [a] [b] & [c] are options. If [b] or [c] are not filled in then [a] shall apply.)

附 录

REMUNERATION SCHEDULE BELONGING TO
STANDARD LINER AND GENERAL AGENCY AGREEMENT

Between _____ and _____ date _____
    (As Principal)   (As Agent)

The Agent is entitled to the following remuneration based on all total freight earnings (including any surcharges, (eg BAF, CAF) handling charges (eg THC) and freight additionals including inland transport which may be agreed) of the Principal's liner service to and from the Territory to be paid in Agent's local currency. The total remuneration per call shall not in any case be lower than the local fee applicable.

I 1. Where the Agent provides all the services enumerated in this Agreement the Commission shall be:

   Services outward _____% [Min _____ per cont or tonne/cbm] { MIN }

   Inward _____% [Min _____ per cont or tonne/cbm] { LUMP SUM }

 2. _____% for cargo when only booking is involved. [Min _____ per cont] { PER }

 3. _____% for cargo when only handling is involved. [Min _____ per cont] { CALL }

  ("only handling" in the remuneration schedule is so defined that the duties of an Agent are to call forward and otherwise arrange for the cargo to be loaded on board, where the specific booking has been made elsewhere and acknowledged as such by the shipper as nominated for the Principal's service.

 4. In respect of movements of cargo outside the Agent's Territory _____% of the gross total freight is payable in cases where only collection of freight is involved.

 5. An additional fee for containers and/or units entering or leaving the inventory control system of the Agent a fee of _____ per unit.

II 1. _____% for cargo loaded on board in bulk. [Min _____ per tonne/cbm]
 2. _____% for cargo discharged in bulk. [Min _____ per tonne/cbm]

III Where the Agent provides only the services as non-port agent the remuneration shall be:
When actually booked/originating from this area:

 1. Services outward _____% [Min _____ per cont or tonne/cbm]
     inward _____% [Min _____ per cont or tonne/cbm]

 2. An additional fee for containers and/or units entering or leaving the inventory control system of the Agent a fee of _____ per unit.

IV Where the Agent provides only the services as non-port agent the remuneration shall be:

 1. _____% for cargo loaded on board in bulk. [Min _____ per tonne/cbm]
 2. _____% for cargo discharged in bulk. [Min _____ per tonne/cbm]

V　　Clearance and ship's husbandry fee shall be as agreed.

VI　　A Commission of ＿＿＿＿% shall be paid on all ancillary charges collected by the Agent on behalf of the Principal such as Depot Charges, Container Demurrage, Container Damage etc.

VII　　Communications: The Principal will either pay actual communication expenses on a cost plus basis or pay a lumpsum monthly on an average cost plus basis, to be review able.

VIII　　Travelling expenses: When the Agent is requested by the Principal to undertake journeys of any significant distance and/or duration, all travel expenses including accommodation and other expenses will be for the Principal's account.

IX　　Documentary and Administrative Charges: Such charges to be levied as appropriate by the Agent to cargo interests and to remain with the Agent even if related to the trade of the principal.

X　　In case of Transhipment Cargo, a transhipment fee of ＿＿＿＿ per cont/tonne/cbm is charged by the Agent.

--　　　　　　　　--
　　　　PRINCIPAL　　　　　　　　　　　　　　　　　　　　　AGENT

附录四 装卸时间事实记录缮制

一、工作须知

装卸时间事实记录是订有滞/速计算的船舶在港装卸作业的实际情况记录。它反映船舶从抵港至装卸完毕的全面情况,是船、租、港、货各方计算装卸时间与结算速遣/滞期费的重要依据,是外勤业务员现场工作中的一项重要内容。

1. 熟悉租约/买卖合同/协议书等规定

缮制事实记录,要求实事求是,有理有利,兼顾管家经济利益,切实熟悉掌握有关规定,特别要注意不同租约的不同规定,例如"作业期间的开舱盖""装货前的铺垫舱""允许两次移泊"等经常有异的时间计算。

2. 详细记录,分清责任

(1) 记录的时间必须逐日时连贯,中间不得有空隙或省略,防止计算装卸时间时无法确定其是否属于应予计算的装卸货时间。

(2) 船舶抵达锚地,联检后在等泊过程中遇有不良天气,应注明"等泊"和"不良天气",以便按合约不同规定扣除或不扣除。

(3) 装卸开始前及装卸过程中,等泊/等工人/等货物期间的一般公认的坏天气,或不适合货物装卸的坏天气,应按"坏天气"记录,不作"装卸货时间"计算。等泊期间的坏天气,可参照当地气象台或其他习惯引用的资料。

(4) 在港作业过程中出现的坏天气,大浪日、雨天、雪天,雪后清扫船上积水和积雪所用去的时间必须做好记录。

(5) 与港方订有滞/速计算的船舶,同一舱口的两对吊杆中一对损坏,应把舱口号数和损坏时间记载清楚。

(6) 属船方原因造成装卸停工(如纹车故障、货灯熄灭、索具更换、船电中断等),记录中必须注明"由船方某某原因造成停工"以明责任。纹车动力不足,影响装卸,亦应详细记载原因和时间。

(7) 因工人损坏纹车造成停工,并为港方确认,可以把损失的时间和原因记载清楚,也可以照旧记载为"装卸",记为装卸时间。

(8) 移泊时间:

① 移泊前,从停止装卸至等候移泊所占去的时间,可并入移泊时间,按"移泊"记录,或记录为"准备移泊"。

② 如等候移泊时间较长,超过正常所需时间,属港方原因,应按"等候移泊"记录;属船方原因,按"船舶准备移泊"记录;属潮小原因,按"候潮移泊"记录,绝不能用"停工"或者"候装卸"等原因不明的记录。

③ 移泊后在正常时间内开始或恢复装卸,应按"准备开始装卸或准备恢复装卸"记录,绝不能记录为"等候装卸"。如超过正常时间,超过部分,可记录为"等候装卸"。

④ 船舶在装卸过程中,因受潮水影响,须从泊位移开,然后再移回,不能记录为"移

泊",应记录为"因潮水影响,作业中断",或记录为"因低潮,船舶拖离码头"和"船舶回靠码头"。

(9)雨天装卸时间:

雨天装卸磷灰土、废钢等不受影响的货物,应在安排作业前与船方充分洽商,明确时间计算办法。

①争取船方同意时间按50%计算,在记录上注明"下雨,装/卸货时间按50%计算"。

②如船方不同意按50%计算,而我方又急于装卸,在港方同意下,雨天实际用去时间可记录为"装卸货物",不记"下雨"。实际作业以外的时间应按"下雨"记录,以便扣除。

③在雨篷下作业,雨篷由船方租用,装卸速度不受影响,可记录为"装卸货物";如船方不租用雨篷,在安排前洽商船方,由港方租用,记录为"下雨",装卸时间不计。

(10)卸货完毕清扫船舱地脚货的时间不属卸货时间,不必记录。如船方坚持,可先注明卸货完毕,在记上清扫地脚,以防止承运人钻空子。

(11)装卸完毕商检公估水尺时间,不属作业时间。如船方要求公估,可以记录,如无要求,不必记录。

(12)等泊、等装、卸、等货时间:

①船舶在港发生等泊、等装卸、等货情况,原则上应如实记录;但对"等货"字样,应慎重对待,应否填入事实记录,必须请示公司领导决定。

②装卸过程中,因我方原因停工等候装卸,可记录为"等候装卸",不必记录为"等工人""等泊""等船舶"等。

(13)执行142号文件规定的船舶,应按规定格式,将船舶舱口数和吊杆数及在本港作业的舱口数和吊杆数、装卸货名、吨数以及船舶总吨在事实记录上注明,以便速遣/滞期的计算。船尾装物料的小舱口(tonnage well)虽装货,因非正常装货舱口,亦不能作为一个舱口数列入。

(14)根据船方申请,进行的困难作业及特殊平舱的时间应记录清楚。

(15)由于船舶设备问题,造成工人伤亡或作业船舶被其他船舶碰撞等原因而使作业中断,应记录为"发生××事故,作业中断"。

(16)船舶起货设备损坏或不敷应用,如港口起货设备由船方租用进行作业,应记录为"继续作业";如港方自行安排,应事先向船长申明,并记录为"船舶起货设备故障,作业中断"。

(17)风力对作业的影响,应根据装/卸货物所受风力影响的情况,实事求是地记录。如台风警报发出后作业停止,尽管台风将临前天气良好,仍应记录为"台风影响,作业中断"。又如卸磷灰土、铝粉、散装硫黄等类货物,风力达四、五级即影响作业,应如实记录。

(18)进口卸货船抵港联检并递接了通知书,后因故调往国内其他港口,如在港发生涉及有关计算装卸时间的情况,仍应制作"事实记录",连同通知书一并送委托方或第二委托方。

(19)一艘船舶,租船人和收/发货人都有委托,应按租约和贸易合同分别制作"事实记录",对外分别寄送委托方或第二委托方。

(20)装卸作业中,因船具损坏、下雨等原因停止作业,应在当日时间内注明,不要将此类情况集中批注在记录的下方,以便滞、速计算。

3.文字精练、统一、确切

记录用词应尽可能精炼、清楚、确切。船舶从引水锚地(或联检锚地)驶至作业泊位,记录应用"驶至"(proceeding),不要使用"移泊"(shifting),避免与真正的"移泊"混同,造成时间计算错误。坏天气前后,或雷阵雨的间隙时间,或大风期间,虽不下雨、下雪,同样不能作业,应记录为恶劣天气(threatening weather),不要记录为"等装卸"。为此,必须使用统一用语(参阅附件"装卸时间事记录统一用语")。

4. 及时核对,做好签署工作

(1)加强内部与装卸指导员和现场理货组长的核对,避免记录差错。

(2)经常与船方核对,特别是外勤业务员内部交班前,应核对一次,发现问题及时协商解决,不要拖到开船时一并处理,影响船舶及时开航。

(3)与船方核对后,要求船方在记录草稿上签字,防止对方反复。

(4)船舶装卸完毕前,可先缮制正式文本的事实记录,其中空出完工时间,待完工后填上实际完工时间,交船方共同签认。

(5)外勤业务员在与船方共同签署时,应在签字下面注明××代理人(××AGENTS)。

5. 船方批注处理

船长在签署事实记录时,由于对装卸时间记录有异议,为维护船方利益要求附加批注,对此应具体分析,区别批注性质与作用,采取不同的处理方法。

(1)下列一般性批注,对结算时间无甚影响,可以考虑接受:

①"按租约规定办理(subject to all terms, conditions and exceptions as per c/p)",也有在本句前面加上"仅为工作时间……(for time worked only)"。

②"仅为装卸时间记录(for laytime record only)"。

(2)若一般性批注,可能会给速/滞结算产生一定影响的,应说服不批。如坚持,亦可接受"船方与租方间解决(subject to owner's and charterer's approval)"。

(3)下列批注,影响事实记录的作用,须慎重处理,一般不予接受:

①"在抗议下签字(under protest)"。

②"在争论中(in dispute)"。

③"以船东同意为准(subject to owner's approval)"。

④"按照租约办理(as per c/p)"——批注在由专业进出口公司委托我公司按照贸易合计算滞期/速遣的船舶的事实记录上,应补充加注"或按有关贸易合同办理(and/or relevant contract)"。

(4)其他有影响的批注,应与船方摆清情况,核对事实,据理力争取消批注。如争执不下,必须迅速请示公司领导决定处理,或将当时实际情况另作详细记载附于事实记录上,以便划清责任。

凡装运 FOB 出口货物的船舶,租船人或货方均未委托,船长要加批注,应认为不合理,应据理说服船长不加;如船长坚持,可不予争执。

二、国际船舶代理装卸时间事实记录参考用语

1. 船舶抵达

抵达引水锚地并下锚:arrived and anchored at the pilot anchorage

抵达检疫锚地:arrived at the quarantine anchorage

等候引航员：waiting for pilot
等候办理进口手续：waiting for entry (inward) formalities
等候检疫：awaiting quarantine inspection
检疫通过：free pratique granted
等高潮进港：awaiting high tide for entry

2. 装卸准备

等候泊位：waiting for berth
装卸准备：preparation for loading/discharging
首次开舱：first opening of hatches
整理吊杆：rigging derricks
船员/工人水洗舱：water washing cargo holds by crew/shore labours
清(扫)舱：cleaning (sweeping) cargo holds
铺垫舱：dunnaging cargo holds
水密检验：water tight testing
水密检验通过：water tight test passed
接油管：connecting pipes
拆油管：disconnecting pipes
搭雨棚：erecting rain tents
拆雨棚：taking off rain tents
搭防动板：erecting shifting boards
拆防动板：dismantling shifting boards
商检人员验舱：inspecting cargo holds by cargo surveyors
验舱不合格：inspection of cargo holds not passed
验舱合格：inspection of cargo holds passed
全部货舱通过：all holds passed inspection
等候装/卸：waiting for loading/discharging

3. 装卸作业

开始装/卸：loading/discharging commenced
继续装/卸：loading/discharging continued
恢复装/卸：loading/discharging resumed
暂停装/卸：loading/discharging suspended
在雨棚下装/卸：loading/discharging under rain tents
开几条路(几个头)装卸：loading/discharging with ... gangs
装/卸完毕：loading/discharging completed
平舱：trimming of cargo
特殊平舱：special trimming of cargo
读水尺公估：determining cargo quantity on board by draft surveyor
卸地脚：discharging cargo sweepings

扫舱：sweeping holds

4.装卸中断

因坏天气停工：loading/discharging suspended owing to the bad weather
因雨停工：loading/discharging suspended due to the rain
因防止下雨而停工：loading/discharging suspended owing to the precaution of rain
因间断雨停工：loading/discharging stopped due to intermittent rain
因雷/阵雨停工：loading/discharging stopped due to thundering/shower
因浓雾停工：loading/discharging suspended due to dense fog
因雪停工：loading/discharging suspended owing to snow
因大浪/巨涌停工：loading/discharging suspended due to heavy surf/swell
因潮水上码头停工：loading/discharging suspended owing to tide flooding over wharf
因台风警报停工：loading/discharging stopped due to the typhoon alarm
因大风/台风停工：loading/discharging stopped due to strong wind/typhoon
因港口受台风影响停工：loading/discharging stopped due to port affected by typhoon
台风警报解除：typhoon alarm released
因扫雪停工：loading/discharging suspended due to sweeping snow
*舱因绞车故障停工：loading/discharging suspended in hatch No. * due to winch trouble
因船方停电停工：loading/discharging stopped due to suspension of ship's power supply
因调整船舶吃水停工：loading/discharging suspended owing to adjusting ship's draft
因修改积载图停工：loading/discharging suspended due to revising stowage plan
因油泵故障停工：suspended loading/discharging owing to pump trouble
等火车车皮：waiting for railway wagons
等驳船：awaiting barge/lighter
等租家指示：waiting for instruction from charterers

5.船舶动态

起锚并驶往*泊位：heaved (weighed) up anchor and proceeding to berth No. *
因错过潮水而未能进港：failed to enter due to missing high tide
因……返回锚地：turned back to anchorage owing to …
靠往*泊位：berthing alongside to berth No. *
靠妥*泊位：berthed alongside to berth No. *
靠妥且缆绳全部系紧：berthed alongside and all (lines) fastened
驶往并系泊于*号浮筒：proceeding and mooring to buoy No. *
准备移泊：preparation for shifting berth
等候移泊：waiting for shifting berth
移泊：shifting berth
移至锚地避台：shifting to the anchorage for taking shelter against typhoon
在泊向前/向后移动20米：moving forward/afterward 20 meters alongside the wharf

6.油轮装卸

排放压舱水：deballasting

接管线：connecting hose pipes

量舱(量空距)：taking ullage of oil tanks

验舱：tank surveying

开泵：pumping commenced

因泵故障停止装/卸：loading/discharging suspended due to pump trouble

泵毕：pumping completed

扫舱底：stripping oil tanks

清扫管线：blowing hose and pipe lines

拆管线：disconnecting hose pipes

等候向舱内补充惰性气体：waiting for inert gas refilling to oil tanks

7. 熏蒸

商检/动植检发现货舱内有虫：insects was found in cargo holds by cargo surveyors/animal & plant quarantine officers

准备熏蒸：preparation for fumigation

收到熏蒸通知：received notice of fumigation

熏蒸实行：fumigation conducted

开始熏蒸：fumigation commenced

投放化学毒气：poisonous gas released

开舱散毒：hatches opened for releasing poisonous gas from cargo holds

熏蒸结束：fumigation completed

船员离船：crew went ashore

船员返船：crew returned on board

船舶处于安全状态：ship was found in safe condition

8. 装卸时间

递交准备通知书：noted of readiness tendered

接受准备通知书：noted of readiness accepted

收到准备通知书：noted of readiness reveived

开始计算时间：time commenced to count

用于装/卸的时间：time used for loading/discharging

不计时间：time not to count

按租约不计时间：time not to count as per C/P

扣除 1/5 时间：time deducted by 1/5

星期日不计时间：time not to count on Sunday

元旦、春节、劳动节、国庆节不计时间：New Year's Day/Spring Festival/May Day/National Day of the People's Republic of China, time not to count

星期六下午不计时间：Saturday afternoon, time not to count

例假日前一天……时不计时间：the day before holiday time not to count after … hour

例假日后一天0800时前不计时间：the day after holiday time not to count before 8 am

星期一 0800 时前不计时间: Monday time not to count before 8 am
星期一从 0800 时起算时间: Monday time to count from 8 am
冷却吸扬时间: time for cooling the motor of sucker
装卸重货不计时间: time not to count for loading/discharging heavy lifts
雨篷下装卸不计时间: loading/discharging under rain tents, time not to count
雨篷下装卸,时间按 50% 计算: loading/discharging under rain tents, 50% of the time to be counted

附录五 船舶代理有关单证

一、国际航行船舶进口岸申请书

<table>
<tr><td colspan="6" align="center">国际航行船舶进口岸申请书</td></tr>
<tr><td rowspan="2">船名</td><td>中文</td><td></td><td rowspan="2">国籍</td><td colspan="2"></td></tr>
<tr><td>英文</td><td></td><td colspan="2"></td></tr>
<tr><td rowspan="2">船舶所有人</td><td>中文</td><td></td><td>呼号</td><td colspan="2"></td></tr>
<tr><td>英文</td><td></td><td>IMO 编号</td><td colspan="2"></td></tr>
<tr><td>船舶尺度</td><td>全长</td><td></td><td>宽度</td><td>船速</td><td></td></tr>
<tr><td>总吨位</td><td colspan="2"></td><td>净吨位</td><td>载重吨</td><td></td></tr>
<tr><td>建造时间</td><td colspan="2"></td><td>水面以上最大高度</td><td colspan="2"></td></tr>
<tr><td>出发港</td><td colspan="2"></td><td>出发日期</td><td colspan="2"></td></tr>
<tr><td>经过港口</td><td colspan="2"></td><td>预到日期</td><td>预靠泊位</td><td></td></tr>
<tr><td>船舶类型</td><td colspan="2"></td><td>进口淡吃水</td><td colspan="2">前   米、后   米</td></tr>
<tr><td>预离日期</td><td colspan="2"></td><td>开往港口</td><td>出口最大淡吃水</td><td></td></tr>
<tr><td rowspan="4">进口</td><td rowspan="2">旅客总数   名</td><td rowspan="2">其中</td><td>中国籍</td><td colspan="2">男   名、女   名</td></tr>
<tr><td>外国籍</td><td colspan="2">男   名、女   名</td></tr>
<tr><td rowspan="2">载货 名称
吨数   吨</td><td rowspan="2">其中</td><td>普通货物</td><td colspan="2">吨</td></tr>
<tr><td>危险货物</td><td colspan="2">吨</td></tr>
<tr><td rowspan="4">出口</td><td rowspan="2">预计旅客
总 数   名</td><td rowspan="2">其中</td><td>中国籍</td><td colspan="2">男   名、女   名</td></tr>
<tr><td>外国籍</td><td colspan="2">男   名、女   名</td></tr>
<tr><td rowspan="2">预计载货 名称
吨数   吨</td><td rowspan="2">其中</td><td>普通货物</td><td colspan="2">吨</td></tr>
<tr><td>危险货物</td><td colspan="2">吨</td></tr>
<tr><td colspan="3">核准机关
盖　章</td><td colspan="3">此　致
海　事
海　关
边防检查
检验检疫</td></tr>
<tr><td colspan="3">年　月　日</td><td colspan="3">代理人
　　　　　　　　年　月　日</td></tr>
</table>

二、船舶概况报告单(中英文)

(1)英文格式

REPORT ON SHIP'S PARTICULARS(A)

SHIP'S PARTICULARS(If not applicable, no fill-in.)

Ship's Name		Flag/Registry Port		Built Year		Ship-type	
IMO NO.		Gross Tonnage		Net Tonnage		DWT/TEU	
Call Sign		LOA		Breadth Moulded		Depth Moulded	
Max Height From Keel		Summer Mean Draft		Fresh Water Allowance		M/Power	
Initial Registy NO.		Security Level		Owner/Operator			

SHIP'S CERTIFICATES

(If not applicable, no fill-in.)

TITLE OF CERTIFICATE	DATE ISSUED	DATE VALID	DATE OF LAST ANNUAL SURVEY	TITLE OF CERTIFICATE	DATE ISSUED	DATE OF LAST ANNUAL SURVEY
NATIONALITY/ (REGISTRY)				MINIMUM SAFE MANNING		
TONNAGE				COF (Liquefied Gases)		
LOAD LINE				COF (Dangerous Chemical)		
IOPP				NLS		
SAFETY CONSTRUCTION				C.L.C.		
SAFETY EQUIPMENT				ISM D.O.C		
SAFETY RADIO				S.M.C		
IAPP				ISSC		
ISPP				Life saving appliances *Provided for a total number of _____ persons		
EXEMPTION				Content exempted		

CERTIFICATES OF COMPETENCY FOR SEAFARERS

Rank	No.of certificates of competency/valid until	Rank	No.of certificates of competency/valid until
Captain		Ch/engineer	
C/officer		2/engineer	
2/officer		3/engineer	
3/officer		4/engineer	
GMDSS CERTI./ CAPT		3/O	

SAFETY INSPECTION

Holding PSC Report or not?	Yes/No	Date/Place of last inspection		Any items to be re-inspection in this port?	Yes/No.

To _____ Maritime Safety Administration of P.R.C., I hereby declare, that the vessel is of seaworthiness; all Certificates thereof are valid; manning and cargo loading thereof are in compliance with relevant requirements; all particulars entered on this form are true and correct!

Signature of Captain:	Date(DD/MM/YY):

(2)中文格式

船舶概况报告单(A)

船舶概况(不适用不填)

船　名		船旗国/船籍港		建造年月		船舶种类	
IMO 编号		总　吨		净　吨		载重吨/标箱	
呼　号		总　长		型　宽		型　深	
龙骨以上最大高度		夏季满载吃水		淡水宽限		主机功率	
初始登记号		保安等级		所有人/经营人			

船舶证书

(不适用不填)

证书名称	签发日期	有效期止	最近年检日期	证书名称	签发日期	有效期止	最近年检日期
国籍证书				最低安全配员证书			
国际吨位证书				散装液化气适装证书			

附 录

续上表

证书名称	签发日期	有效期止	最近年检日期	证书名称	签发日期	有效期止	最近年检日期
船舶载重线证书				散装化学品适装证书			
国际防止油污证书				防止有毒液体污染证书			
船舶构造安全证书				油污损害民事责任公约证书			
货船设备安全证书				船公司符合证明			
货船无线电安全证书				安全管理证书			
船舶航行安全证书				保安证书			
客船安全证书				载明救生设备仅供总人数_____人使用			
免除证书				免除内容			

船员适任证书

职 务	适任证书编号/有效期截止	职 务	适任证书编号/有效期截止
船长		轮机长	
大副		大管轮	
二副		二管轮	
三副		三管轮	
无线电人员		GMDSS	

安全检查

是否持有安检报告（PSC/FSC）	是/否	最近一次检查日期/地点		本港是否有复查项目	是/否

_____海事局：兹声明我船证书齐全，处于适航状态，船员配备及货物装载符合要求，申请材料准确无误！

船长签字		日期/(DD/MM/YY)	

三、中华人民共和国海关进/出境载货清单

中华人民共和国海关进／出*境载货清单

载货清单编号：

车牌号码：（内地车牌：__________ 香港车牌：__________）

进／出*境日期：__________ 装货地点：__________ 卸货地点：__________ 此联载货清单共______页

项目	货物名称及规格	标记及编号	包装方式及数量	重量／净重*（公斤）	价格	付货人名称及地址	收货人名称及地址

总件数：__________ 总重量／总体积*：__________ 货柜箱编号：__________（如果是冷藏柜，要注明）

运输公司声明：兹证明，上列货物由__________公司委托承运，保证无讹。

运输公司名称：__________

运输公司地址：__________ 运输公司（盖章）：

运输公司电话：__________ 司机姓名：（正楷）：__________ 签名：__________ 日期：__________

合同(协议)号		海关关锁号（条形码）NO	
监管方式		（进境地／启运地）海关批注、签章：	（指运地／出境地）海关批注、签章：
原产国（地区）／最终目的国（地区）			
进（出）境地／指（启）运地*		关员签名： 日　期：	关员签名： 日　期：
车辆海关编号			

转运货物	是／否*
进／出口*许可证编号：	
提单／空运*提单或空运托运单编号：	
香港货柜车拖架号码：	

第一联　进境地/启运地海关存

*请删去不适用者

四、出口货物报关单

中华人民共和国海关出口货物报关单

海关核销联

预录入编号：　　　　　　　　　　　　　海关编号：

收发货人 (4422931192)	出口口岸 (5166) 南沙新港	出口日期	申报日期 20170705
生产销售单位 (4422931192)	运输方式 (2) 水路运输	运输工具名称 ⓔ5100376693969	提运单号 51745647
申报单位 (4422980013) (91440606669810240Q)	监管方式 (0110) 一般贸易	征免性质 (101) 一般征税	备案号
贸易国(地区) (138) 阿联酋	运抵国(地区) (138) 阿联酋	指运港 (138) 阿拉伯联合酋长国	境内货源地 (44229) 顺德
许可证号	成交方式 (3) FOB	运费　　　　保费	杂费
合同协议号 E51507000004	件数 1112	包装种类 (2) 纸箱	毛重(千克) 57777　净重(千克) 48893.7409
集装箱号 CAIU9729166 * 7(14)	随附单证		

标记唛码及备注
备注：不含CFCs制冷剂 免费散件1箱
随附单证号：
集装箱号：CMAU5476801　ECMU9283486　FCIU8007531　TGHU6338522　TGHU8808219　TRLU7134626

项号	商品编号	商品名称、规格型号	数量及单位	最终目的国(地区)	单价	总价	币制	征免
1	84143013.00	压缩机 空调用|电动机驱动|详见清单|品 牌详见装箱单|规格型号详见装箱	21台阿联酋 612.0009千克(138) 21台	原产国：中国	70.0000	1470.00(502)	美元	照章征税 (1)
2	84143014.00	压缩机 空调用|电动机驱动|详见清单|品 牌详见装箱单|规格型号详见装箱	7台阿联酋 266千克(138) 7台	原产国：中国	120.0000	840.00(502)	美元	照章征税 (1)
3	84151022.10	4匹单冷柜式空调机 落地式|分体式|大于4000大卡/时 小于12046大卡/时|品牌详见装箱	232台阿联酋 27691.52千克(138) 232台	原产国：中国	494.4000	114700.80(502)	美元	照章征税 (1)
4	84151022.10	6匹单冷柜式空调机 落地式|分体式|大于4000大卡/时 小于12046大卡/时|品牌详见装箱	132台阿联酋 20322.72千克(138) 132台	原产国：中国	640.3200	84522.24(502)	美元	照章征税 (1)

特殊关系确认：否	价格影响确认：否	与货物有关的特许权使用费支付确认：否

录入员　　录入单位 9200000005321	兹申明对以上内容承担如实申报、依法纳税之 法律责任	海关批注及签章
报关人员	申报单位(签章)	

1/1

五、出口货物装箱单

出口货物装箱单

报关单位(签章):	广东▓▓▓▓▓▓▓▓▓▓▓▓▓		运单号:	51745647		
车牌号:			航次号:	/		
报关日:	2017-07-05		载货单号:	@5100376693969		

货物品名	数量	包装方式	毛重(KG)	净重(KG)	包装尺码	备注(柜号)
4匹单冷柜式空调机 外: WAM-3616.TRJ/内: WAM-3616.TRJ	58	1台/3件 174件	8098.54	6922.88	40	CAIU9729166
免费空调机配件	1.5	1.5千克/1件 1件	2.8001	1.5	40	
4匹单冷柜式空调机 外: WAM-3616.TRJ/内: WAM-3616.TRJ	58	1台/3件 174件	8098.54	6922.88	40	CMAU5476801
6匹单冷柜式空调机 外: WAM-4816.TSD/内: WAM-4816.TSD	44	1台/3件 132件	8132.52	6774.24	40	ECMU9283486
4匹单冷柜式空调机 外: WAM-3616.TRJ/内: WAM-3616.TRJ	58	1台/3件 174件	8098.54	6922.88	40	FCIU8007531
6匹单冷柜式空调机 外: WAM-4816.TSD/内: WAM-4816.TSD	44	1台/3件 132件	8132.52	6774.24	40	TGHU6338522
4匹单冷柜式空调机 外: WAM-3616.TRJ/内: WAM-3616.TRJ	58	1台/3件 174件	8098.54	6922.88	40	TGHU8808219
压缩机	21	21台/12件 12件	694.9992	612.0009	40	TRLU7134626
压缩机	7	7台/7件 7件	287	266	40	
6匹单冷柜式空调机 外: WAM-4816.TSD/内: WAM-4816.TSD	44	1台/3件 132件	8132.52	6774.24	40	
小计:		1112件	57776.5193	48893.7409		
总计:		1112件	57777	48893.7409		/WESTPOINT/不含CFCs 制冷剂 免费散件1箱/ 南沙新港

```
                            21.0    70.0
                             7.0   120.0
                           232.0   494.4
                           132.0   640.32
```

打印日期:05-07-2017 10:11:01   MZL1707050019

第1页 共1页

六、集装箱积载图

七、船舶载运危险货物申报单(散装液体货物)

船舶载运危险货物申报单

Declaration Form For Dangerous Goods Carried By Ship

(散装液体货物)

(Liquid in Bulk)

船名: Ship's Name _____	国籍: Nationality _____	□进港 Berthing	始发港 Port of Departure _____	抵港时间:_____ Time of Arrival
所有人 Owner _____	航次 Voyage No. _____	□出港 Departure	作业泊位 Berth _____	装货时间: Time of Loading

货物正确技术名称 Correct technical name of the goods	联合国编号 UN No.	类别/性质 Category/Property	数量 Quantity	液货船编号 Number of Tanks	液舱惰化 (是/否) Tank inerting (yes/no)	装卸货物温度(℃) Cargo Handling Temperature(℃)	装/卸货港 Port of Loading/Discharging	备注 Remarks

本轮液舱中存有下述载水/污水:

The ballast/bilge water remained in tanks on board:

舱室编号 Tank No.	水质种类 Kinds of water	数量 Quantity	注明该舱室为专用/清洁压载舱或液货舱 Indicating whether the tank is separate/clean ballast tank or cargo tank	备注 Remarks

本轮准备在港口进行下述作业,并将按规定另行申请:

This ship plans to carry out the following operation(s) in port and application will be submitted separately according to the relevant provisions:

1. 清洗液货舱作业(水洗)   □是/否   2. 使用清洁剂/添加剂洗舱   □是/否

    Tank washing (water wash)   Yes No   Tank washing by detergent/additives   Yes No

3. 原油洗舱   □是/否   4. 驱气作业   □是/否

    Crude oil washing   Yes No   Gas freeing   Yes No

5. 向港口接收设施排放含油/有害物质的洗舱水/混合物、预计_____吨(m^3)

    Disposal of tank washing water/water containing harmful substances/mixtures into port reception facilities, estimated quantity _____ tons(m^3)

	续上表
兹声明本轮装载货物安全与防污证书及文书齐备,船舶构造、设备与布置具备装载上述货物的适装条件并状况正常,货物资料齐全,申报内容正确无误。 This is to declare that this ship's certificates concerning safe transportation and pollution prevention are all valid and complete; the ship's construction, equipment and arrangements are in good condition and meet the requirements of fitness for carrying the above declared goods; the documentation of goods is complete and the declaration is true and correct. 附送以下单证、资料: The following document(s) and information are submitted in addition: 此致　　　　　　　　　　　港务监督 To _____　　　　　　　　Harbour Superintendency Administration 　　　　　　　　　　　　　　　轮船长/代理人 　　　　　　　　　　　_____ Master/Agent _____ 　　　　　　　　　　　　　　　日　期 　　　　　　　　　　　　　　　Date _____	主管机关签证栏 Remarks by the Administration

此申报单一式三份,经主管机关批准后,其中两份退申报人留持并分送港口作业部门,一份留主管机关存查。

This declaration should be made in tripartite, one is kept by the Competent Authority for file, and two for the declarer and port operator respectively.

八、船舶载运危险货物申报单（包装/固体散装危险货物）

船舶载运危险货物申报单
Declaration Form For Dangerous Goods Carried By Ship

船　名 _____　　　航　次 _____　　　□进港 Arrival　　　始发港 _____　　　抵港时间 _____
Ship's Name　　　　　Voyage No.　　　　　□出港 Departure　　Port of Departure　　　Time of Arrival

国　籍 _____　　　经营人 _____　　　　　　　　　　　作业泊位 _____　　　作业时间 _____
Nationality　　　　　Manager　　　　　　　　　　　　　　　Berth　　　　　　　　　Time of Loading/Unloading

货物正确技术名称 Proper Shipping Name	联合国编号 UN No.	类别/性质 Class/Property	装运形式 Means of Transport	件　数 Number of Packages	总重量 Weight in Total	卸货港 Discharging Port	装卸位置 Location of Stowage	备　注 Remarks

兹声明根据船舶装载危险货物安全和防污规定，本轮具备装载上述货物的适装条件，货物配装符合要求，货物资料齐全。申报内容确认无误。
I hereby declare that, in accordance with the provisions of the safe transportation of dangerous goods by ships and pollution, this ship has met the requirements of fitness for carrying the above declared goods; cargo stowage is properly planned according to the requirements; the documentation of the cargo is complete and the contents of the declaration are true and correct.

附送以下单证、资料
The following documents and information are submitted in addition.

　　　　　　　　　　　　　　　　　　　　　　　　　　　　　　　　　　　主管机关签证栏
　　　　　　　　　　　　　　　　　　　　　　　　轮船长/代理人　　　　　Remarks by the
　　　　　　　　　　　　　　　　　　　　　　　　Master/Agent _____　Administration
　　　　　　　　　　　　　　　　　　　　　　　　日　期 _____
　　　　　　　　　　　　　　　　　　　　　　　　Date _____

此申报单一式三份，经主管机关批准后，其中两份退申报人留待并分送港口作业部门，一份留主管机关存查。
This declaration should be made in tripartite, one is kept by the Competent Authority for file, and two for the declarer and port operator respectively.

九、船舶费用分摊表

船舶费用分摊表

船名：		国籍：		性质：	
净吨：	总吨：	来港：		去港：	
预抵：	抵口时间：	靠泊时间：		航线：	

任务 ——（卸）箱—— 速滞规定
———（装）箱

代理人	电话	
	名称	
	地址	

负担对象		估计费	负担对象		估计费
吨税	船方		装卸费	进口	
				出口	
引水费	进口		船货各半		
	出口		绞车费	进口	
港务费	进口			出口	
	出口		扫舱费		
拖轮费	进口		理货费		
	出口		垫隔费		
移泊			淡水费		
停泊费			检验费		
带缆费			二 委		
开盖舱			邮电费		
首末			小 计		
中间			船长借支		
代理费			总 计		
其他项目	运输税		我方定舱	吨	提单份数：
			对方定舱	吨	

十、船舶速遣协议书

船舶速遣协议书

_____公司(以下称甲方)与_____港务局(以下称乙方)经友好协商就"_____"轮在_____港装卸事宜达成如下协议:

1. 该轮在_____港装(卸)_____吨。

2. 乙方保证在该轮抵港递交 NOR 后(或检疫合格后)24 小时起算,每晴天工作日效率为_____吨,甲方向乙方支付船舶速遣费_____。

3. 由于气象、船方、货方等非港方原因影响的时间扣除并顺逆。

4. 速遣费于船舶离港后 15 日内结算。

5. 协议未尽事宜双方协商解决,协议自签订之日起生效,至"_____"轮速遣费结清之日止。

6. 港务局账号:
   美元账号:
   人民币账号:

甲方: 乙方:

日期: 年 月 日 日期: 年 月 日

联系方式: 联系方式:

十一、船舶吨税申报单

船舶吨税申报单
Application for Tonnage Dues Certificate

按照中华人民共和国船舶吨税暂行办法的规定,检同有关文件(包括国籍证书、吨位证书或当地港务机关填发的证明文件)并具下列事项,请予完纳船舶吨税,并发给船舶吨税执照。

In compliance with provisions of the provisional Regulations Governing the Collection of Tonnage Dues of People's Republic of China, I hereby submit documents (including the Certificate of Nationality, the Tonnage Measurement Certificate or supporting documents issued by the Harbour Authorities concerned) with the request for the issue of a Tonnage Dues Certificate upon payment of Tonnage Dues.

1. 船名(附注原名)
Ship's Name _____

2. 国籍
Nationality _____

3. 净吨位
Net Tonnage _____

4. 按三个月期或三十天期纳税(由申请人按选定划去一种)
Tonnage Dues Certificate valid for 3months/30days (cross out the words not requires)

此致
中华人民共和国海关
To:_____ Costoms of the People's Republic of China.

申请人(签名盖章)
Application (signature) _____

年　月　日
(Date) _____

以下由海关填写

1. 每吨应征税额 _____
2. 合计应征税额 _____
3. 填发船舶吨税执照字号 _____
主管人 _____ 经办人 _____
20 年　月　日

十二、船舶出境（港）申报单

中华人民共和国海关船舶出境（港）申报单

船名及船舶种类			IMO 编号	
呼号			驶离港口	北滘
驶离日期及时间	2017-6-14		船籍国	中国
船长姓名			下一港	深圳
国籍证书（船籍港，签发日期，编号）			广州 090115000002	
总吨	2987	净吨 1941	船舶代理名称和联系方式：南洋船务	
船舶在港位置（锚位或泊位）		1 期	26332894	

航次摘要（先后挂靠港口，并在即将卸下留存货物的港口名下划线标注）

北滘——深圳

货物简述　北滘装　重柜：　　X20'　　X40'

　　　　　　　　　重量：　　KGS

船员人数（包括船长）	8人	旅客人数	无	备注
所附单证（标明份数）				
货物申报单	1	船用物品申报单	1	船舶对废弃物和残余物接受设施的需求
船员名单	1	旅客名单	无	

船长或其授权代理人签名：　　　　　　　日期 2017 年 6 月 14 日

海关签注：　　　　　　　　　　　　　　日期　　 年　 月　日

十三、总申报单

总 申 报 单
GENERAL DECLARATION

编号： No.	□抵港 □Arrival	□离港 □Departure		
1.船舶名称及种类 Name and description of ship			2.抵/离港口 Port of arrival/departure	3.抵/离日期及时间 Date-time of arrival/departure
4.船舶国籍 Nationality of ship	5.船长姓名 Name of master		6.驶来港/目的港 Port arrival from/Port of destination	
7.登记证书(港口、日期、号码) Certificate of registry (Port;date;number)			8.船舶代理名称及地址 Name and address of ship's agent	
9.总吨位 Gross tonnage	10.净吨位 Net tonnage			
11.在港泊位 Position of the ship in the port (berth of station)				
12.航次摘要(先后挂靠港口,并在即将卸下留存货物的港名下划线标注) Brief particurars of the voyage (previous and subsequent ports of call:underline where remaining cargo will be discharged)				
13.货物摘要说明 Brief description of the cargo				
14.船员人数(含船长) Number of crew (incl.master)	15.旅客人数 Number of passengers		16.备注 Remarks	
附件(标明份数) Attached documents (indicate number of copies)				
17.货物申报单 Cargo declaration	18.船用物品申报单 Ship's stores declaration			
19.船员名单 Crew list	20.旅客名单 Passenger list		21.船长或其代理人签名、日期 Date and signature by master, authorized agent or officer	
22.船员物品申报单* Crew's effects declaration	23.航海健康申报书* Maritime declaration of health			
检查机关签注 For official use	*仅达到时使用 Only on arrival		中华人民共和国海事局监制	

十四、船员名单

船 员 名 单

		☐ 抵港 ☐ 离港		第　页	
1.船　名：		2.抵/离港口　北洺		3.抵/离日期　2017-5-22	
4.船舶国籍：中　国		5.驶来港		6.证件种类及号码(海员证)	
7.序号	8.姓　　名	9.职　务	10.国　　籍	11.出生日期及地点	
1.		船长	中国		
2.		大副	中国		
3.		三副	中国		
4.		机长	中国		
5.		二管	中国		
6.		机工	中国		
7.		水手	中国		
8.		水手	中国		

12.船长或其代理人签名、日期　　　　2017-5-22

十五、船员物品申报单

船员物品申报单

第　　页

1.船名: ▇▇▇▇▇		2.应税、禁止或限制物品*		
3.船舶国籍：中　国				
4.序号	5.姓　名	6.职　务		7.签　名
1.	▇▇▇	船长	无	
2.	▇▇▇	大副	无	
3.	▇▇▇	三副	无	
4.	▇▇▇	机长	无	
5.	▇▇▇	二管	无	
6.	▇▇▇	机工	无	
7.	▇▇▇	水手	无	
8.	▇▇▇	水手	无	

8.船长或其代理人签名、日期

*例：酒、酒精饮料、卷烟、烟草等。

十六、船用物品申报单

船用物品申报单

☐ 抵港 ☐ 离港 第 页

1.船名: ▇▇▇▇			2.抵/离港口	北滘	3.抵/离日期 2017-5-22
4.船舶国籍: 中 国			5.驶来港/目的港		南沙深圳
6.在船人数: 8人	7.停留时间	1天	8.存放位置		船上
9.品 名		10.数 量	11.检查机关签注		
1.洗衣机		1台			
2.空调机		2台			
3.电冰箱		1台			

12.船长或其代理人签名、日期   2017-5-22

十七、航海健康申报书

中华人民共和国出入境检验检疫
航海健康申报书
MARITIME DECLARTION OF HEALTH
Entry-Exit Inspection and Quarantine of the P.R.of China

抵/离港 Port of Arrival/Departure[1] _____ 来自/到 From/To[1] _____
抵/离日期及时间 Time and Date of Arrival/Departure[1] _____
船名 Name of ship _____ 国籍 Nationality _____ 船长姓名 Name of Captain _____
注册净吨位 Net Tons _____ 载货种类及数量 Description and Quantity of cargo _____
除鼠/免予除鼠证书 Deratting/Deratting/Exemption Certificate[1] _____ 是否有压舱水 Ballast Water ☐Yes ☐No
签发港及日期 Port and Date of Issue _____ 食物装载港 Port of Provisions Taken _____
船员人数 Number of Crew _____ 旅客人数 Number of Passengers _____ 饮水装载港 Port of Water Taken _____
船舶在港期间人员变动情况 Description of any change of crew while in port[2] _____
沿途寄港及到达离去日期 Ports of Call with Dates of Arrival and Dates of Departure[3] _____

健康问题 HEALTH QUESTIONS	回答有或无 ANSWER YES OR NO
1.船上有无发现鼠疫、霍乱、黄热病等病例或疑似病例？应用附表详细记载。 Has there been on board any case or suspected case of plague, cholera or yellow fever? Give particulars in schedule.	☐有 Yes ☐无 No
2.船上鼠类增否发生鼠疫或疑似鼠疫，或曾否发生鼠类反常死亡？ Has plague occurred or been suspected among the rats or mice on board, or has there been an abnormality among them?	☐有 Yes ☐无 No
3.除意外伤害外，船上曾否有人死亡？应用附表详细记载。 Has any person died on board otherwise than as a result of accidents? Give particulars in schedule.	☐有 Yes ☐无 No
4.除问题"1"所述外，船上有无流感、疟疾、脊髓灰质炎、登革热、斑疹伤寒、回归热、艾滋病、性病、麻风病、开放性肺结核、精神病病例以及其他传染病或疑似病例？应用附表详细记载。 Has there been on board any case or suspected case of influenza, malaria, poliomyelitis, dengue fever, typhus fever, relapsing fever, AIDS, venereal diseases, leprosy, active pulmonary tuber-culosis, psychosis or other infec tious diseases apart from the statement in question No.1? Give particulars in schedule.	☐有 Yes ☐无 No
5.船上有无导致感染或使疾病转播之其他情况？ Are you aware of any other condition on board which may lead to infection or the spread of disease?	☐有 Yes ☐无 No
6.船上人员有无健康证书？ Do the persons on board possess valid Health Certificates. For International Traveller?[2] 注：如无船医，船长须以下列症状为疑似转染病之根据：高热伴有虚弱或连续数日发热或附带淋巴腺肿；急性皮疹伴发热或不发热；急性腹泻并有虚脱症状；黄疸并发热。 NOTE: In the absence of a surgeon, the captain should regard the following symptoms as ground for suspecting the existence of disease of an infections nature: fever accompanied by prostration or persisting for several days, or attended with glandular swelling; any acute skin rash or eruption with or without fever, severe diarrhea with symptoms of collapse; jaundice accompanied by fever.	☐有 Yes ☐无 No

兹申明对上列问题的回答(包括附表)尽我所知相信属实无讹。

续上表

I hereby declare that the particulars and answers to the questions given in this declaration of health (including the schedule) are true and correct to the best of my knowledge and belief.

日期　　　　　　　　　　　　　　　　　　　　船长签名
Date _____　　Signature of Captain _____

　　　　　　　　　　　　　　　　　　　　　　船医附签
　　　　　　　　　　　　　　　　　　　　　　Countersignature of ship's surgeon _____

如入境船舶自开航已逾四周,仅申报最后四周的情况。
If more than 4 weeks have elapsed since the voyage began, it will suffice to give particulars for the last 4 weeks.
_____

1) 划去不需要的部分 Cross-out the unnecessary part
2) 只适用于出境船舶 Only for departure of ship
3) 只适用于入境船舶 Only for arrival of ship

十八、货物申报单

货物申报单

□抵港　　□离港　　页数：

1.1 船名		2. 申报港		
1.2 IMO 编号				
1.3 呼号				
3. 船旗国	4. 船长姓名	5. 装货港/卸货港		
标记和编号	包装种类和数量；货名或 HS 编码（如有）		毛重	尺寸
船长或其授权代理人签名及日期				

十九、提货单

中国船务代理公司 CHINA MARINE SHIPPING AGENCY 提货单 (DELIVERY ORDER)　　　　　　　　No.				
收货人 通知人				下列货物已办妥手续,运费结清请准许交付收货人。
船名：	航次：	起运港：	唛头：	
提单号：	交付条款：	目的港：		
卸货地点：	进场日期：	箱进口状态：		
抵港日期：	到付海运费：			
一程船：	提单号：			
集装箱/船封号	货物名称	件数与包装	重量(kg)	体积(m³)
请核对放货： 凡属法定检验、检疫的进口商品,必须向有关监督机关申报。				船务代理公司 提货专用章
海关章				

二十、费用账单

中国船务代理公司
CHINA MARINE SHIPPING AGENCY
费用账单
(DELIVERY ORDER)

港区_____ 场站_____ No._____

收货人 通知人	收货人 开户银行与账号		
船名:	航次:	起运港:	唛头:
提单号:	交付条款:	目的港:	
卸货地点:	进场日期:	箱进口状态:	
抵港日期:	到付海运费:		
一程船:	提单号:		

集装箱/铅封号	货物名称	件数与包装	重量(kg)	体积(m³)

项目	港务费	港建费	堆存废	搬移费	装车费	拆箱费	卸车费	占道费	装火车费
计吨费									
单价									
金额									

收货人章	收款单位 财务章	港区场站 受理章	核算章	复核章	开单日期

二十一、交货记录

<table>
<tr><td colspan="6" align="center">中国船务代理公司
CHINA MARINE SHIPPING AGENCY
交货记录</td></tr>
<tr><td colspan="3">港区_____</td><td colspan="2">场站_____</td><td>No.</td></tr>
<tr><td colspan="3" align="center">收货人
通知人</td><td colspan="3" align="center">收货人
开户银行与账号</td></tr>
<tr><td colspan="2">船名:</td><td>航次:</td><td colspan="2">起运港:</td><td rowspan="5">唛头:</td></tr>
<tr><td colspan="2">提单号:</td><td>交付条款:</td><td colspan="2">目的港:</td></tr>
<tr><td colspan="2">卸货地点:</td><td>进场日期:</td><td colspan="2">箱进口状态:</td></tr>
<tr><td colspan="2">抵港日期:</td><td colspan="2"></td><td colspan="2">到付海运费:</td></tr>
<tr><td colspan="2">一程船:</td><td colspan="2"></td><td colspan="2">提单号:</td></tr>
<tr><td colspan="2" align="center">集装箱/铅封号</td><td align="center">货物名称</td><td align="center">件数与包装</td><td align="center">重量(kg)</td><td align="center">体积(m³)</td></tr>
<tr><td colspan="2"></td><td></td><td></td><td></td><td></td></tr>
<tr><td colspan="6" align="center">交接记录</td></tr>
<tr><td>箱号</td><td>尺码与箱号</td><td>出厂日期</td><td>提货单位</td><td>放箱人</td><td>提货人</td><td>收货人章</td></tr>
<tr><td></td><td></td><td></td><td></td><td></td><td></td><td></td></tr>
<tr><td></td><td></td><td></td><td></td><td></td><td></td><td>港区场章</td></tr>
<tr><td></td><td></td><td></td><td></td><td></td><td></td><td></td></tr>
<tr><td>总计</td><td></td><td></td><td></td><td></td><td></td><td>年 月 日</td></tr>
</table>

二十二、集装箱货物托运单

Shipper(收货人)			D/R No. （编号）	
Consignee(发货人)			集装箱货物托运单 货主货代留底	
Notify Party(通知人)				

Pre-carriage by(前程运输)	Place of Receipt(收货地点)	
Ocean Vesse(船名)	Voy. No.(航次)	Port of Delivery(交货地点)
Port of Discharge(卸货港)	Place of Delivery(交货地点)	Final Destination for the Merchant's Reference(目的地)

Container No. (集装箱号)	Seal No. (封志号) Marks & No. (标记与号码)	No. of Containers or Packages (箱数或件数)	Kind of Packages：Description of Goods (包装种类与货名)	Gross Weight 毛重 （公斤）	Measurement 尺码 （立方米）
TOTAL NUMBER OF CONTAINERS OR PACKAGES (IN WORDS) 集装箱数或件数合计(大写)					
FREIGHT & CHARGES(运费与附加费)		Revenue Tops （运费吨）	Rate （运费率）	Per （每）	Prepaid （运费预付）	Collect （到付）
Ex. Rate：(兑换率)	Prepaid at(运费地点)		Payable at(到付地点)		Place of Issue(签发地点)
	Total Prepaid(预付总额)		No. of Original B(s)/L(正本提单份数)		

Service Type on Receiving □-CY,□-GPS,□-DOOR	Service Type on Delivery □-CY,□-GPS,□-DOOR	Reefer Temperature Required (冷藏温度)	°F	°C
TYPE OF GOODS (种类)	□-Ordinary □-Reefer □-Dangerous □-Auto （普通） （冷藏）（危险品）（裸装车辆） □-Liquid □-Live Animal □-Bulk□ （液体） （活动物） （散货）	危险品	Class： Property： IMDG Code. Page： UN No.	

可否转船：	可否分批：	备注(REMARKS)
装期：	有效期：	
金额：		
制单日期：		

二十三、交船证书

DELIVERY CERTIFICATE

This is to certify that M/V "………………………" flag, was delivered by the Owners, Messrs, ……………………………………………to the Time Charterers, Messrs, ………………………………………………………………………,
at the port of ……………… at …………………… hours on ………………

At time of delivery, there were on board:
………………… Metric Tons of Fuel Oil
………………… Metric Tons of Diesel Oil
………………… Metric Tons of Gas Oil

All other terms, conditions and exceptions as per Time Charter party dated ………………………………

For and on behalf of Owners.　　　　　　As Agents for Time charterers.

…………………………………　　　　　………………………………………

二十四、还船证书

RE-DELIVERY CERTIFICATE

This is to certify that M/V "..........................." flag, was re-delivered to the Owners, Messrs, ...by the Time Charterers, Messrs, ...,
at the port of.............. at ....hours on ....

At time of re-delivery, there were on board:
......................Metric Tons of Fuel Oil
......................Metric Tons of Diesel Oil
......................Metric Tons of Gas Oil

All other terms, conditions and exceptions as per Time Charter party dated.......................

For and on behalf of Owners.　　　　As Agents for Time charterers.

....　　　　...

二十五、停租证书

中 国 船 务 代 理 公 司
CHINA MARINE SHIPPING AGENCY
OFF-HIRE CERTIFICATE

This is to certify that the M/V "………………………" flag, went OFF-HIRE as from…………hours on …………………….at the port of ………………

At time of going OFF-HIRE, there were on board:

…. …. …. …. …. …. ….Long/metric Tons of Fuel Oil
…. …. …. …. …. …. ….Long/metric Tons of Diesel Oil
…. …. …. …. …. …. ….Long/metric Tons of Gas Oil
…. …. …. …. …. …. ….Long/metric Tons of Boiler Water
…. …. …. …. …. …. ….Long/metric Tons of Galley Fuel/Coal

All other terms conditions and exceptions as per Time Charter party dated …. …. …. …. …. …. …. …. …. ….

For and on behalf of Owners.　　　　As Agents for Time charterers.
…. …. …. …. …. …. …. …. ….　　　…. …. …. …. …. …. …. …. …. ….

二十六、起租证书

ON-HIRE CERTIFICATE

This is to certify that the M/V "………………………………………………" flag, went ON-HIRE as from …………… hours on ………………at the port of…………….

At time of going ON-HIRE, there were on board:

……………………… Long/Metric Tons of Fuel Oil
……………………… Long/Metric Tons of Diesel Oil
……………………… Long/Metric Tons of Gas Oil
……………………… Long/Metric Tons of Boiler Water
……………………… Long/Metric Tons of Galley Fuel/Coal

All other terms, conditions and exceptions as per Time Charter party dated

………………………

For and on behalf of Owners.　　　　　　　　　As Agents for Time charterers.

………………………………………………………………………………

二十七、进口/出口货物舱单

(1) 舱单互认内河转关船舶出口货物舱单(海关申报)

(2) 来往港澳船舶进口/出口货物舱单

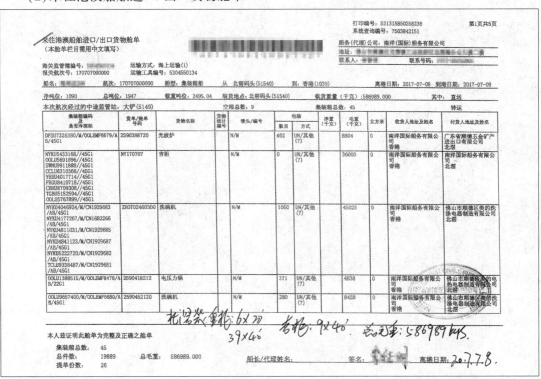

二十八、舱单变更申请表

舱单变更申请表

海关编号：☐☐☐☐☐☐☐☐☐☐☐☐☐☐

变更舱单类型	☐原始舱单	☐预配舱单	☐装载舱单	☐其他
变更数据类型	☐总提（运）单	☐分提（运）单	☐旅客舱单	☐其他

运输工具情况	运输工具名称（中文）	运输工具名称（英文）	航次	进/出港时间
	████	5304550132	170628000000	6月28日
需变更舱单	总提（运）单号		分提（运）单号	
	2024804010A2 2024804010B2			

变更项目	项目	代码	更改前内容	更改后内容
	申请落装			

变更原因：
☐货物因不可抗力灭失、短损，造成舱单数据不准确；
☐装载舱单中的出口货物，由于装运、配载等原因造成部分或者全部货物退关、变更运输工具；
☐大宗散装货物溢短装数量在规定范围之内；
☐集装箱载运的散装货物，独立箱体内溢短装数量在规定范围之内；
☐由于计算机、网络系统等方面原因导致传输舱单数据错误；
☐已经接受海关处罚，申请变更；
☐其他原因（请简要说明或附表说明）   未能及时渡柜 海关查货

随附单据：
☐签发的提（运）单（副本、复印件）
☐加盖有舱单传输人印章的正确的纸质舱单；
☐行政处罚决定书（正本、复印件）
☐其他能够证明舱单更改合理性的文件：①_____船公司报告_____
②_____ ③_____ ④_____

批注栏：

企业签章栏：
本公司保证以正确、有效，否则一切后果、责任及上更正内容真实、由此更正所引起的费用由我司承担。

海关批注
初核：
复核：
办理情况：

二十九、通关无纸化出口放行通知书

通关无纸化出口放行通知书

佛山市■■报关有限公司：

你单位申报的货物（报关单号000000001300874441）于2017-07-08业经通关无纸化放行，请及时办理后续海关手续。

特此通知。

北窖车场海关
2017年07月08日

预录入编号：■■■■■■■ 海关编号：■■■■■■■

出口口岸 （5154） 北窖车场	备案号	出口日期	申报日期 20170708
收发货人 （4422931356） 广东美的厨房电器制造有限公司	运输方式 水路运输	运输工具名称 5304550134/170707000000	提运单号 750226360
生产销售单位 （4422931356） 广东美的厨房电器制造有限公司	贸易方式 （0110） 一般贸易	征免性质 （101） 一般征税	结汇方式 电汇
许可证号	运抵国（地区） （307） 意大利	指运港 （307） 意大利	境内货源地 （44229） 顺德
批准文号	成交方式 FOB	运费	保费	杂费
合同协议号 E51506000021	件数 700	包装种类 纸箱	毛重（千克） 10715	净重（千克） 9306
集装箱号 CMAU5721621 * 1(2)	随附单证		生产厂家

项号	商品名称、规格型号	数量及单位	最终目的国（地区）	单价	币制
1	微波炉/家用｜微波加热｜品牌详见装	300个	（意大利）	■■■	欧元
2	微波炉/家用｜微波加热｜品牌详见装	200个	（意大利）	■■■	欧元
3	微波炉/家用｜微波加热｜品牌详见装	200个	（意大利）	■■■	欧元
	/				
	/				
	/				
	/				
	/				
	/				
	/				
	/				
	/				

兹申明，以上通知由我公司根据海关电子回执打印，保证准确无讹。

佛山市■■报关有限公司（签印）

三十、船舶入境检验检疫申请

检疫处理委托书

委托书编号：_____　　报检单号：_____

兹有 __南洋(国际)船务有限公司__ 现委托贵单位（公司）对以下相关项目进行检疫处理，并愿意按照检疫处理规程要求配合完成。

处理项目	来源地	被处理物品名称及数量		备注
货　　物		货物名称_____重量_____ 包装情况_____数量_____		
集装箱		40(尺)____个　20(尺)____个		
交通工具	香港	艘(辆)数_____吨位_____		
木质包装		木箱____个　木托____个		
其　他				
处理地点		_____口岸 □　　厂区 □　　熏蒸房 □		
预约处理日期		年　　月　　日		
计费金额（元）：		计费人：	收费人：	

委托单位(盖章)：　　　　　受理单位（盖章）：

委托人：　　　　　　　　　受理人：

联系电话：　　　　　　　　受理日期：20　年　月　日

航行港澳船舶入境检验检疫申报　（报检号：　　　）

船名：	▓▓▓	国籍：中国		总吨：1947	净吨：1090
				载重吨：2495	本次载重量：（吨）
船舶登记号：	▓▓▓	船型：集装箱船		所属公司：深圳市海邦达船务有限公司	
航次：515401707060		发航港：香港（中国香港）		发航日期时间：2017-7-7	
抵达港：顺德北窖口岸		抵达日期时间：2017-7-8		目的港：顺德北窖口岸	
船员名单：8人		旅客人数：0人		船员健康证 有效数：8	无效数：0
船舶（免予）卫生控制措施证书		签发港：顺德		签发日期：2017-6-16【有效（还有160天到期）】	
交通工具卫生证书		签发港：东莞局沙田办事处		签发日期：2016-12-20【有效（还有164天到期）】	

总载货情况

	20尺空箱	40尺空箱	20尺重箱	40尺重箱	散装货物名称	重量（吨）
	0	80	0	2		40.50

抵达港载货情况

口岸	20尺空箱	40尺空箱	20尺重箱	40尺重箱	散装货物名称	重量（吨）
顺德北窖口岸	0	80	0	2		40.50

转港载货情况

口岸	20尺空箱	40尺空箱	20尺重箱	40尺重箱	散装货物名称	重量（吨）

集装箱付费明细（注意如果收费的时候需要计算集装箱费用，那么必须在此处填上所有集装箱明细！）

货主代码	货主名称	20尺空箱	40尺空箱	20尺重箱	40尺重箱	20(转空)X	40(转空)X	20(转重)X	40(转重)X
	南洋	0	80	0	2	0	0	0	0

船员名单

编号	姓名	性别	健康证号	身份证号码	健康证有效期
1	吴▓	男			2016-11-16 至 2017-11-15
2	黄▓	男			2016-9-8 至 2017-9-7
3	李▓	男			2017-4-11 至 2018-4-10
4	柯▓	女			2017-4-11 至 2018-4-10
5	冯▓	男			2017-4-11 至 2018-4-10
6	陈▓	男			2017-3-3 至 2018-3-2
7	王▓	男			2017-5-18 至 2018-5-17
8	陈▓	男			2017-2-8 至 2018-2-7

检验检疫相关情况申报：（如有以下情况，请在项目前的□内划"√"）

- □ 有船员健康证超过有效期
- □ 有船员出现发烧、咳嗽、气喘、呼吸困难等症状
- □ 船上植物及其产品（如花卉、蔬菜、粮食、豆类等）从境外购买
- □ 船上的动物产品（如肉类、肉类制品）从境外购买
- □ 船上有伴侣动物
- □ 船上有散装物料，动植物及其产品、泥土等
- □ 装载易腐烂变质食品
- □ 船上有人死亡
- □ 船上发现啮齿动物等踪迹
- □ 船用植物性包装、铺垫材料卸岸上岸
- □ 是否携带伴侣动物许可证原本
- □ 装载废旧物品
- □ 其他需要申报的事项

随附单证（请在项目前的□内划"√"）

- □ 健康申明卡
- ☑ 健康证
- ☑ 交通工具卫生证书
- ☑ 船舶免予卫生控制措施证书/船舶卫生控制措施证书
- □ 船舶监管簿
- □ 适载检验证书

需要证单名称（请在项目前的□内划"√"）

- □ 健康证
- □ 交通工具卫生证书
- □ 船舶免予卫生控制措施证书/船舶卫生控制措施证书
- □ 适载检验证书

申报人声明：以上申报属实并对其负责。

船长：▓▓▓	代理公司：▓▓▓	申报人：▓▓▓	申报日期：2017-7-8
联系人：▓▓▓	联系电话：▓▓▓		

中华人民共和国出入境检验检疫
出/入境集装箱报检单

报检单位(加盖公章):				*编　号	
报检单位登记号:		联系人:何经理	电话:	报检日期:2017年07月08日	

收货人	(中文)	
	(外文)	
发货人	(中文)	
	(外文)	

集装箱规格及数量	集装箱号码	拟装/装载货物名称	包装/铺垫物种类及数量
北窖卸: 重柜:2×40′ 吉柜:80×40′	CMAU4003229　40' UESU4760843　40' BEAU4205789　40' BMOU4956070　40' BMOU5483177　40' BMOU6640500　40' CAIU8033419　40' CAIU8211172　40' CLHU9116821　40' CRXU9982843　40' FCIU8212705　40' FCIU8508889　40' FCIU8520293　40' FSCU6114822　40' FSCU9728629　40' GATU8085786　40' GESU5333550　40' HLBU1291100　40' HLBU1608047　40' HLBU1608404　40' HLXU6334603　40' HLXU8159182　40'	HLXU8298059　40' HLXU8337670　40' HLXU8380974　40' HLXU8464247　40' INKU6371649　40' SEGU4228071　40' SEGU5097401　40' SEGU5102743　40' SEGU5110735　40' SLSU8046462　40' TCLU5351515　40' TCLU5459691　40' TCLU6525144　40' TCLU6674683　40' TCLU8118678　40' TCLU8622924　40' TCNU8020056　40' TCNU8066709　40' TCNU8092020　40' TCNU9608173　40' TEMU6711260　40' TEMU6853351　40'	TEMU7373660　40' TEMU7558772　40' TEMU7744083　40' TGHU6200702　40' TGHU7984738　40' TGHU8906540　40' UACU5031070　40' UACU5102743　40' UACU5126637　40' UACU5169393　40' UACU5211256　40' UACU5225877　40' UACU5256862　40' UACU5357847　40' UACU5368815　40' UACU5442110　40' UACU5456156　40' UACU5468460　40' UACU5482330　40' UACU5493571　40' UACU5534393　40' UACU5551256　40' UACU5556392　40'

运输工具名称号码	海邦达288	启运/到达国家或地区	香港/北窖
启运及经停地点		装运/到货日期	2017.07.07/2017.07.08
提单/运单号		目的地	北窖
集装箱停放地点		*检验检疫费	
拆/装箱地点		总金额(人民币元)	
需要证单名称	□ 集装箱检验检疫结果单 □ 熏蒸/消毒证书 □	计费人	
		收费人	

报检人郑重声明: 　1.本人被授权报检。 　2.上列填写内容正确属实。 　　　　　　签名:	领取证单	
	日期	
	签名	

注: 1.有"*"号栏由出入境检验检疫机关填写;
　　2.凡需要出入境货物通关单以及申请委托检验业务的,不适用于本单,一律填写出入境货物报检单。

三十一、航行国际航线船舶出境自查报告表

中华人民共和国航行国际航线船舶出境自查报告表(边防)

船名		所属公司			
泊位		出口货物			
船员	中国籍 名	外国籍	名	合计	名
旅客	中国籍 名	外国籍	名	合计	名
检查	年 月 日	驶往港口			
检查情况 船舶负责人(签名) 年 月 日					
边防检查站核查情况 检查员(签名) 年 月 日					

注:此表在办理出境手续时填报,边防检查站收存。

附录六 港口收费计费办法

第一章 总 则

第一条 按照党的十八届三中全会关于全面深化改革的总体部署,为规范港口经营服务性收费行为,完善港口价格形成机制,维护港口经营、使用、管理各方的合法权益,促进港口事业持续健康发展,根据《中华人民共和国港口法》《中华人民共和国价格法》《中央定价目录》《中央涉企经营服务收费目录清单》《中央涉企进出口环节经营服务收费目录清单》和《港口经营管理规定》等,制定本办法。

第二条 中华人民共和国沿海、长江干线主要港口及其他所有对外开放港口,提供船舶进出、停泊、靠泊、旅客上下、货物装卸、驳运、储存和港口保安等服务,由港口经营人和引航机构等单位向船方、货方或其代理人等计收港口经营服务性费用,适用于本办法。

各港与香港、澳门、台湾之间运输的港口收费,比照本办法有关航行国际航线船舶和外贸进出口货物及集装箱的有关规定执行。

其他港口的收费计费办法,依据地方定价目录规定的定价权限和具体适用范围制定,可参照本办法有关规定执行。

长江干线船舶引航(移泊)的收费计费办法另行规定。

第三条 港口收费包括实行政府定价、政府指导价和市场调节价的经营服务性收费,其中实行政府定价的港口收费包括货物港务费、港口设施保安费;实行政府指导价的港口收费包括引航(移泊)费、拖轮费、停泊费、驳船取送费、特殊平舱费和围油栏使用费;实行市场调节价的港口收费包括港口作业包干费、堆存保管费、库场使用费,以及提供船舶服务的供水(物料)服务费、供油(气)服务费、供电服务费、垃圾接收处理服务费、污油水接收处理服务费、理货服务费。

上述收费项目均应单独设项计收,港口经营人和引航机构不得超出以上范围另行设立港口收费项目。

港口经营人和引航机构要建立收费目录清单制度,采取公示栏、公示牌、价目表(册)或电子显示屏、电子触摸屏等方式,主动公示收费项目、对应服务内容和收费标准,接受社会监督。收费公示栏(含公示牌、电子显示屏、电子触摸屏等)要长期固定设置在收费场所以及港区内方便阅读的地方,尽可能独立置放,位置明显,字体端正规范。

第四条 实行政府定价的港口收费必须按照本办法规定的收费标准计收;实行政府指导价的港口收费应以本办法规定的收费标准为上限,港口经营人和引航机构可在不超过上限收费标准的范围内自主制定具体收费标准;实行市场调节价的港口收费由港口经营人根据市场供求和竞争状况、生产经营成本和服务内容自主制定收费标准。

实行政府定价的港口收费标准按本办法规定的费率确定;实行政府指导价的港口收费标准按本办法规定的基准费率、附加收费、优惠收费合计确定。

引航(移泊)费的具体收费标准,应经港口所在地港口行政管理部门抄报省级交通运输、价格主管部门,由引航机构对外公布执行。

第五条　船方、货方或其代理人应不迟于船舶到港的当天，将有关付费人的书面资料提交港口经营人、管理人或引航机构。船方或其代理人提供的进出口舱单及有关资料有误或需要变更的，应在卸船或装船前书面通知港口经营人、管理人或引航机构。

第六条　港口收费计费单位和进整办法应符合下列规定：

（一）费用计算以人民币元为计费单位。每一提货单或装货单每项费用的尾数按四舍五入进整，每一计费单的最低收费额为1元。

（二）船舶以计费吨为计费单位，按净吨计算，1净吨为1计费吨，无净吨的按总吨计，既无净吨也无总吨的按载重吨计，既无净吨也无总吨和载重吨的按排水量计，并均按计费吨的收费标准计费。拖轮按马力计算，1马力为1计费吨。木竹排、水上浮物等按体积计算，1立方米为1计费吨。不满1计费吨的按1计费吨计。

（三）时间以日或小时为计费单位。以日为计费单位的，按日历日计，不满1日按1日计；以小时为计费单位的，不满1小时按1小时计，超过1小时的尾数，不满半小时按0.5小时计，超过半小时的按1小时计。另有规定的除外。

（四）距离以海里或千米为计费单位，不满1海里或1千米的按1海里或1千米计。

（五）面积以平方米为计费单位，不满1平方米的按1平方米计。

（六）货物以重量吨或体积吨为计费单位，既有重量吨又有体积吨的，择大计费。重量吨为货物的毛重，以1000千克为1重量吨；体积吨为货物"满尺丈量"的体积，以1立方米为1体积吨。特殊货物重量按表1（特殊货物重量换算表）进行换算，实重大于换算重量时，按换算重量计算。

（七）每一提货单或装货单每项货物的重量或体积，最低以1重量吨或1体积吨计算；超过1重量吨或1体积吨的，尾数按0.01进整。每一计费单同一等级的货物相加进整。

（八）集装箱以箱（20英尺或40英尺）为计费单位。可折叠的空箱，4箱及4箱以下摞放在一起的，按1箱相应标准的重箱计费。另有规定的除外。

第七条　货物的重量或体积，以提货单、装货单或港口货物作业合同上所列为准。港口经营人、管理人可对货物的重量或体积进行核查，提货单、装货单或港口货物作业合同上所列重量或体积与核查不符的，以实际核查结果作为计费依据。

第八条　除货物港务费、港口设施保安费外，引航（移泊）费、拖轮费、停泊费、驳船取送费、特殊平舱费和围油栏使用费均应以本办法规定的收费标准为上限计收费用。

第二章　货物港务费

第九条　经由港口吞吐的货物及集装箱，由具体负责维护和管理防波堤、航道、锚地等港口基础设施的单位向货方或其代理人收取货物港务费。

第十条　外贸货物港务费计收应符合下列规定：

（一）外贸货物港务费按表2（外贸货物港务费费率表）规定费率分别计收进、出港货物港务费。

（二）下列货物及集装箱免收外贸货物港务费：

1.凭客票托运的行李；

2.船舶自用的燃物料；

3.本船装货垫缚材料;

4.随包装货物同行的包装备品;

5.随鱼鲜同行的防腐用的冰和盐;

6.随活畜、活禽同行的必要饲料;

7.使馆物品、联合国物品、赠送礼品、展品、样品;

8.国际过境货物;

9.集装箱空箱(商品箱除外)。

第十一条　内贸货物港务费计收应符合下列规定:

(一)内贸货物港务费按表3(内贸货物港务费费率表)规定费率分别计收进、出港货物港务费。

(二)下列货物及集装箱免收内贸货物港务费:

1.凭客票托运的行李;

2.船舶自用的燃物料;

3.本船装货垫缚材料;

4.随包装货物同行的包装备品;

5.渔船捕获的鱼鲜以及同行的防腐用的冰和盐;

6.随活畜、活禽同行的必要饲料;

7.使馆物品、联合国物品、军用物品;

8.因意外事故临时卸在港内仍需运往原到达港的货物;

9.用于本港建设的货物;

10.购进或售出的船舶;

11.集装箱空箱(商品箱除外)。

第三章　港口设施保安费

第十二条　经由港口吞吐的外贸进出口货物及集装箱,由取得《港口设施保安符合证书》的港口经营人,按表4(港口设施保安费费率表)规定费率向货方或其代理人分别计收进、出港港口设施保安费。

第十三条　外贸进、出口内支线运输集装箱,由承担国际运输段的船方或其代理人向其挂靠港口的港口经营人代交港口设施保安费。

第十四条　外贸进口货物及集装箱因故停留中途港不再经水运前往到达港或其他港口的,港口设施保安费由中途港计收;因故停留中途港未办理清关手续并继续经水运前往原到达港或其他港口的,港口设施保安费由到达港计收。

第十五条　下列货物及集装箱免收港口设施保安费:

1.凭客票托运的行李;

2.船舶自用的燃物料;

3.本船装货垫缚材料;

4.随包装货物同行的包装备品;

5.随鱼鲜同行的防腐用的冰和盐;

6.随活畜、活禽同行的必要饲料;
7.使馆物品、联合国物品、赠送礼品、展品、样品;
8.进口化肥、国际转关和国际过境货物及集装箱;
9.集装箱空箱(含商品集装箱)。

第四章 引航(移泊)费

第十六条 引领航行国际航线船舶进、出港,向船方或其代理人计收引航费应符合下列规定:

(一)引航距离在10海里及以内,且引领船舶在120000净吨及以内的引航费,按表5(航行国际航线船舶港口收费基准费率表)编号1(A)规定费率计收。引航距离在10海里及以内,且引领船舶超过120000净吨的引航费按55000元计收。

(二)引航距离超过10海里的引航费,其超程部分按表5编号1(B)规定费率计收。

(三)超出各港引航距离以远的引航费,其超远部分的引航费按表5编号1(A)规定费率的30%计收。

(四)大连、营口、秦皇岛、天津、烟台、青岛、日照、连云港、上海、宁波、厦门、汕头、深圳、广州、湛江、防城、海口、洋浦、八所、三亚港以外的港口(港区),引航费加收引航附加费,最高不超过每计费吨0.30元。

(五)引领航行国际航线船舶过闸,引航费加收过闸引领费,过闸引领费按表5编号1(C)规定费率计收。

第十七条 引领航行国内航线船舶进、出港,向船方或其代理人计收引航费应符合下列规定:

(一)引航距离在10海里及以内的引航费,按表6(航行国内航线船舶港口收费基准费率表)编号1(A)规定费率计收。

(二)引航距离超过10海里的引航费,其超程部分按表6编号1(B)规定费率计收。

(三)超出各港引航距离以远的引航费,其超远部分的引航费按表6编号1(A)规定费率的30%计收。

第十八条 港口的引航距离由港口所在地港口行政管理部门确定并对外公布,同时抄报省级交通运输主管部门。

第十九条 引领国际、国内航线船舶在港内移泊,由引航机构向船方或其代理人计收移泊费。引领国际航线船舶在港内移泊,按表5(航行国际航线船舶港口收费基准费率表)编号1(D)规定费率按次计收移泊费。引领国内航线船舶在港内移泊,按表6(航行国内航线船舶港口收费基准费率表)编号1(C)规定费率按次计收移泊费。

第二十条 引领国内航线船舶航行黑龙江水系,引航费按表7(航行国内航线船舶黑龙江水系引航费基准费率表)规定费率计收,20000计费吨以上船舶和4000计费吨以上由拖轮拖带驳船、木竹排、水上浮物的引航费收费标准由引航机构与船方或其代理人协商确定;港内移泊费按表6(航行国内航线船舶港口收费基准费率表)编号1(D)规定费率按次计收。

第二十一条 航行国际航线船舶节假日或夜班的引航(移泊)作业应根据实际作业情况分别加收引航(移泊)费附加费。节假日、夜班的引航(移泊)作业时间占全部作业时间一半及以上,或节假日、夜班的作业时间大于等于半小时的,节假日或夜班的引航(移泊)费附加费应按表5(航行国际航线船舶港口收费基准费率表)编号1规定费率的45%分别加收,既为节假日又为夜班的引航(移泊)费附加费按表5编号1规定费率的90%一并加收。

第二十二条　航行国际航线船舶的港口引航(移泊)起码计费吨为2000计费吨;航行国内航线船舶黑龙江水系的港口引航(移泊)起码计费吨为300计费吨,其他航行国内航线船舶的港口引航(移泊)起码计费吨为500计费吨。

第二十三条　引航费按第一次进港和最后一次出港各一次分别计收。

第二十四条　由拖轮拖带的船舶、驳船、木竹排或水上浮物,其引航(移泊)费按拖轮的功率(马力)与所拖船舶、驳船、木竹排或水上浮物的计费吨合计计收。

第五章 拖轮费

第二十五条　船舶靠离泊使用拖轮和引航或移泊使用拖轮,提供拖轮服务的单位向船方或其代理人计收拖轮费。航行国际、国内航线船舶每拖轮艘次费率分别按表8(航行国际航线船舶拖轮费基准费率表)、表9(航行国内沿海航线船舶拖轮费基准费率表)和表10(航行国内内河航线船舶拖轮费基准费率表)规定计收。

沿海港口的船舶靠离泊和引航或移泊使用拖轮艘数的配备标准由所在地港口行政管理部门会同海事管理机构提出,各省级交通运输主管部门对其合规性、合理性进行审核后公布。长江干线拖轮艘数的配备标准由交通运输部长江航务管理局会同沿江相关省级交通运输主管部门制定,并对外公布。

第二十六条　被拖船舶靠离的泊位与最近的拖轮基地距离超过30海里但小于等于50海里的,其拖轮费可按基准费率的110%收取;距离超过50海里的,可按120%收取。

第二十七条　拖轮费与燃油价格实行联动,燃油价格大幅上涨或下跌影响拖轮运营成本发生较大变化时,适当调整拖轮费基准费率标准。具体联动机制和办法另行规定。

第六章 停泊费

第二十八条　停泊在港口码头、浮筒的船舶,由提供停泊服务的港口经营人向船方或其代理人计收停泊费。停泊费计收应符合下列规定:

(一)航行国际、国内航线船舶,停泊费分别按表5(航行国际航线船舶港口收费基准费率表)编号2(A)和表6(航行国内航线船舶港口收费基准费率表)编号2(A)规定费率计收。

(二)下列航行国际、国内航线的船舶,分别按表5编号2(B)和表6编号2(B)规定费率计收停泊费:

1.货物及集装箱装卸或上、下旅客完毕4小时后,因船方原因继续留泊的船舶;

2.非港口原因造成的等修、检修的船舶(等装、等卸和装卸货物及集装箱过程中的等修、检修除外);

3.加油加水完毕继续留泊的船舶;

4.非港口工人装卸的船舶;

5.国际客运和旅游船舶。

第二十九条　停泊在港口锚地的航行国际航线船舶,由负责维护港口锚地的单位向船方或其代理人按表 5(航行国际航线船舶港口收费基准费率表)编号 2(C)规定费率计收停泊费。

第三十条　船舶在港口码头、浮筒、锚地停泊以 24 小时为 1 日,不满 24 小时的按 1 日计。船舶在港每 24 小时交叉发生码头、浮筒、锚地停泊的,停泊费按表 5 编号 2(A)规定费率计收。

第三十一条　系靠停泊在港口码头、浮筒的船舶的船舶,视同停泊码头、浮筒的船舶计收停泊费。

第三十二条　由于港口原因或特殊气象原因造成船舶在港内留泊,以及港口建设工程船舶、军事船舶和执行公务的公务船舶留泊,免收停泊费。

第七章　驳船取送费

第三十三条　在长江干线和黑龙江水系港口使用拖轮取送驳船到码头装卸货物,由提供拖轮服务的港口经营人向船方、货方或其代理人收取驳船取送费。驳船取送费经双方协商可选择下列计费方法:以驳船重量和取送距离计费,自港口中心锚地至装卸货物码头,只按重载一次计算,距离在 5 千米及以内的按表 6(航行国内航线船舶港口收费基准费率表)编号 3(A)规定费率计收;距离超过 5 千米的按表 6 编号 3(B)规定费率计收。

第八章　特殊平舱费和围油栏使用费

第三十四条　为在船舱散货上加装货物进行平舱以及按船方或其代理人要求的其他平舱,由港口经营人向船方或其代理人收取特殊平舱费。散货在装舱过程中的随装随扒、装舱完毕后扒平突出舱口顶尖和为在散货上面装载压舱包所进行的一般平舱,不得收取特殊平舱费。

第三十五条　船舶按规定使用围油栏,由提供围油栏服务的单位向船方或其代理人收取围油栏使用费。

第三十六条　航行国际航线船舶的特殊平舱费、围油栏使用费,分别按表 5(航行国际航线船舶港口收费基准费率表)编号 3、编号 4 规定费率计收。

第三十七条　航行国际航线船舶节假日或夜班的特殊平仓作业应根据实际作业情况分别加收特殊平仓费附加费。节假日、夜班的特殊平仓作业时间占全部作业时间一半及以上,或节假日、夜班的作业时间大于等于半小时的,节假日或夜班的特殊平仓附加费应按表 5(航行国际航线船舶港口收费基准费率表)编号 3 规定费率的 45% 分别加收,既为节假日又为夜班的特殊平仓费附加费按表 5 编号 3 规定费率的 90% 一并加收。

第三十八条　航行国内航线船舶的特殊平舱费、围油栏使用费,分别按表 6(航行国内航线船舶港口收费基准费率表)编号 4、编号 5 规定费率计收。

第九章　港口作业包干费

第三十九条　港口经营人为船舶运输的货物及集装箱提供港口装卸等劳务性作业,向船方、货方或其代理人等综合计收港口作业包干费;港口经营人为客运和旅游船舶提供港站使用等服务,向客运和旅游船舶运营企业或其代理人综合计收港口作业包干费。

第四十条 港口作业包干费的包干范围包括港口作业的全过程,港口经营人应分别将下列货物及集装箱港口作业、客运港口服务纳入港口作业包干费,不得单独设立收费项目另行收费:

（一）货物及集装箱港口作业:散杂货装卸,集装箱装卸,铁路线使用,铁路货车取送,汽车装卸、搬移、翻装,集装箱火车、驳船装卸,集装箱拆、装箱,起重船、起重机、吸扬机使用,起货机工力,拆包和倒包,灌包和缝包,分票,挑样,一般扫舱和拆隔舱板,装卸用防雨设备、防雨罩使用,装卸及其他作业工时,岸机使用,以及困难作业,杂项作业,减加载,捣载,转栈,超长(笨重、危险、冷藏、零星)货物作业,地秤使用,轨道衡,尺码丈量,库内升降机或其他机械使用,除尘,集装箱清洗,成组工具使用。

（二）客运港口服务:客运和旅游客运码头服务、港站使用服务、行李代理、行李装卸、进出码头迎送旅客。

第四十一条 港口经营人可根据港口作业情况增加或减少第四十条规定的作业内容,但均应纳入港口作业包干费统一计收,收费标准由港口经营人自主制定。

第四十二条 港口作业包干费不得包含实行政府定价、政府指导价的收费项目和其他实行市场调节价的收费项目。

第十章 堆存保管费和库场使用费

第四十三条 货物及集装箱在港口仓库、堆场堆存,由港口经营人向货方或其代理人收取堆存保管费。

第四十四条 经港口经营人同意,在港口库场进行加工整理、抽样等,由港口经营人向货方或其代理人计收库场使用费。

第四十五条 堆存保管费和库场使用费的收费标准由港口经营人自主制定。

第十一章 船舶供应服务费

第四十六条 港口经营人为船舶提供供水(物料)、供油(气)、供电、垃圾接收处理、污油水接收处理服务,由港口经营人向船方或其代理人收取船舶供应服务费。

第四十七条 船舶供应服务费的收费标准由港口经营人自主制定。水、油、气、电价格按照国家规定价格政策执行。

第十二章 附 则

第四十八条 本办法所称"满尺丈量"是指按《进出口商品货载衡量检验规程》(SN/T 0892)进行的丈量。

第四十九条 本办法所称"危险货物"是指列入《危险货物品名表》(GB 12268)和《国际海运危险货物规则》(IMDG Code)危险货物一览表中的货物。

第五十条 本办法所称节假日是指中华人民共和国法定节假日和休假日。夜班作业时间是指21时至次日8时时段内连续8小时的作业时间,具体时间起讫点由港口所在地港口行政管理部门确定并对外公布。

第五十一条 沿海内支线集装箱船舶,实行政府指导价的港口收费以表5(航行国际航线船舶港口收费基准费率表)规定费率的50%计收;长江内支线集装箱船舶,实行政府指导价的港口收费以表6(航行国内航线船舶港口收费基准费率表)规定的费率计收;承运海洋原油、液化石油气(外贸进出口原油、液化石油气除外)的船舶,实行政府指导价的港口收费以表5规定费率的50%计收。

第五十二条　对抢险救灾物资运输的港口作业收费,由交通运输部会同国家发展和改革委员会制定。对军事运输的港口作业收费,由交通运输部会同负责军事运输的管理部门、国家发展和改革委员会制定。

第五十三条　本办法由交通运输部会同国家发展和改革委员会负责解释。

第五十四条　本办法自2017年9月15日起执行,有效期为5年。2015年12月29日,交通运输部、国家发展改革委印发的《港口收费计费办法》停止执行。此前发布的有关规定与本办法不一致的,以本办法为准。

特殊货物重量换算表　　　　　　　　　　　　　　　　　表1

货物名称	计算单位	换算重量(千克)
骆驼、牛、马、骡、驴	头	1000
猪、羊、狗、牛犊、马驹、骡驹、驴驹	头(条、只)	200
散装的猪崽、羊羔	头(只)	30
笼装的猪崽、羊羔、家禽、家畜、野兽、蛇、卵蛋	立方米	500
藤、竹制的椅、凳、几、书架	个	30
鱼苗(秧、种)	立方米	800
其他不能确定重量的货物	立方米	1000
家具(折叠的除外)		自重加两倍
各种材料的空容器(折叠的以及草袋、布袋、纸袋、麻袋、塑料袋除外)		

注:自重加两倍是指货物本身毛重再加两倍。

外贸货物港务费费率表　　　　　　　　　　　　　　　　表2

分类	编号	货物及集装箱名称	计费单位	费率(元) 进口	费率(元) 出口
货物	1	煤炭、矿石、矿砂、矿粉、磷灰土、水泥、纯碱、粮食、盐、砂土、石料、砖瓦、生铁、钢材(不包括废钢)、钢管、钢坯、钢锭、有色金属块锭、焦炭、半焦、块煤、化肥、轻泡货物	重量吨	1.40	0.70
			体积吨	0.90	0.45
	2	一级危险货物、冷藏货物、古画、古玩、金器、银器、珠宝、玉器、翡翠、珊瑚、玛瑙、水晶、钻石、玉刻、木刻、各种雕塑制品、贝雕制品、漆制器皿、古瓷、景泰蓝、地毯、壁毯、刺绣	重量吨	6.60	3.30
			体积吨	4.40	2.20

续上表

分类	编号	货物及集装箱名称	计费单位	费率(元) 进口	费率(元) 出口
货物	3	其他货物	重量吨	3.30	1.65
			体积吨	2.20	1.10
集装箱	4	装载一般货物的集装箱、商品箱	箱(20英尺)	40.00	20.00
			箱(40英尺)	80.00	40.00
	5	装载一级危险货物的集装箱、冷藏箱(重箱)	箱(20英尺)	80.00	40.00
			箱(40英尺)	160.00	80.00

注:1."轻泡货物"是指每1重吨的体积满4立方米的货物,但每件货物重量满5吨的按重量吨计费。

2.编号1中的"化肥"是指农业生产用的化肥,其他用于化工原料的不在此列。

3.编号2中的"一级危险货物"包括《危险货物品名表》(GB 12268)和《国际海运危险货物规则》(IMDG Code)危险货物一览表中的第1类、第2类、第7类、第5.2项和第6.2项的危险货物以及第3类、第4类、第8类、第5.1项和第6.1项中包装类别Ⅰ和Ⅱ的危险货物,不包括农业生产用的化肥农药。

4.原油按编号3中的"其他货物"计费。

5.其他集装箱按其内容积与表列相近箱型集装箱内容积的比例计费。

内贸货物港务费费率表　　表3

编号	分类	适用范围	计费单位	费率(元)
1	货物	沿海港口	重量吨	0.50
		内河港口		1.00
		沿海港口	体积吨	0.25
		内河港口		0.50
2	装载一般货物的集装箱、商品箱	沿海和内河港口	箱(20英尺)	8.00
			箱(40英尺)	16.00
3	装载一级危险货物的集装箱、冷藏箱(重箱)	沿海和内河港口	箱(20英尺)	16.00
			箱(40英尺)	32.00

注:1.其他集装箱按其内容积与表列相近箱型集装箱内容积的比例计费。

2.福州港按内河港口收费标准计费。

港口设施保安费费率表　　表4

编号	分类	计费单位	费率(元)
1	集装箱重箱	箱(20英尺)	10.00
		箱(40英尺)	15.00
2	货物	重量吨或体积吨	0.25

注:1.20英尺重箱和40英尺重箱以外的其他非标准集装箱按相近箱型的费率计费。

2.集装箱拼箱货物按货物的实际重量吨或体积吨分摊港口设施保安费。

航行国际航线船舶港口收费基准费率表　　　　　　　　　　　　　　　　表 5

编号	项　目	计费单位		费率(元)	说　明
1	引航(移泊)费	计费吨	A	0.50	40000 净吨及以下部分
				0.45	40001~80000 净吨部分
				0.425	80000~120000 净吨部分
		计费吨·海里	B	0.005	10 海里以上超程部分
		计费吨	C	0.16	过闸引领
		计费吨	D	0.22	港内移泊
2	停泊费	计费吨·日	A	0.25	
		计费吨·小时	B	0.15	
		计费吨·日	C	0.05	锚地停泊
3	特殊平舱费	计费吨		3.70	计费吨按平舱舱口实装货物吨数的 30% 计算
4	围油栏使用费	船·次		3000.00	1000 净吨以下船舶
				3500.00	1000~3000 净吨船舶
				4000.00	3000 净吨以上船舶

航行国内航线船舶港口收费基准费率表　　　　　　　　　　　　　　　　表 6

编号	项　目	计费单位		费率(元)	说　明
1	引航(移泊)费	计费吨	A	0.20	
		计费吨·海里	B	0.002	
		计费吨	C	0.15	引领国内航线船舶在港内移泊
		计费吨	D	0.12	引领国内航线船舶航行黑龙江水系在港内移泊
2	停泊费	计费吨·日	A	0.08	
			B	0.12	
3	驳船取送费	计费吨	A	0.50	5 千米及以内
		计费吨·千米	B	0.10	超过 5 千米
4	特殊平舱费	计费吨		0.80(沿海) 1.65(内河)	计费吨按平舱舱口实装货物吨数的 30% 计算
5	围油栏使用费	船·次		1000.00	500 净吨以下船舶
				1200.00	500~1000 净吨船舶
				1400.00	1000 净吨以上船舶

航行国内航线船舶黑龙江水系引航费基准费率表

表7

船舶类型	计费单位(计费吨)	费率(元/千米)
客、货轮	300以下	0.99
客、货轮	300~500	1.48
客、货轮	500~1000	1.97
客、货轮	1000~2000	2.63
客、货轮	2000~3000	2.96
客、货轮	3000~5000	3.45
客、货轮	5000~7000	3.95
客、货轮	7000~10000	4.77
客、货轮	10000~15000	6.08
客、货轮	15000~20000	8.88
驳船、木竹排、水上浮物	500以下	0.49
驳船、木竹排、水上浮物	500~1000	0.66
驳船、木竹排、水上浮物	1000~2000	0.74
驳船、木竹排、水上浮物	2000~3000	0.82
驳船、木竹排、水上浮物	3000~4000	0.99

注:引航里程按运价里程计算。

航行国际航线船舶拖轮费基准费率表

表8

计费单位:元/拖轮艘次

序号	船长(米)	船舶类型		
		集装箱船、滚装船、客船	油船、化学品船、液化气体船	散货船、杂货船及其他
1	80及以下	6000	5700	5300
2	80~120	6500	7800	7400
3	120~150	7000	8500	8000
4	150~180	8000	10500	9000
5	180~220	8500	12000	11000
6	220~260	9000	14000	13000
7	260~275	9500	16000	14000
8	275~300	10000	17000	15000
9	300~325	10500	18000	16000
10	325~350	11000	18600	16500
11	350~390	11500	19600	17800
12	390以上	12000	20300	19600

航行国内沿海航线船舶拖轮费基准费率表　　　　表9

计费单位：元/拖轮艘次

序号	船长(米)	船舶类型		
		集装箱船、滚装船、客船	油船、化学品船、液化气体船	散货船、杂货船及其他
1	80 及以下	3500	3500	3200
2	80~120	4000	4600	4400
3	120~150	4500	5200	5000
4	150~180	4800	6500	5500
5	180~220	5100	7300	6500
6	220~260	5500	9000	8000
7	260~275	5800	10000	8500
8	275~300	6100	10500	9000
9	300~325	6500	11000	9500
10	325~350	6800	11300	10000
11	350~390	7100	11900	10500
12	390 以上	7500	12500	11900

航行国内内河航线船舶拖轮费基准费率表　　　　表10

计费单位：元/拖轮艘次

序号	船长(米)	船舶类型		
		集装箱船、滚装船、客船	油船、化学品船、液化气体船	散货船、杂货船及其他
1	80 及以下	5200	5000	4500
2	80~120	5700	6500	6200
3	120~150	6200	7300	6900
4	150~180	6900	9100	7800
5	180~220	7300	10400	9500
6	220~260	7800	12300	11200
7	260~275	8400	13900	12300
8	275~300	8700	14700	13000
9	300~325	9200	15600	13800
10	325~350	9600	16200	14400
11	350~390	10100	17100	15500
12	390 以上	10500	18000	17100

附录

附录七 船舶代理英语

一、船舶代理常用英语

1.船舶靠泊前咨询用语

船长你好,请问你什么时候到锚地?
Hello, Captain. Could you tell me when will you arrive at anchorage?
船长你好,我是您的代理,我叫 Nike。
How are you, Captain. I'm your agent. My name is Nike.
麻烦你给我填一下单子。
Could you fill this form for me, please?
请问,船上有多少人,你看看和我这个数字一致吗?
How many people are there in your ship? Can you take a look if this figure is the same as yours?
船上有多少货,一致吗?
How many goods in the ship. Is this number correct? Same as yours?
对了,一会相关部门回过来检查,您最好先准备一下,你们的证件都齐全了吧!
Well, after a while some relevant official will come to have a check. Just be prepared, for example, do you have all your ID cards or any other related documents ready?
请每天给我们你的 ETA 信息。
Please give us your eta message everyday.
请按海事要求在 1 号锚地抛锚,抛锚后把抵港状态和锚位通过高频话台或邮件告诉我们。
Please drop anchor in No.1 anchorage as harbour master request. Give me your arrival condition and archorage postion by radio or by email when you droped anchor.
最快明天早上靠泊,有最新动态我会通过 16 频道及时通知你,请安排船员值班。
Best berth tommorrow morning, any new information will pass to you in time by radio channel 16. Please arrange crew on duty.
今天早上我们会安排检疫熏蒸,请挂黄旗,在右弦放引水梯,距水面一米。
We will arrange quarantine inspection and cargo fumigation this morning. Please fly the yellow flag and lower the pilot ladder on starboard, 2 metres above water.
请放下一条绳子把我公文包吊上去。
Please lower a rope to take up my portfilio.
登轮时的速度为 8 节。
Make boarding speed of 8 knots.
船长,你的船何时到达锚地的?
Captain, when did your ship arrive at the anchorage?

— 253 —

你船预计明早8点进港靠24号泊位。

Your ship is planned to enter the port and come alongside the berth No. 24 at eight o'clock tomorrow morning.

请你告诉我们一下你船的锚位。

Please tell us your ship's anchor position.

你船的前后吃水分别是多少?

What are your ship's drafts, fore and after respectively?

船长,你船暂无进港动态,请于下午2点再与我公司联系。请保持20频道守听,一旦有消息,我们将通知你们。

Captain, there is no entry information for your ship at this moment. Please contact us again around 2 o'clock this afternoon. Please keep listening to channel 20 all the time, we will inform you once we get it.

2.码头上船后的英语对话

(1)准备作业过程

欢迎来到_____,我是码头调度,代表港方负责指导装船作业,希望得到你们的支持与配合,谢谢!

Welcome you to _____. I'm the foreman, we are in charge of loading cargo. We hope we can obtain your support and cooperation. Thank you!

请问值班驾驶员是谁?

Excuse me, who is on duty, please?

大副。

Chief officer.

请问船上办公室在哪里?

Excuse me, where is the ship's office?

请找一下大副?

Excuse me, where is chief officer?

大副,我是码头调度,我需要船舶配载图和装船顺序。

Chief officer, I'm the foreman. I need the stowage plan and the loading sequence.

大副,我接到通知,货物需要分三轮装货,第一轮5000吨,第二轮6000吨,第三轮5000吨,不包括用调水尺的货物。

Chief officer, we are informed that the cargo will be shipped by three times. The first is 5000MT, the second is 6000MT, and the third is 5000MT, not including the cargo for trimming.

请问完货吃水是多少?

What's the departure (sailing) draft?

前吃水、中吃水、尾吃水

The foredraft is * m, the middraft is * m, the afterdraft is * m.

请问压舱水排放多长时间?

How long will you need for deballasting?

大约 5 小时 30 分。
About 5 hours and 30 minutes.

请问再装多少吨,停机排水。
How many tons we can load before we stop to deballast?

大约需要再装 1 万五千吨后排水。(或:装完顺序 6 后停机排水)
It's about 15 thousand metric tons, then we stop and deballast. We can stop after the No.6 cargo is completed.

我能用两台装船机同时作业吗?
Can we use two loaders at the same time?

可以(不可以)。
Yes (or No).

请打开四舱舱盖。(或请把所有舱盖打开。)
Please open the hatch cover of hold No.4. (Please open all the hatch covers.)

因为我们考核装船效率,请船方停机调整吃水一次即可。
Because of our requirement of loading efficiency, please ask the ship to stop loading for adjusting draft only once.

船方码头停船在低潮时为多少米,高潮时为多少米?
What is the low tide (or high tide) when ship is alongside the berth?

在高潮时深 17 米,低潮时深 10 米。
It's 17 meters in high tide and 10 meters in low tide.

请问船方是否可以装货?
Captain, can we start to load cargo now?

可以。(不可以,因为舱里有水。)
Yes. (No, because there are some water in the hold.)

(船方:)为什么还不开始作业。
Why not start loading?

我们还没有接到货主的装船通知单。
We have not received the shipper's loading notice yet.

请把吊杆调整好。
Please adjust your derricks properly.

请把百吨吃水变化表给我。
Please give me the TPC and trimming table.

请问船上哪个位置的倾斜仪准确?
Where is the clinometer? Which one is accurate?

船方大副办公室的。
Chief officer's.

货物资料请问货主,我们不清楚。
Please ask shipper for cargo details, which we don't know clearly.

(2) 指导作业过程

第一票货完工后需要商检看水尺,请做好准备。
It is required for surveyor to check draft after completion of first batch of cargo.

现在的船体太高,装船机的悬臂皮带只能在零度以下工作。因此这个舱无法装货,能不能调整一下装舱顺序。
The loader's arm belt can work only under zero degree. Now the free board is too high to load in this hold. Can you adjust your loading sequence?

我先装三舱,对你的船体有没有影响?
If we load hold No.3 first, is it safe enough for you?

(船方:)为什么停止作业?
Why was the loading work stopped?

现在机器有故障,须停止作业。
There's something wrong with the loader, so we have to suspend and wait.

因港方停电。
Power is cut off.

堆场货少,需停装堆垛。
There is not much cargo at yard, so it is required to stop loading to pile.

煤不够,需等火车卸煤。
Coal is not enough, so we have to wait for more coal to be discharged from train.

海况、天气不好,需暂停作业。
Sea condition and weather become bad, so we need stop working.

(船方:)大约多长时间能恢复作业?
How long do you need to resume work?

大约 2 小时后。
About in two hours.

请把悬梯固定一下。
Please fasten the accommodation ladder.

请紧一下横缆。
Please fasten breast line.

对不起,我们只负责装船,其他的事情跟代理联系。
Sorry, we are in charge of loading only, if there's anything else, please contact your agent.

(船方:)有事的话,请到大付的办公室找我。
If anything concerned, please come to find me in chief-officer's room.

有事的话,请到码头值班室找我。
If anything concerned, please look for me in our office at dock.

如果按您要求的数量装货,恐怕前后的吃水差要超过 50 厘米。
If we load cargo in full compliance with yours, we worry that trim of draft would exceed 50 centimetres.

请不要担心,虽然现在船体有点偏,但这个舱完货前,我会保持船体平衡。
Don't worry, although the ship is not upright now, we can manage to make it all right before completion of loading this hold.

请给我一个确切的排水时间,因为我需要提前检查设备。
Please give me the exact deballasting time, since we need to inspect equipments.

(船方:)电子称显示多少吨,准确吗?
How many tons is it by shore scale? Is that figure accurate?

我们的电子称比较准确,误差不会超过 0.25%。
Our shore scale works precisely, the error never exceed 0.25%.

中间的水尺无法看到,请向前(向后)调整一下位置。
We can not see the middle draft clearly, please change your position.

(船方:)装船速度是多少?
What is the loading rate?

我们的装船速度是每小时 4000 吨。
The loading rate is four thousand metric tons per hour.

货不足,因此无法达到您的配载要求。
Cargo is not enough, so we can not meet your stowage plan.

因为双线作业,需调整装舱顺序。
Due to two loaders at work, we need to adjust loading sequence.

海况、天气不好,请船方加缆并随时做好离泊准备。
Sea condition and weather is not good, please inform ship to take more lines and be ready for unberthing at any time.

请把左舷或右舷、船中处,提前放好软梯以便看水尺。
Please put down soft ladders before hand at portside and starboard side in middle of vessel for draft checking.

因舱容不够,皮带上有煤,需排到别的舱口。
Since hold capacity is not enough, the rest coal in the belt should be sent into other holds.

接港调通知,先装 A 泊的船,你的船临时不装货,有异议请与外代联系。
Informed by port authority, we will load vessel at berth A, so your vessel is to be suspended loading. Any objection, please contact your agent.

现在左倾(右倾),请问大副水尺修正后是多少。
Now it is listing to portside/starboard side. What is your draft after correction?

能否多装**吨再排水(或将**舱装完后再排水)。
Can you start deballasting after load * * * * MT more cargo?(Can you start deballasting after completing loading hold NO. * *.)

压舱水是否排完,还需要多长时间排完?
Have you completed deballasting? How long will it take to complete deballasting?

(船方:)还需要 4 小时。

Four hours.

(船方:)5 舱还有几分钟完货?

How many minutes does it take to complete hold No.5?

大约10分钟。

About ten minutes.

请放下梯子。

Please put down the ladder.

请把货灯放到船方吃水位置。

Please put the light around vessel's draft position.

(船方:)船体不平衡,为什么只向一侧抛料?

The ship is not in the balance now, why always deposit at only one side?

频繁旋转会引起机器故障。

Frequent rotation of the machine will cause problems.

(3)结束作业过程

(船方:)船什么时候能完货?

Do you know what time the loading will complete?

十分钟后完货。

Chief officer, the loading will be completed in ten minutes.

外代让您打开高频16频道。

Agent ask you to keep watch on VHF16.

你们到达卸货港所允许的最大水尺是多少?

What is the maximum draft allowed at discharging port?

前吃水,中吃水,尾吃水

Foredraft is * * m, middraft is * * m, afterdraft is * * m.

(船方:)船什么时候离泊?

Do you know the departure time?

大约在午夜。

Your vessel will go sailing at midnight.

(船方:)什么时候能够公估?

What time for the draft survey?

大约在9点钟。

Maybe at nine o'clock

再见,欢迎再来!

Bye, welcome to come again!

3.常用词汇

larboard port side 左舷

starboard 右舷

supervisor 指导员

chief tally 理货长
cash advance to caption 船长借支
port is congested 港口拥挤
gantry crane 龙门吊
shore crane 岸吊
derrick 吊杆
ballast water 压载水
distress signal 求救信号
high sea 公海
kedge 小锚
working efficeney 工作效率
furmgation 熏舱
port and date issued 签发港和日期
gale warning 大风警报
let go 抛锚
life belt/bort/buoy/jacket 救生带/艇/圈/衣
cargo derrick/hook/runner 吊杆/吊钩/吊索
longshoreman 码头工人(在岸上装卸)
stevedre 码头工人(在船上装卸)
foreman 装卸队长/工头
dunnage mat 垫舱物料
stores 物料
foreign matter 杂质
ventilation 通风 流通空气
quotation 报价单
compulsory pilot 强制引水
to come alongside 靠泊
despatch 速遣

4.船舶动态告知用语

(1)通知对方完成装船

We are glad to inform you that the goods you ordered in September have been shipped by M.S. "Pacific" due to leave Shanghai Port on December 10.

We have made a special effort to complete your order in time and trust the fine quality of our goods will give you full satisfaction.

(2)通知对方订货已完成,正等待装船

You request us to inform you when your order No. 250 is ready for shipment.

We are pleased to advise you that your order is completed and awaiting shipping at our plant.

(3) 通知对方货物已装船

We confirm dispatch of your order per M.S. America, and give the packing arrangements to facilitate at your end. We trust the consignment arrives in good order and gives you complete satisfaction.

(4) 通知对方根据指示以空运运送,并附寄提单

We acknowledge receipt of your confirmation that your consignment should be sent by airfreight, and have accordingly forwarded the goods.

We trust that the consignment arrives safely. We have enclosed the air waybill in this letter.

(5) 通知对方转让装船文件的银行

In order to cover shipment, we have drawn a draft at sight under your L/C, and have negotiated the shipping documents through Bank of China.

We ask you to honor it on presentation.

(6) 通知对方已寄出装船文件

The commercial invoice, packing list, and insurance policy, together with clean on board ocean B/L, have been sent through Bank of China, with our sight draft under your irrevocable L/C.

Please advise us of the safe arrival of the goods.

(7) 运送数量不足,要求加紧装运

Concerning our order No. 351 for 5,000 sets of color TV, you have so far shipped only 3,000 units against the shipment during August. When we placed the order, we gave our customers a definite assurance that we could supply the goods by the end of October. Therefore we request your urgent shipment.

(8) 督促交货,并要求对方紧急通知运送时间

Your delay has caused us considerable inconvenience and we request you do your utmost to dispatch the overdue goods as soon as possible.

Please inform us urgently when you can ship them with certainty so that we can promise a definite time of delivery to our customers who are proposing to cancel this order.

(9) 要求对方告知货运日期

The goods we ordered were urgently required to meet an immediate requirement and we requested you to forward them by the first available cargo airline at once. However we have not yet received any shipping advice from you. Please let us know by fax when you can ship our order.

(10) 要求通知装运日期,若过迟则取消订单

You are requested to inform us immediately when shipment can be effected so that our customer may plan their production schedule. If you cannot make shipment within this month, we must ask you to accept cancellation of our order.

二、国际船舶代理各种证书中英文表达

Registry Certificate 登记证书

Tonnage Certificate 吨位证书
Loadline Certificate 载重线证书
International Oil Pollution Prevention Certificate (I.O.P.P.C) 国际防油污证书
Safety Construction Certificate 货船构造安全证书
Safety Radio Certificate 货船无线电安全证书
Safety Equipment Certificate 货船设备安全证书
Minimum Safety Manning 最低安全配员证书
Safety Inspetion Report 安全检查报告(亚太地区)
Document of Compliance (D.O.C) 安全管理体系符合证明
Safety Management Certificate (S.M.C) 船舶安全管理证书
Certificate for Carrying Dangerous Goods 危险品适载证书
International Ship Security Certificate (I.S.S.C) 国际船舶保安证书
General Declaration 总申报表
Cargo Declaration 货物申报表
Crew List 船员名单
Report on Ship's Particulars 船舶概况报告单
Last Port Clearance 上港离港证
Global Maritime Distress and Safety System Certificate 全球海上遇险与安全系统证书
Officer's Licenses 高级船员适任证书
Chinese Tonnage Dues Certificate 中华人民共和国吨税执照
Crew Effects Declaration 船员物品申报单
Ship's Stores Declaration 船用物品申报单
Application for Tonnage Dues Declaration 吨税申请表
Maritime Declaration on Health 航海健康申报书
Animal & Plant Quarantine Declaration 动植物检疫申报单
Application on Ballast Water 压舱水申报单
De-ratting Exemption Certificate 免于除鼠证书
Chinese Sanitary Certificate 卫生证书
Yellow Book 预防接种证书
Application for Landing Permit 登陆证申请
Seamen's Book/Passport 海员证/护照
Fumigation Certificate 熏蒸证书
Loading/Unloading Sequence 装卸货顺序
International Air Pollution Prevention Certificate (I.A.P.P.C) 国际防大气污证书
Ship's Sanitation Control Exemption Certificate (S.S.C.E.C) 卫生控制证书
Certificate of Insurance or Other Financial Security In Respect of Civil Liability for Pollution Damage(C.L.C.) 油污损害民事责任保险或其他财务保证证书

三、船舶代理有关函电

1. 船舶抵港电文

Arrival Report

M. V. _____ Voy: _____

Anchored _____, Anchor heaved _____

pilot boarded _____, Berthed _____ at _____

Arribl Braft: fwd _____ m, aft _____ m

Remain on Board:

F. O _____ t, D. O _____ t, F. W _____ t, Ballast _____ t.

Cargo Working Commenced _____

Next Port _____.

---

2. 船舶靠泊电文

Docked Report

M. V. _____ Voy: _____

Pilot Boarded _____, _____ Berthed _____ at _____

Cargo Working Commenced _____

Next Port _____.

---

3. 船舶动态报告

Daily Report

M. V. _____ Voy: _____

You are kindly informed that til _____, _____ tons of cargo has been discharged (loaded), etd _____ if wheather pemitted.

With best regards.

---

4. 船舶离港电文

Terminal Departure Report

Vsl: _____ Voy: _____

Stopped Loading/Discharging: _____

Loading/Discharging: _____ mt
Pilot Board: _____ , _____
Sailing Time (cast off) _____
Sailing Draft: fwd _____ m, aft _____ m.
Remain on Board:
F. O _____ t, D. O _____ t, F. W _____ t.
Eta next port: _____
Best regards.

5.船舶装卸准备就绪通知书

To: _____

NOTICE OF READINESS

This is advise you that M. V. Super Star arrived and anchored at the anchorage of the Port of Dalian at 0825 hours on 16th June, 2016 and the free pratique was granted at 1000 hours on 16th June, 2016.

Now she is in all respects ready to load her cargo of 52,500 tons of maize in bulk at this port. You are therefore kindly requested to commence loading of her cargo immediately.

Notice of Readiness tendered at 1000 hours on 16th June, 2016.

Master _____

of M. V. Super Star

Notice of Readiness accepted at 1000 hours on 16th June, 2016.

As agent _____

For & on behalf of Dalian Beiliang Terminal.

6.船长借支

RECEIPT OF CASH ADVANCE

Dalian, 20th June, 2016

This is to certify that, I, the underaigned master, received cash advance from my ship's agent of the Cosmos Agencies Dalian Co., Lid. In a total amount of US $ 25,420 which in words: Twenty Five Thousand Four Hundred and Twenty Dollars of the United States of America. Please debit it to my ship's accout.

Master: _____

M. V. Super Star

7. 拖轮使用申请书

To: _____

Port of _____
Date: _____

Dear sir:

RE: APPLICATION FOR TUGBOAT

Please arrange the tugboat service for the use of the vessel and charge same to ship's and/or charters' account.

Thank you in advance.

Yours truly
Signature of Master _____
Name of M.V. _____

8. 船舶申报加燃油申请书

Dear sir:

We are pleased to inform you that we would like to replenish bunkers in this port. Please arrange for an oil company to supply our ship with the following fuel oil and lube oil:

200 tons of heavy oil, viscosity 1500 sec., Redwood No. 1.

50 tons of diesel oil.

20 drums of Melina 30.

Please can you also send an oil lighter for us as soon as possible. The empty drums will be returned after bunkering and all the expense incurred will be for the ship owner's account.

Your kind cooperation will be highly appreciated.

Yours faithfully

Chief Officer of M.V. _____

9. 船舶医疗请求申请书

MEDICAL REQUEST

Dear Sir:

Please kindly send 3/O _____ of M/V _____ to hospital for medical examination due to injury which happened arround 1600lt on 15th JAN 2016. And please kindly bring back the hospital treatment certificate & all the fee-for-service certificate.

Master: _____
M.V. _____

附录八 码语通信用字母拼读表

字母	代号	发音	字母	代号	发音
A	Alfa	Alfah	T	Tango	Tang Go
B	Bravo	Brah Voh	U	Uniform	You Nee Form
C	Charlie	Char Lee	V	Victor	Vik Tah
D	Delta	Dell Tah	W	Whiskey	Wiss Key
E	Echo	Eck Oh	X	X-ray	Ecks Ray
F	Foxtrot	Foks Trot	Y	Yankee	Yang Key
G	Golf	Golf	Z	Zulu	Zoo Loo
H	Hotel	Hoh Tell	0	Nadazero	Nah-Dah-Zay-Roh
I	India	InDee Ah	1	Unaone	Oo-Nah-Wun
J	Juliett	Jew Lee Ett	2	Bissotwo	Bees-Soh-Too
K	Kilo	Key Loh	3	Terrathree	Tay-Rah-Tree
L	Lima	Lee Mah	4	Kartefour	Kar-Tay-Fower
M	Mike	Mike	5	Pantafive	Pan-Tah-Five
N	November	No Vember	6	Soxisix	Sok-See-Six
O	Oscar	Oss Cah	7	Setteseven	Say-Tay-Seven
P	Papa	Pah Pah	8	Oktoeight	Ok-Toh-Ait
Q	Quebec	Keh Beck	9	Novenine	No-Vay-Niner
R	Romeo	Row Me Oh	小数符	Decimal	Day-See-Mal
S	Sierra	See Alrrah	句号	Stop	Stop

参 考 文 献

[1] 胡美芬,王义源.远洋运输业务[M].北京:人民交通出版社,2006.
[2] 徐秦.国际船舶代理实务[M].武汉:武汉大学出版社,2012.
[3] 柴洁琼.国际船舶代理业务[M].大连:大连海事大学出版社,2013.
[4] 马军功,王智强,罗来仪.国际船舶代理业务与国际集装箱货代业务[M].北京:对外经济贸易大学出版社,2003.
[5] 王学锋,汪爱娇.国际船舶代理业务[M].北京:人民交通出版社,2006.
[6] 中国船舶代理及无船承运人协会.国际船舶代理与无船承运业务实务[M].北京:中国海关出版社,2009.
[7] 中国船舶代理及无船承运人协会.国际船舶代理与无船承运业务实务英语[M].北京:中国海关出版社,2009.
[8] 郑丙贵,王学锋.无船承运人制度与业务[M].大连:大连海事大学出版社,2006.
[9] 倪淑如,倪波.海关报关实务[M].北京:中国海关出版社,2016.
[10] 王桂英,牛淑梅.出入境报检实务[M].北京:中国海关出版社,2017.
[11] 司玉琢.海商法专论[M].北京:中国人民大学出版社,2010.
[12] 张哲辉.国务院取消国际船舶代理业务审批对市场的影响及加强市场监管的建议[J].水运管理,2013(9):12-44.
[13] 顾嘉伟.浅谈某船舶代理企业信息系统改造设想[J].交通财会,2017(06):43-46.
[14] 唐婧婷.中国国际船舶代理制度研究[D].哈尔滨:黑龙江大学,2014.
[15] 金畔.船舶代理人无单放货责任研究[D].大连:大连海事大学,2015.
[16] 梁晨.X-Service船舶代理管理平台系统功能分析及其改进方案研究[D].厦门:集美大学,2014.
[17] 潘文权.我国船舶代理服务特征和营销策略的研究[D].青岛:中国海洋大学,2000.
[18] 骆志月.广州中海船务代理有限公司市场营销策略的研究[D].上海:上海海事大学,2004.